口絵1　昭和16年10月30日　宿毛沖標柱間で全力公試中の大和　　資料提供：大和ミュージアム

口絵2　昭和20年4月7日　九州南西沖、米機の攻撃で爆沈した大和

資料提供：大和ミュージアム

戦艦大和講義

私たちにとって太平洋戦争とは何か

一ノ瀬俊也

人文書院

もくじ

凡例

- 年号の表記は西暦で統一したが、一八七二（明治五）年以前は太陰暦、それより後は太陽暦としている。
- 引用史料・文中の旧字はすべて新字に直し、ルビ・傍点はすべて引用者が必要に応じ付した。また、〔　〕内の記述は一ノ瀬による。敬称はすべて略した。
- 同じく引用史料・文中に現在では不適切な箇所があるが、あくまでも学問研究上の目的で引用したものであり、差別を助長する意図はない。

戦艦大和講義

――私たちにとって太平洋戦争とは何か

第一講　ガイダンス――戦艦大和から近現代史について何がわかるか

戦艦大和《やまと》は、かつての日本海軍が誇った巨大な軍艦です（口絵参照）。世界一の威力ある主砲を積んで一九四一年に就役し、四五年四月、沖縄へ来襲したアメリカ軍に特攻して撃沈されました。このとき乗組員約二七〇〇名が艦と運命を共にしています。

大和は日本の敗戦後、吉田満の小説『戦艦大和ノ最期』（初刊一九五二年、「負ケテ目覚ル事ガ最上ノ道ダ」というある乗組員の言葉で有名です）、TVアニメ『宇宙戦艦ヤマト』（一九七四年）、同『宇宙戦艦ヤマト２１９９』（二〇一三年）、オンラインゲーム『艦隊これくしょん』（同年）など、戦後の日本で作られた多くの物語の中に登場しました。

なぜ約七〇年も昔の戦艦とその物語に、日本人は今なお心引かれ続けているのでしょうか。大和物語がどう作られ、いかに受け容れられて現在に至るのかをふりかえり、日本人にとって大和、そして戦争とは何だったのかを考えるのが、この講義の目的です。

私は、日本人は大和の物語を通じて〝あの戦争〟の記憶を自分の都合に合うように作り直してきたと思っています。例えば『宇宙戦艦ヤマト』は日本人が地球を救う物語です。なぜ一九七〇年代にそのような物語が作られたのでしょうか。それは、高度成長を終えた日本人の優越感と劣等感が背景にあります。完膚なきまでに負けた戦争を空想の世界でやり直すことにより、心傷の回復を試みたのです。二一世紀に生きる私たちも、『艦これ』あるいは『宇宙戦艦ヤマト2199』を通じて過去の「戦争」を理解、ないしは消費しています。

このように考えると、大和およびその物語のバリエーションについて考えることは、戦後日本人が〝あの戦争〟について現在に至るまでどのように（ある意味で自分に都合よく）考えてきたのかを問うことに他ならないのです。

講義のキーワードは「特攻」と「アメリカ」、この二つです。大和（＝ヤマト）の物語研究は、戦後日本人にとってこの二つがいったい何だったのかを考えることでもあります。

全一五回の講義は、大きく分けると三部構成となります。

第一部**「近代日本はなぜ大和を作り、失ったか――大和から日本の近代史を知る」**は第二講から第六講までをかけて近代日本がなぜ大和という戦艦を作り、そして喪ったのか、幕末以来の歴史を踏まえて考えます。

第二講　海軍とは何のためにあるのか、戦艦とは何か
第三講　近代日本の歩みのなかで海軍はどんな役割を果たしたのか
第四講　昭和日本はなぜ戦艦大和を必要としたのか
第五講　実際の対米戦争で大和はなぜ活躍できなかったのか
第六講　一九四五年、大和はどうして沈んでしまったのか

続く第二部**「大和はなぜ敗戦後の日本で人気が出たのか――日本人の欲望の反映としての大和」**では、

第七講から第一一講まで、戦争の記憶が風化していく中で大和の記憶がどのように作られ、変化していくのかを問います。

第七講　占領期、大和はどうして日本人の心に生きることになったのか
第八講　一九六〇年代、なぜ子どもたちは大和に熱狂し、飽きてしまったのか
第九講　一九七四年、なぜ宇宙戦艦ヤマトはイスカンダルを目指して飛び立ったのか
第一〇講　そのとき、なぜ青少年はヤマトに熱狂したのか
第一一講　一九八〇年代、戦艦大和はなぜ繰り返し映像化されたのか

第三部「**現在の私たちにとって太平洋戦争とは何なのだろうか――大和から考える**」では、第一二講から最終講まで、豊かになり果てた現代日本でなぜ大和という戦争の物語が繰り返し紡ぎ出され続けるのかを考え、日本人にとって大和とは何だったのかについて、ひとつの結論を導き出します。

第一二講　一九九〇年代、なぜ戦艦大和は仮想戦記に蘇ってアメリカに勝ったのか
第一三講　二〇一三年、『宇宙戦艦ヤマト２１９９』と『艦これ』はなぜ作られたのか
第一四講　もう一方の日本海軍の雄・零戦はなぜ日本人に人気があるのか
第一五講　まとめ――戦艦大和と太平洋戦争とは戦後日本人にとって何だったのか

戦艦大和については、これまで厖大な書物が書かれてきました。今でも本屋へ行くと大和に関するいろいろな本が並んでいます。そのすべてをここで紹介することはとうていできませんが、近年刊行された一般向けの大和に関する著作で、この講義と目的が似ているといいますか、そのものずばりのものとして、永沢道雄『戦艦大和と日本人　戦艦大和とは日本人にとって何なのか』（光人社ＮＦ文庫、二〇一二年〈初刊二〇〇七年〉）を挙げましょう。二〇〇七年に出された単行本が文庫化されたものです。大和

建造から沈没に至る歴史を、幕末の開国にまでさかのぼって振り返り、その「悲劇」を強調するのですが、永沢は「大和とは日本人にとって何なのか」について直接答えを明示することはありません。読者がそれぞれ自分でくみ取ればよい、ということなのかもしれませんが、この講義では第二講から第六講まで日本人にとって大和、あるいは戦艦とは何だったのかを、近年の研究に基づき、同じく幕末から論じていきたいと思います。

永沢の著作は戦後の大和物語についてほとんどふれていません。その戦後日本人の戦艦大和観についての学術的な研究――ここでいう学術的とは、先に書かれた研究をさまざまな「資料」を分析しつつ「批判」し、新たな知見の獲得をめざす、その姿勢を指します――には、塚田修一「文化ナショナリズムとしての戦艦「大和」言説　大和・ヤマト・やまと」(『三田社会学』一八、二〇一三年七月)があります。この論文は、戦艦大和が戦争放棄した戦後日本において「文化的」――軍事的の対義語ですね――ナショナリズムの拠り所となっていく過程を、敗戦直後から一九九〇年代までを対象に分析した貴重な成果ですが、私はこの分析に欠けているものが一つあると思っています。

それは、大和に乗って悲惨な死を遂げた将兵たちです。彼ら戦死者を「なかったこと」にしてはじめて、大和は戦後日本の「ナショナリズム」の拠り所、象徴たり得たと言っても過言ではありません。別の言い方をすると、戦後日本人は「英霊を忘れないようにしよう」というかけ声とは裏腹に、大和の戦死者たちを忘れ、捨て去ることによってはじめて〈誇り〉を持つことができたのです。その詳しい過程は、講義の過程で明らかになっていくでしょう。

戦艦大和という個別の問題を超えた戦後日本人の戦争観の問題、つまり日中・太平洋戦争自体をどうみていたのか、それは時代の推移とともにどう変化していったのかという問題に関する代表的な研究としては、吉田裕『日本人の戦争観　戦後史のなかの変容』（岩波現代文庫、二〇〇五年、初刊一九九五年）があります。

この著作は戦後日本人の「戦争観」を主として戦争責任論の視点から論じたもので、そこには一つの「ダブルスタンダード」があったと指摘します。すなわち、敗戦国として国外に対しては最小限の戦争責任を認めたが、国内ではそれを不問に付してきたというのです。戦後日本人は、あの戦争は対外的には悪だったが、国内的には正義ないしはやむを得ない戦いとみなすという矛盾を抱え込みながら、今日まで生きてきたというのです。

吉田はこのような「ダブルスタンダード」が成り立ち得た背景には、戦後の東アジア冷戦構造――アメリカには戦争責任への反省を示さねばならないが、民主化が遅れ直接被害を被った民衆が声をあげられなかった中国や韓国からは、一九八〇年代までその追及を受けることがなかった――があったと指摘しています。

吉田の著作は、国内外政治の動向のみならず、大衆文化の変容などにまで目配りの効いた必読のもので、今後この講義でもたびたび言及します。ただ、本人ものちに述べているように、〈戦争＝反省の対象〉というステレオタイプな戦争観が先にあって、それがどう社会に受け入れられたのか、あるいは受け入れられなかったのか、という二者択一の〈歴史〉像の組み立て方になっているように思います。(1)

私は、そういう議論はしません。戦後日本の歴史を、人々がかつての戦争にいろんな〈欲望〉を投影してきた歴史としてとらえてみたいと思います。そのとき戦艦大和は、兵器でありながら、日本人が自分の欲望を満たしてもらうために、その時々の社会情勢に応じて〈神〉として祀りあげられる存在でした。こういうと「お前は何を言っているんだ」と思うでしょうが、まあ講義を聴いていくうちに何となく理解していただけると思います。

なお、もうひとつの隠れたテーマとして〈擬人化〉の問題を挙げたいとも考えています。最近の戦艦大和は人なのです、というと何のことだかわからないかもしれません。実は、二〇一三年にサービスが開始され、若者に大人気となったオンラインゲーム『艦隊これくしょん』(略称艦これ)において、戦艦大和ほかの軍艦がなぜか「艦娘《かんむす》」と称する少女と化して艦隊を編成、幽霊のようではありますが同じく少女の姿をとった謎の敵「深海棲艦《しんかいせいかん》」と戦っているのです。

艦娘大和たちは多数の主砲を身にまとい、艦隊の「提督」となったプレイヤーの指揮のもと、敵と砲雷撃戦をします。任務を達成すると「資材」がたまって次の艦娘が建造でき、被弾すると彼女たちの素肌や下着が露わになります。「提督」はそれをみて胸を痛め、かつ楽しむという趣向です。

艦これの戦艦大和は、いかにも大和撫子といった風情の美少女です。では、そもそもなぜ大和は二一世紀の日本で擬人化され、美少女となっているのでしょうか。一見奇妙なことに思えますが、実は明治以降の近代史上、日本の戦艦は繰り返し擬人化されてきました。なぜそのような奇妙な――若い世代の皆さんはどうだかわかりませんが、少なくとも私にとっては――ことになっているのでしょう。古くは『鳥獣戯画』(一二～一三世紀)あたりまでさかのぼる日本の擬人化史それ自体の叙述は私の能力をはるかに超えますが、ここでは近代戦艦の擬人化とその意味するところについて、大和の歴史をさかのぼることで考えてみたいと思います。

軍艦を単なる鉄製のフネとは見なさず、そこに〈命〉を見いだす発想は、実は昔からあります。たとえば、一九四五年四月七日、米軍機の猛空襲により沈没寸前となった戦艦大和の無残な姿を、弱冠二二歳の乗組員だった吉田満は次のように描写しています。「巨人在リシ日ノ姿ハ、艦首ヤヽ反リ返リタル力強キ上甲板ノ線ニ、力瘤ニモ髣髴《ほうふつ》タル機銃、高角砲々塔隆々トシテ重畳シ、独自ノ力感横溢セルモ、今ヤソノ面影更ニナシ(2)」。吉田にとって戦艦大和は「巨人」すなわち名前を持った人《ヒト》だったのですね。

吉田は、この期に及んでもなお、大和が沈むとは思えなかったといいます。「オヨソ巨大ナルモノノ魔力ハ、ソコニ属スル者ノ心魂ヲ奪ヒ、絶対ノ信頼ト愛着ヲ植附(3)」ていたからです。戦艦という「巨大ナルモノノ魔力」は、大和艦上の吉田一人のみならず、強大なる海軍を擁した近代日本人の心を魅了していたものではないでしょうか。

もと元海軍中佐の吉田俊雄は一九六六年、かつて栄華を誇った日本海軍の軍艦を懐古するエッセイ集のあとがきで、次のように述べています。

> 軍艦には、生命がある。／軍艦を、無生物視するのは、間違いである。それは、人間同様、生きている。怪我をすれば痛いと思うし、あるときは喜びに胸おどらせ、あるときは悲しみに涙した。ただ、人間と違うところは、立身とか、栄達とか、そういったものに振りまわされなかった。とすれば、軍艦こそ、もっとも客観的に、太平洋戦争を見てき、しかも、カメラのレンズのように冷たくなく、人間と一緒に戦い、人間とともに、その厳しい運命を享受したのではなかったか(4)。

吉田満や吉田俊雄ら元海軍軍人にとって、あるいは近代の日本人にとって、軍艦はなぜ「生命体」だったのでしょう。評論家の桶谷秀昭《おけたにひであき》（一九三二年生）は吉田満の文章について、「巨艦の魔力は巨大なるが故に生まれたのであらうか。それは一つの文明の運命の象徴であることに由来してゐたのではなからうか(5)」と述べています。彼らは戦艦大和という一人の人《ヒト》の中に、近代日本それ自体の「運命」の在りかを見い出していたのです。この講義の、とくに前半では、大和という具体的な対象を通じて、近代日本人が軍艦に託した「運命」の行方をたどっていくことになります。

作家・吉村昭（一九二七年生）は小説『戦艦武蔵』（一九六六年）執筆にあたって、当初題名を「巨人」にしようかと考えたそうです。大和の姉妹艦・武蔵を「擬人化した物としてとらえ」「人間のひき起す愚かしい戦争という背景の元に、それら人間の手でつくり上げられた生き物であるように描き出さなければ、私の「武蔵」を書く意味は全くないと思いつづけた」(6)からです。彼にとって戦争とは茫漠としてつかみ所のない奇怪なものであったがゆえに、「擬人化」してはじめて叙述可能となったのです。実は近代の日本人もまた、戦争を「愚かしい」と思ったかは別として、吉村と同じような理解の方法をとっていたかもしれないのです。

お話ししたかったことは以上です。今日は初回ですから、少し早いですがこれで終わります。

（1）吉田前掲『日本人の戦争観　戦後史のなかの変容』「文庫版のためのあとがき」二八四頁。
（2）吉田満『戦艦大和ノ最期』（創元社、一九五二年）七八頁。
（3）同八八頁。
（4）吉田俊雄『軍艦十二隻の悲劇　日本海軍の栄光と運命』（オリオン出版社、一九六六年）三一三頁。
（5）桶谷秀昭『昭和精神史』（文春文庫、一九九六年〈初刊一九九二年〉）「第一八章　最後の出撃」（初出一九九一年）六三六頁。
（6）吉村昭『戦艦武蔵ノート』（岩波現代文庫、二〇一〇年〈初刊一九七〇年〉）一八七頁。

第一部
近代日本はなぜ大和を作り、失ったか——大和から日本の近代史を知る

第二講　海軍とは何のためにあるのか、戦艦とは何か

戦艦とは何か

戦艦とは、日本を含む昔日の列強海軍の主力となった「軍艦」をいいます。その時代に積むことができる最大の砲と、これを防ぐ鋼鉄の板（装甲）を備えた船です。

では戦艦大和（一九四一～四五年）はなぜ有名なのでしょうか。大和は口径四六センチの主砲（最大射程約四二キロ）九門搭載、満載排水量（燃料や弾薬など積める物をすべて積んだ重量）約七万三〇〇〇トン、全長二六三メートルと、世界最大「最強」の戦艦だったからです。「最強」とカッコをつけているのは、敵国の戦艦と直接砲火を交え、それを実証することがついにないまま、飛行機の攻撃により撃沈されてしまったからです。

しかし、今はどの国の海軍も、記念艦として保存しているものを除いて戦艦を持っていません。日本の海上自衛隊にも「護衛艦」はありますが戦艦はありません。なぜ戦艦は日本の大和を頂点として発達し、滅んだのでしょうか。まずは、世界史上における戦艦と海軍の歴史を簡単にふり返ってみましょう。

一七世紀に、イギリス、フランス、オランダなどのヨーロッパ国家に近代的な意味での「海軍」が誕生しました(1)。当時の日本は江戸時代でいわゆる「鎖国」政策がとられており、一六三五年に五〇〇石船以上の大船建造は禁止され、幕府にも諸藩にも「海軍」と呼べるようなものはありませんでした。

ヨーロッパ諸国における海軍の役割は、アジア・アフリカ、南北アメリカといった海外との海上交通路を確保し、自国の貿易船を海賊から守ったり、陸兵を積んだ船を護衛して植民地を広げ、覇権争いに勝利することにありました。つまり、海軍は単に自国領土を守るというだけでなく、むしろ海外に勢力を広げるためにこそ必要だったのです。この覇権争いは、ナポレオン戦争（一八〇三～一五年）で勝利を収めたイギリスの勝利に終わります。全世界の海上におけるイギリスの覇権が確立したのです。

そのころ、各国の海軍はどのような船を使っていたのでしょうか。一六世紀にガレオン船という大型の帆船が出現しました。これは、風さえあれば世界中のどこへでも行けることを意味します。

このころの海戦は互いに船を接舷させて兵士を乗り移らせ、白兵戦で決着を付ける、あるいは体当りして沈めるという、はるか後年の大和の時代からみれば極めて原始的な戦い方でした。船に大砲も積んではいるのですが、砲口から先込めした鉄球を至近距離までしか撃てなかったため、このような戦い方となりました。

当初は商船と軍艦の区別はありませんでしたが、大きな大砲をたくさん積むために専用の「軍艦」が作られるようになりました。一五一四年にイギリスの造ったアンリ・グラーサ・デュウは生まれながらの「軍艦」でありました。

この軍艦が進化、細分化して、のちに「戦列艦（ship of the line）」が登場するに至ります。この艦は大砲を数十門から一〇〇門以上も積み、両舷側に二、三層に分けてずらりと並べたもので、大きさによりいくつかの級《クラス》に分けられます。米映画に『パイレーツ・オブ・カリビアン』と題する、一八世紀を舞台とした海賊物語があります。もちろん空想上の話ですが、そこに登場するイギリス海軍の軍艦をみれば、戦列艦とはこういう船だという感じはつかめるでしょう。

一九世紀初頭までの海戦は、この戦列艦を多数擁する艦隊が一、二列の縦隊を組んで敵の隊列と併走、もしくはこれを突破しつつ、集中砲火を浴びせるという接近戦でした。

ナポレオン戦争で活躍した、有名なイギリスのネルソン提督はトラファルガーの海戦（一八〇五年）でフランス軍の船から銃で狙撃（！）されて戦死しました。それだけ海上で接近して戦っていたのです。これは先述したように、大砲の射程がごく短かったからです。

産業革命

一八世紀から一九世紀にかけて欧米では産業革命が起こり、資本主義が成立します。工業化が急速に進み、少数の資本家が大量の品物を労働者に作らせて大いに儲けるという、現在に直接つながる経済の仕組みが成立します。これを可能にしたのが、蒸気機関の発明です。蒸気機関で大量の製品――たとえば綿布――を作って蒸気機関車や蒸気船で大量に運び、売ることが可能となったのです。

こうなると欧米諸国にとって、海外植民地がそれまでの資源確保の場のみならず、「市場」の意味を持ってきます。自国で作った物を植民地へ運び、独占的に売りつければ儲かります。世界で最初に産業革命を達成したイギリスは「自由貿易帝国主義政策」を確立して全世界への進出をはかりました。そのポリシーは「可能であれば非公式支配による貿易を、必要となれば公式（植民地）支配による貿易を」(2)

というものでした。戦争は相応のコストがかかるので、植民地化はいわば最後の手段でした。まずは武力による恫喝で自国の商品を独占的に売りつけ、必要な資源をまかなえればそれでいいわけです。

各国が海外へとその勢力圏を広げるうえで、海軍の役割が重大であることはいうまでもありません。

それでは、なぜヨーロッパはアジアより優位に立つことができたのでしょうか。長谷川貴彦は、イギリスなどには石炭などの鉱物資源が豊富であったこと、ヨーロッパは南北アメリカなど海外植民地を持ち、そこを過剰な人口のはけ口とできたこと、そしてヨーロッパとアジアとでは支配体制が違っていたことをあげています。ヨーロッパは複数の国民国家が併存しており競争――たとえば植民地獲得のそれ――が進みましたが、アジアは中国という一大帝国が支配していて、諸国間の「競争」というものがなかったのです。また、ヨーロッパにおける科学革命の発生も指摘しています(3)。

日本は江戸時代を通じて、中国とは貿易のみを行う関係で、どちらかが相手を政治・経済的に支配しようとすることもされることもありませんでした。したがって、競争も発生しませんでした。

一九世紀、欧米における工業化の進展の中で、艦船の動力も帆から蒸気機関へと移行します。蒸気機関と言っても最初は波に弱い外輪船でしたが、やがて今日の船と同じスクリューが発明されて「一八五〇年頃には、軍艦の蒸気動力化、スクリュー推進の定着がみられ」、波の荒い外洋を高速で航行することが可能になりました(4)。

大砲も一九世紀後半、飛躍的に進歩しました。イギリスで一八五八年に制式採用されたアームストロング砲は、それまで一体鋳造だった砲身を組み立て式で長く強固にし、その内部にライフル(施条)を刻んで後装式としたものでした。ライフルを刻み、新開発の強力な火薬を使うことで、砲弾を高速で回転させ遠くまでまっすぐ撃つことができるようになりました。砲弾もかつての単なる鉄球から、空気抵抗の少ない椎の実型で命中すると爆発する「炸裂弾」に発展しました。後装式とはそれまで砲弾をいちいち砲口にまわって填《こ》めていたのを長い砲身の後ろから填めるようにしたものです。一八七九年、イギリスは「公式に、海軍は後装砲を装備すべきであると決定」しました。(5)

欧米と東アジア

欧米列強はこのような一九世紀に革命的進化を遂げた軍艦を押し立てて、東アジアへも勢力拡張をはかりました。勢力拡張とはどういうことでしょうか。先にのべたように、武力で脅して貿易を強要し、自国の商品を買わせるのです。必要があれば戦争に持ち込み、植民地を獲得します。ただやみくもに自国の領土を広げたいというのではなく、国内資本主義の経済的要請に基づく行為だったのです。

清国はアヘン戦争(一八四〇〜四二年)でイギリスの軍隊に惨敗しました。戦争のきっかけとなったのは、イギリスが売りつけようとした麻薬のアヘンを中国側が拒否したことです。その結果、清国は複数の都市を開いての貿易を強要されました。

日本へも、アメリカのペリーが一八五三年六月三日、蒸気船二隻、帆船二隻、合計四隻の軍艦からなる艦隊を率いて浦賀へ来航し、幕府に開国——端的にいうとまずは交流からはじめ、ついで貿易をはじめることです——の要求を突きつけました。ペリーはそれまでのロシアやイギリスなどと異なり、いきなり江戸湾に乗り付けて軍艦の大砲で脅すという手段をとり、幕府は対抗する手段を持っていませんでした。ちなみにそれがイギリスではなかったのは、同国が清国の太平天国の乱(一八五一年)、ヨーロッパのクリミア戦争(一八五四年)などに対処せねばならず、余裕がなかったためとされています。

図１　『黒船の図』（1855年ごろ）（神奈川県立歴史博物館図録『ペリーの顔・貌・カオ「黒船」の使者の虚像と実像』21頁）

ただし、アヘン戦争やペリー来航当時の蒸気船は前述した発達上の過渡期にあたり、当時高度に発達を遂げていた帆船に積み荷の量や大砲の数、航洋性の面で劣っていました。ペリーの乗ってきた蒸気船は、実は「武力においては三流の軍艦、蒸気船としては太平洋横断能力はおろか大西洋の横断も汽走だけではおぼつかない二流の蒸気船」[6]に過ぎませんでした。彼らの軍艦は石炭節約のために外洋では帆を張り、米国東海岸から二〇〇日余をかけて、ようやく日本へとやって来たのです。

さらにいうと、アメリカ側は、日本人に蒸気船を見せれば「魔術的な力を感じてショックを受けるのではないか」と考えていましたが、そのもくろみは外れました。少なくとも知識人たちはすでに蘭書を通じてその原理を知っていたからです。知っていたからこそ、蒸気船軍艦を江戸湾で実際に見せつけられるや、西洋列強軍事力の「質」的脅威を直ちに、深刻すぎるほど

図2　雲僊『独逸国 軍艦内郭機械図』（明治初期）

に受け止めて開国するに至ったのです(7)。

しかし、庶民レベルの黒船観は冷静、科学合理的なものばかりではなかったようです。図1は、当時の日本で多数流布した、黒船を描いた錦絵のうちの一枚です。あたかも目と口をもった巨大な怪物のように描かれています。また、図2はドイツ軍艦の「内郭機械」を描いた明治初期の錦絵ですが、蒸気機関はおろか石炭すら積んでいない（船体中央右下部の、一見それと見えるのは「破弾」すなわち砲弾）ことから明らかなように、絵師は蒸気船が動く原理というものをまったく理解していません。この時代の日本民衆の想像力の中で、異国の巨大な蒸気船——軍艦は、何らかの魔術的・超越的な力をもって動く生命体のようにみなされ、好奇心の的になっていたのです。

さて、アメリカが日本に開国を要求した意図はいくつかありました。貿易や自国の漂流民（当時アメリカで盛んに行っていた捕鯨船の乗員）保護、同じく自国船への石炭供給などです。ただし、当時の彼らにはそれら個別の実利面を超える発想、すなわち、「世界は権利として海上自由交通権をもっているという思想」や人類には「良き隣人を持つ権利」があるという理念があり、日本の鎖国はその「権利」の妨げにほかならないから開国させて「文明」や「自由」の光に浴させるのだという独善的な思想もあったとされます[8]。

そのとき、対抗すべき日本の海軍はどうなっていたのでしょうか。江戸時代、幕府は大型船の建造を禁止していましたから海軍らしい海軍はありません。慌てて江戸湾に砲台を築きました――今も一部が残る「お台場」です――が、砲の数でも射程でもペリーの艦隊に敵《かな》うものではなく、やむなく一八五四年三月三日、日米和親条約を結ぶに至りました。

近年の研究では幕府もけっして無策無能だったのではなく、事前にオランダ経由でペリー来航の情報を得て準備をしていたことや、五四年の再来時の交渉で、日本が鎖国したままでは多くのアメリカ漂流民の人命が危機にさらされるから「国政を改めないならば国力を尽くして戦争に及び、雌雄を決する準備がある」とペリーが恫喝したのに対して、幕府側はこれまでアメリカ漂流民を手厚く保護し、積年の遺恨もないので戦争に及ぶ理由はないなどと冷静に反論するなど粘り強い交渉をした結果、ペリーが自説を撤回し戦争も回避されたことが指摘されています[9]。仮に日本が欧米列強の開国要求を拒否して戦争になっていれば、植民地化まではなかったかもしれませんが、清国のように「「懲罰」としての賠償金を支払い、領土割譲を伴う[10]」「敗戦条約国」となっていた可能性が高かったのです。

もっとも、アメリカ側も本当は戦力不足や自国内情勢のため日本と戦争をするつもりはなく、ペリー艦隊は大統領より発砲を厳禁されていたことから「方向を自在に変えられる蒸気軍艦の能力、轟音をとどろかせる大砲」などを示威のためフル活用し、増援の艦隊が「太平洋を横断して一八日で来られるという机上計算を、あたかも事実のように日本側に伝えてい」たといいます[11]。

幕府崩壊から近代海軍の建設へ

幕府は一八五三年九月に大型船の建造を解禁してオランダへ蒸気船を発注、自らも建造に着手します。

また一八五五年、長崎に海軍伝習所を作って人材養成に取り組むなどの改革にも取り組みました。

一八六二年、幕府が軍制改革のため設置した軍制掛は「万国合従の襲来を防御しうる海軍力」、つまり諸外国が連合して襲来しても撃退できる戦力として、全国を東海備ほか六つの「備」（今でいう管区）に分け、そこに一五の艦隊を配置する、総兵力は蒸気フリゲート艦四五隻、コルベット艦一三五隻、小型蒸気船一九〇隻、合計三七〇隻とする、費用は諸大名が分担する（指揮権は当然幕府が持つ）ことを提言しました。もちろんすぐには実現できないので当面は江戸・大坂に蒸気艦隊を一つずつ置き、総兵力はフリゲート艦三隻、コルベット艦九隻など合計四三隻にするとされましたが、結局この段階で日本の統一海軍は実現せず、幕府や大藩がそれぞれの危機意識のもと、海軍建設を進めていきました。[12]

「海防」の充実、すなわち軍艦の建造やそれを動かせる人材の登用は、従来の身分制度――生まれた身分によってあらかじめ役割が決まっている――とは矛盾します。軍艦を作って動かすには広汎な自然科学の知識がいるからで、その才能の有無は生まれとは関係ありません。ここに「広範な国内改革」[13]が始まり、やがて社会全体の「欧化」と身分制の崩壊をもたらすに至ります。

では、当時の武士以外の人々はどうしていたのでしょうか。宮地正人は、武士以外の人々、とくに豪農商層や在村知識人の間にも、漢詩や和歌、狂歌といった文化交流をつうじて培われた全国規模の情報網がすでに作られており、そこから「日本という国土（ただし琉球と蝦夷地は入っていない）と日本人という意識」が生まれていたこと、その情報網を通じてペリー来航などの政治情報は速やかに伝達されて「公論」の場と対外危機意識が形成され、やがて幕府の威光をゆるがしていったと指摘しています[14]。

園田英弘もこの日本全国を通じた巨大なうねりの背景に、「二〇〇年余にわたる平和な時代は、封建制という制度的枠組みを越えるような意識や人的交流や、それらを促進するような社会のシステムをかたち作っていたこと[15]」をあげています。

けれども、その「欧化」は平和裏に進んだわけではありません。幕末日本では、それを誰が行うのか、幕府や有力諸藩などの間で主導権をめぐる権力闘争が展開されました。この闘争は最終的に戊辰戦争という内戦に発展し、幕府勢力の軍事的敗北、明治新政府の主導権獲得によって収束します。

幕府はなぜ敗れたのでしょうか。まず、外国の脅しに屈服したかたちの幕府の威信が当時の国内で丸潰れとなったことが挙げられます。そもそも幕府が約二七〇年の長期にわたり日本を統治できたのは、強大な軍事力に支えられた「御威光」、つまり軍事的権威あればこそでした。諸大名は「幕府に対して軍事的に抵抗するどころか、幕府の許可を得ずに大名が兵を動かすことすら最早不可能[16]」で、少しでも幕府に逆らえばたちどころにつぶされると思っていたのです。

江戸時代の幕藩体制は確かに長期の平和をもたらしましたが、それは「あたかも巨大な軍団が全土を支配するために駐屯した如く、抑圧的で専制的な支配体制[17]」でした。武士身分間には「家格」にもとづく厳格な上下関係がありましたし、百姓町人ら被支配身分にとっては政治的な発言をすること自体が大罪で、場合によっては「御公議を憚《はば》からず不届《ふとどき》至極《しごく》」などという理由で首が飛ぶ時代でした[18]。ところが異国アメリカへの屈服、およびその後の対長州戦争の敗北などにより「王様は裸だ」ということがしだいにはっきりしていきました。

これをみていきり立ち、既存秩序の打破と己の上昇を目指したのが、長い間生活に困窮して不満を抱えていた、薩摩藩（今の鹿児島県）や長州藩（山口県）西日本の有力諸藩――雄藩の中・下級武士たちでした。薩長両藩は当初、独自に攘夷《じょうい》路線を取って欧米列強に挑戦的な態度を示しました。薩摩藩は一八六三年に来襲した英艦隊と、長州藩は六四年に米英仏蘭四か国連合艦隊とそれぞれ戦うに至りますが、前者は英艦の装備するアームストロング砲の前に沿岸砲台を破壊され、鹿児島市街地の大半を焼かれてしまいます（薩英戦争）。後者も敵軍に上陸と砲台の占領を許すなど惨敗に終わりました。

現在、薩英戦争に敗れた薩摩藩側が英国軍事力の強大さを覚り、親英・倒幕路線に転換したとよく言われますが、鵜飼政志によると、ことはそう単純ではありません。薩摩側は善戦し、英艦隊に相応の被害を与えて撤退させたため敗者の意識がなく、藩を富ませる上で英国を利用するのは得策と判断したものの、藩の指導層の多くはこの時点では武力倒幕など考えていませんでした。したがって戦後、薩摩藩を挙げて親英・倒幕路線に転じたとはいえないのです(19)。

興味深いのは、薩英戦争がこのような複雑な性格を持っていたため、のちの日本に勝ったとみなされる時代と負けたとされる時代が両方あることです。例えば約八〇年後に国を挙げてイギリスと再戦した太平洋戦争（一九四一～四五年）時、作家の大佛次郎《おさらぎじろう》は小説『薩英戦争』において、

〔英艦が〕新式の椎の実弾を使つて、旧式の団子弾に勝てなかつたのは、命を捨てて国を守らうとする薩摩の人間の不撓不屈の精神が、敵に勝つたと云ふことなのである。〔中略〕犠牲も多く、つらい戦だつたが、強い精神力で闘ひぬいて、敵を閉口させたのである。それから軍艦との戦争には、こちらにも軍艦がなければ、敵が遠く沖の方へ逃げた場合にも、どうにも手の下しやうがなく、終始受け身の戦だけで、町

も焼かれてしまふのだと気がついたのである。[20]

と述べ、薩英戦争を辛勝と総括しています。現在の理解と逆ですね。たしかに軍艦と生身の人間との戦いであった薩英戦争の敗北は、幕末～昭和の日本人に国を守るうえでの軍艦の大切さを教えました。しかし、昭和の日本人はその事実を少し曲げて物語化し、武器や技術に勝る強敵イギリスにも日本人の「強い精神力」さえあれば必ず勝てるという、いわば自己説得の道具として信じたのです。

ある〈歴史〉物語が後世の社会においてその不都合な真実を糊塗したり、人々の不安を鎮めるために動員され、それが必ずしも間違ってはは見えないので皆なんとなく信じるというのはよくある話です。この講義でもたびたび出てきますから必ず覚えておいてください。

明治維新

薩長ら西南雄藩の中・下級武士たちは対外危機に対応できない旧支配秩序の権威が失墜するなか、自藩内の政治的主導権を旧指導層から奪って同盟を結び（一八六六年、薩長同盟成立）、幕府から国内政治の主導権を奪おうと試みました。彼らは最終的に京都にいた天皇を担ぎ、六七年一二月九日、「王政復古」と称して幕府を廃絶、新政府を樹立しました。翌六八年、反発した旧幕府勢力とこれを支持する東北諸藩を軍事力で打倒、近代国家の建設を目指しました。この一連の改革過程を明治維新と呼びます。武士や百姓、町人、被差別民などの身分制度も解体され、「四民平等」の世の中となります。

維新の担い手となった武士たちはなぜ自らの特権的身分を手放したのでしょうか。園田英弘[21]によると、対外的危機に対応する軍隊の「欧化」は、従来の刀や槍から小銃・大砲への転換を強いました。すると軍隊の編制もそれに応じたものにしなくてはなりません。江戸時代の軍隊は刀や槍の使用を前提として編成され、その上下関係に応じて平時の家格や身分差が決まっていましたが、それが意味を持たなくなったのです。武士は戦うからこそ武士なのだという「機能主義的武士観」が台頭し、武士の「身分」を持たなくても武士の「職」の遂行能力があればそれを武士と見なす発想が強くなりました。

こうした認識に基づく武士社会の再編成が進んで「四民平等」の原則が浮上、やがて「武士は、一方において武士「身分」としては「解体」されながら、同時に国民国家を運営する機能集団へと「自己変革」していった」とされます(22)。

ただし、当時の武士たちがみな高邁かつ抽象的な救国の大義に燃えていたというわけではありません。渡辺治はいわゆる「幕末の志士」や明治新政府の担い手に上層ではなく中下層の武士たちが多かった理由として、幕藩体制下の彼らは生活が困窮し、さりとて立身出世の可能性もなく、不満が蓄積していたことをあげています。「ペリー以降の動揺と瓦解の主な駆動力は、既存の体制内で鬱屈を募らせていた武士たち、とりわけ下級武士たちの、自己と他者の改革と破壊への衝迫であろう」、「「志士」たちの居丈高な姿勢と往々サディスティックな暴力の背後には、ルサンチマンと「正義」の結合があったのであろう(23)」と。明治維新は、もともと「武士」身分であることにメリットのなかった下級武士たちが旧支配層に挑んだ権力闘争によって達成された「革命」の一種と言えます。

明治新政府は維新の大義名分たる国の独立維持のため、近代陸海軍の建設に着手します。維新とは、海軍力が諸国家の運命を定めた時代に対応するための事業でありました。とはいえ、一八七二年二月、海軍省が置かれた時の海軍の総勢力は軍艦《あずま》東はじめ一七隻、一万三八三二トン(24)に過ぎませんでした。

海軍の人材調達と「四民平等」との関連についていうと、一八七〇年、兵部省が設置した海軍兵学寮（七六年に海軍兵学校と改称）は「凡《およそ》府藩県華士族庶人ヲ論ゼズ」「諸学」に基づいて選抜し、成業の者は士官にするとしていました。

しかし、建軍当初の海軍では薩摩の中・下級武士層を重用する人材登用が行われました。例えば後の日露戦争時に連合艦隊司令長官としてロシア艦隊に勝利し、英雄と称えられた東郷平八郎《とうごうへいはちろう》（一八四八年生）は薩摩藩の下級武士の家に生まれ、前出の薩英戦争などに従軍しました。同郷の下級武士の出だった西郷隆盛に認められて一八七一年にイギリスへ官費留学、以後海軍士官としてスピード出世の途を歩みました。今回の講義は、そのような人材登用が行われた歴史的背景の説明となります。

もちろん、すべての武士が自らの特権や職分を素直に放棄したのでも、出世したのでもありません。せっかく倒幕に奔走したのに国家統治の機能集団からしだいに外され、不満を抱える士族たちも薩長を含めていました。彼らが最終的に西南戦争（一八七七年）へと至る一連の士族反乱の担い手となります。

戦艦の進化

日本の政治・社会にこのような大変動が起こり、「富国強兵」路線が取られるに至ったのと同じころ、欧米の海軍界では軍艦がさらなる進化を遂げていました。

軍艦に「砲塔」なるものが付けられるようになります（一八五四〜五五年）。従来、戦列艦が砲を舷側にほぼ固定して並べていたため射撃できる範囲が狭かったのを改め、砲塔と呼ばれる鋼鉄のケースに収めて艦の上面に置き、左右に旋回可能としたので、広い範囲を砲撃できるようになりました。大和の主

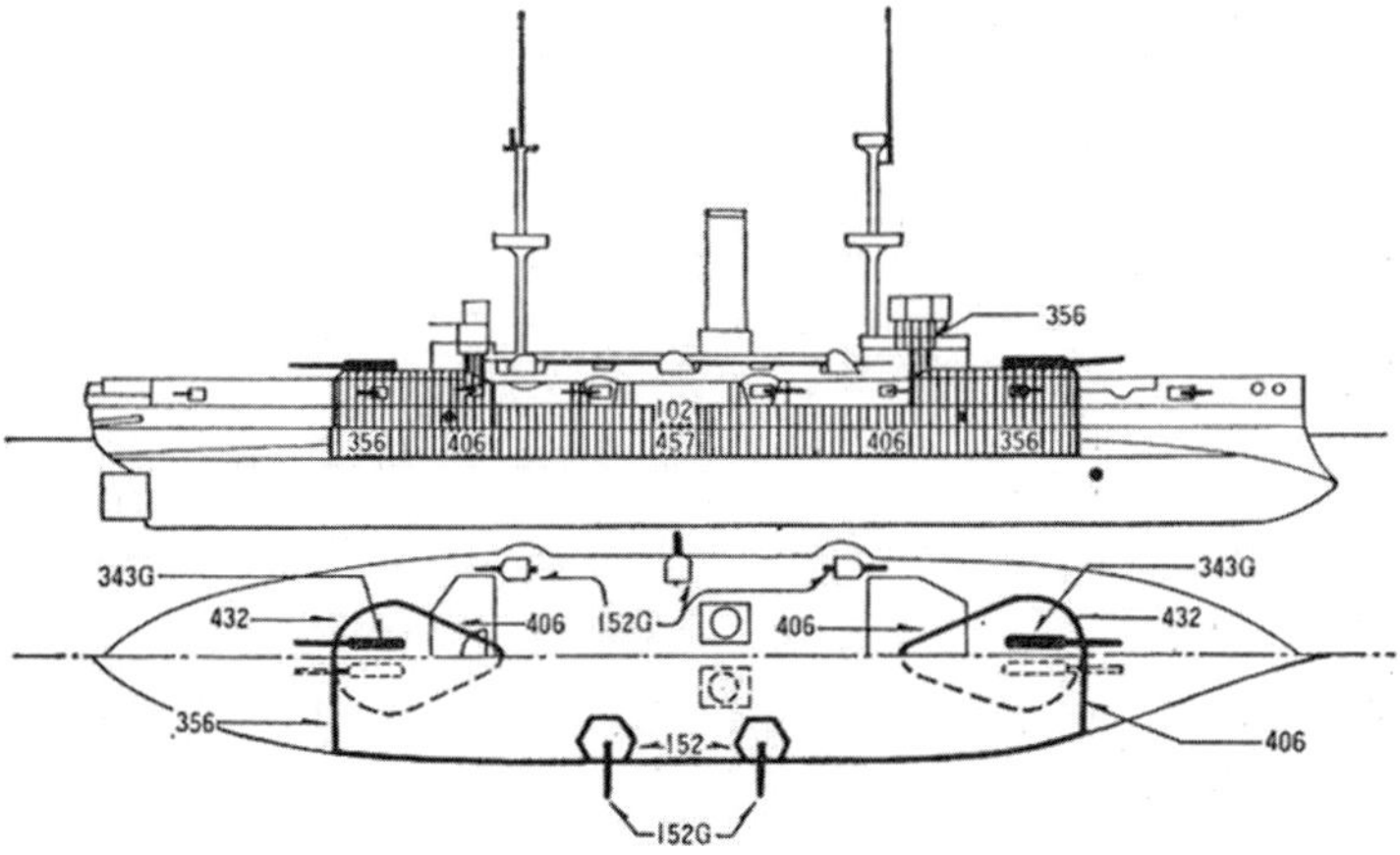

図３　ロイヤル・ソブリン級（数字＋Ｇは砲の口径、数字は装甲の厚さ（単位ミリ）。『シーパワーの世界史②』99頁）

砲九門も、この旋回砲塔三つに収められています。砲塔が必要となったのは、砲のサイズ・威力が大きくなったため、それまでのように舷側に取り付けて撃つと船の安定性が危うくなるので、艦体の中心線上に積んだほうがよくなったからでもあります。

また、製鋼技術の発展により、大型艦の側面に防御鉄板を張った「装甲艦」も出現します（一八六一年、イギリスのウォリアー）。この艦は蒸気機関によるスクリュー推進ではあるものの、「三本のマストにれっきとした横帆を残し、舷側固定砲をずらりと並べ、帆走艦の色彩を濃厚に残してい」ました。それでも、機械力推進と装甲を兼ね備えることから「不完全なものながら近代艦の遠い元祖[25]」とされます。

一八七三年に竣工したイギリスの鉄製装甲艦デヴァステーションは帆装備を撤廃、「艦橋を挟んで前後に一基ずつの旋回砲塔があり、それぞれに三〇センチ砲を連装して」いました。この「蒸気機関推進で装甲をもち、旋回砲塔を備えた大型の金属製艦」たる「甲鉄砲塔艦」と呼ばれる軍艦が「近代戦艦の直接の祖型[26]」

とされます。

そして旋回砲塔や厚い装甲を兼ね備えた、より近代的な「戦艦」(battle ship)が出現するに至ります。イギリスのロイヤル・ソブリン(一八九二年竣工)級がその始祖と位置づけられます。図3を見るとわかるように、戦艦としての基本的な構造は大和と同じですね。[27] 日本海軍もこのロイヤル・ソブリン級戦艦を基準として設計された戦艦二隻をイギリスから購入し、富士・八島と命名します(一八九七年竣工)。さらに、イギリスが同級の次に作った戦艦マジェスティック(一八九五年竣工)を防御や速度で上回る性能の戦艦三笠《みかさ》(一九〇二年竣工)も購入します。この三笠が後述する日露戦争時の連合艦隊旗艦となります。

一八七〇年代以降、軍艦の機能別分化が進んでいきます。強力な主砲を積む戦艦——「主力艦」とも呼びました——や、戦艦よりも小型で主砲は小さいものの高速の巡洋艦、さらに小型高速で魚雷——水中をスクリューで自走し、当たれば戦艦をも撃沈できる兵器です——を多数搭載する駆逐艦などに種別分化していきます。これらの艦種が後の一九四〇年代、戦艦大和の時代まで各国海軍の艦隊を構成することになります。

海軍省は「軍器独立」すなわち兵器は国産化するという方針のもと、一八八一年、今後二〇年間の間に六〇隻の軍艦を建造するという計画を立てました。しかし技術は未熟で造船所の整備も財政難で遅れたため、軍艦は当面輸入に頼ることになりました。それでも、海軍は日本国内でイギリス人が経営していた神戸造船所を買収(一八八四年)するなど、技術の習得を進めました。[28]

海軍は内海で防御にすぐれた広島県・呉に日本一の造船所を作るため、一八八九年開庁した呉鎮守府に造船所を置きました(のち呉海軍工廠と改称)。水雷艇の建造や損傷艦の修理を行うとともに、一八九九年に同地初の軍艦宮古（一八〇〇トン）を竣工させて建造経験を重ね、日露戦争（一九〇四～〇五年）後の一九〇七年には、初の国産主力艦筑波（装甲巡洋艦、一万三七五〇トン）を竣工させるに至ります。この筑波によって「日本は設計さえ与えられれば、実用に耐える装甲巨艦を建造する力を示し」(29)ました。同じく日露戦争後には、技術者と職工も日本国内で外国人の手を借りずに養成できるようになりました。

以上のごとく軍艦、中でも戦艦発達の歴史について詳しく語るのはいささかマニアックに思えるかもしれませんが、これをどれくらい作れるか、あるいは作れないかがその国の独立や勢力を決した時代があったのですから、あだや疎かにはできないと思います。

司馬遼太郎の小説『坂の上の雲』などを読むと、どうして明治日本という「まことに小さな国」が大国の清やロシアと戦争する気になったのだろう、と思います。そこにはある種の悲壮感がただよっています。しかし、少なくとも海軍に関する限り、明治時代半ば――日露戦争前の日本人は少年向けの雑誌でさえ、次のように世界「強国」の国民を自認していたことは指摘しておいてよいでしょう。

> 殊《こと》に軍艦を拵《こしら》へるといふことは、中々大金の入《い》用る事であるから、貧乏な国では容易に造る事が出来ない。それで世界中で、軍艦を持つて居ると言はれる国は、殊の外少くつて、僅《わず》かに七国を除いては先《ま》づ皆な海軍が無いといふても好《よ》い様な有様である。然らば其《その》七国とは何処の事であるか。日本、英吉利《イギリス》、仏蘭西《フランス》、露西亜《ロシア》、伊太利《イタリー》、独逸《ドイツ》、合衆国の七強国が即ち其れで、其他の国々は取るに足らぬ。(30)

その軍艦のうち「一等戦闘艦（ファースト、クラッス バットル、シップ）」を世界の「七強国」の一角たる日本は六隻（うち製造中四）、ロシアは一〇（同六）持っていました。最強国のイギリスは三四（同一六）です。当時の日本人は、「軍艦」、中でも戦艦こそを強国ランキング上のわかりやすい、かつ自らの命運のかかった冷厳な指標とみなしていたのです。

「制海権」という発想

日本が軍艦国産に注力しはじめたのと同時期の一八九〇年、アメリカ海軍大佐のアルフレッド・セイヤー・マハンが『海上権力史論』と題する本を刊行しました。「今までの歴史は陸上戦闘の勝敗で、あるいは陸上兵力の多寡によって、国の隆盛や衰亡が決定するものとされてきたが、マハンは海上権力によってこれが決まってきた(31)」としたのです。よって「制海権」すなわち海の支配権獲得こそが一国の盛衰を直接左右するという彼の主張は、米海軍のみならず日本海軍の軍人にもすぐに受け入れられました。

海軍大尉小笠原長生《おがさわらながなり》は一八九八年に著した『帝国海軍史論』（春陽堂）にてマハンの思想を紹介し、「征清の役は実に戦争に於ける海上権の勢力の程度を最も明白に試験したるものにして〔中略〕如何なる場合に於いて如何なる運動をなすにも優勢なる海軍力を有せざるべからざるは万世不変の原理にして又成功の基礎なり」、要するに日清戦争（一八九四〜九五年）は海軍が制海権を獲ったお陰で勝ったのだと「我海軍の功績」を強調（一六三頁）しました。彼は「国家の富源及び防御にして其大機関たる海上権力を保護すべき海軍の拡張は其何業に従事するを問わず凡《すべ》て帝国臣民たるもの、天賦の責任」（二〇二頁）とまで主張しています。この思想は二一世紀の現在でも米中はじめ世界の軍事大国に共有されていますが、当時は戦艦こそが制海権獲得の主役となるべき存在でした。

一九〇〇年に出版、人気を博した押川春浪《おしかわしゅんろう》の小説『海島冒険奇譚　海底軍艦』（文武堂）の「はしがき」には「太平洋の波に浮べる、この船にも似たる我日本の国人は、今や徒らに、富士山の明麗なる風光にのみ恍惚たるべき時にはあらざるべし。／光誉ある桂の冠と、富と権力との優勝旗は、すでに陸を離れて、世界の海上に移されたり。／この冠を戴き、この優勝旗を握らむものは誰ぞ。／他なし、海の勇者なり。海の勇者は即ち世界の勇者たるべし[32]」とあります。アメリカ人マハンの思想が、日本の次代を担う少年の夢ないしは運命として語られているのです。日本の国土自体を太平洋に浮かぶ擬船化する発想は他に類を見ないかもしれません。

続く日露戦争の勝利は植民地朝鮮の獲得、そしてマハンの母国・アメリカとの対立をうながし、昭和に入って対米決戦兵器としての戦艦大和の建造、ついには太平洋戦争突入・惨敗へとつながっていきます。麻田貞雄は、日本海軍にとってマハン理論は「拡張と予算獲得のための官僚的論拠とな[33]」ったもの、海軍力の集中・決戦・先制という教義《ドクトリン》をアメリカとともに受け容れたことが、「真珠湾に向かって衝突コースをたどる一要因になった、と論じることも可能」といいます[34]。両国海軍とも戦艦による海上決戦の勝利が組織を挙げた至上目標であり、これを目指して組織拡大を続けたのですから、その衝突はひとつの「運命」と言えます。

次回は、その海軍力が重要な役割を発揮しながら繰り広げられた日清・日露戦争はなぜ起こり、勝利はいかにして可能になったのか、そのなかで戦艦は日本の歴史をどう動かしていったのかをみていきたいと思います。

（1）青木栄一『シーパワーの世界史 一 海軍の誕生と帆走海軍の発達』（出版協同社、一九八二年）、ウィリアム・H・マクニール（高橋均訳）『戦争の世界史　技術と軍隊と社会　上』（中公文庫、二〇一四年）。
（2）大阪大学歴史教育研究会『市民のための世界史』（大阪大学出版会、二〇一四年）一六四頁。
（3）長谷川貴彦『世界史リブレット一一六　産業革命』（山川出版社、二〇一二年）。
（4）青木栄一『シーパワーの世界史　二　蒸気力海軍の発達』（出版協同社、一九八三年）六二頁。
（5）田中航『戦艦の世紀』（毎日新聞社、一九七九年）一六四〜一七一頁、ウィリアム・H・マクニール（高橋均訳）『戦争の世界史　技術と軍隊と社会　下』（中公文庫、二〇一四年）四一〜四三、九六〜九九頁。
（6）園田英弘『西洋化の構造　黒船・武士・国家』（思文閣出版、一九九三年）四九頁。
（7）同五五〜六〇頁。
（8）同七九〜八三頁。
（9）加藤祐三『幕末外交と開国』（講談社学術文庫、二〇一二年〈初刊二〇〇四年〉）一七七〜一七九頁。
（10）加藤前掲『幕末外交と開国』二五四頁。
（11）同七一頁・一六一頁。ここでいう米国内情勢とは、「当時米西戦争で拡張した西海岸や隣接する中西部の連邦編入問題で世論が沸騰しており、対外問題に強い関心を払う余裕はなかった」ことを指します（七〇頁）。
（12）高橋典幸ほか『日本軍事史』（吉川弘文館、二〇〇六年）二六二〜二六四頁。なお、フリゲート艦とは排水量二〇〇〇〜三〇〇〇トン級で大型の施条砲など二〇〜三〇門を積む軍艦（同書二四二頁）。
（13）園田前掲『西洋化の構造　黒船・武士・国家』九五頁。
（14）宮地正人『幕末維新変革史　上』（岩波書店、二〇一二年）一一七・一一八頁。
（15）園田前掲『西洋化の構造　黒船・武士・国家』一一七頁。
（16）高橋ほか前掲『日本軍事史』二一二頁。
（17）同一九八頁。
（18）宮地前掲『幕末維新変革史　上』一一一頁。

(19) 鵜飼政志『明治維新の国際舞台』(有志舎、二〇一四年)一一五〜一一六頁。
(20) 大佛次郎『薩英戦争』(北光書房、一九四三年)一九〇頁。
(21) 園田前掲『西洋化の構造 黒船・武士・国家』「Ⅱ 西洋化の深層」第二章「郡県の武士 武士身分解体に関する一考察」。
(22) 同一五四頁。
(23) 渡辺浩『日本政治思想史 一七〜一九世紀』(東京大学出版会、二〇一〇年)四〇一・四〇二頁。
(24) 海軍大臣官房編『海軍軍備沿革』(一九三四年〈一九七〇年に巌南堂書店より復刻〉)一・二頁。
(25) 田中前掲『戦艦の世紀』一七一頁。
(26) 同一七一・一七二頁。
(27) ただし、ロイヤル・ソブリンの主砲はバーベットという露天式の砲座に収められ、大和のような天井、正面、側背面に厚い装甲を張った完全な砲塔ではありません。
(28) 奈倉文二・横井勝彦編『日英兵器産業史 武器移転の経済史的研究』(日本経済評論社、二〇〇五年)第一章「明治中期の官営軍事工場と技術移転 呉海軍工廠造船部の形成を例として」(千田武志)。
(29) 同第三章「日英間武器移転の技術的側面 金剛建造期の意味」(小野塚知二)一一二頁。
(30) 天渓生「各国軍艦しらべ」(『少年世界臨時増刊第五巻第一六号 海軍の光』一八九九年七月)四頁。
(31) 谷光太郎『海軍戦略家 マハン』(中公叢書、二〇一三年)一〇頁。
(32) 福田清人編『明治文学全集九五 明治少年文学集』(筑摩書房、一九七〇年)三一二頁。
(33) 麻田貞雄『両大戦間の日米関係 海軍と政策決定過程』(東京大学出版会、一九九三年)「第一章 日米関係のなかのマハン」三三頁。
(34) 同四〇頁。

第三講　近代日本の歩みのなかで海軍はどんな役割を果たしたのか

明治新政府は、日本の独立を保つためにどうしようと考えたか

しばらくは、戦艦大和を作るまでの日本海軍の歴史をみていきましょう。なぜ大和を日本人は作ったのか、その歴史的背景を明治時代にさかのぼって考えるのです。

幕末のペリー来航により、日本は貿易を強要され、世界的な資本主義経済の枠組みに加わっていくことになりました。

欧米列強に「日本を植民地化する」意図はあったのか、というものがあります。これはなんとも言えません。どこかの国が「日本植民地化計画」なる明文化されたものを立てて、それにしたがい侵略を開始するなどということはないからです。自由貿易をはじめて、それが抵抗によりうまくいかなければ武力を使って利益を拡大するのが「帝国主義」のやり方です。行き当たりばったりとは言いませんが、強国が弱国に武力を使うかどうかはその時々の状況で決まっていきます。日本の場合は、欧米からみて、となりに中国というはるかに大きな〝市場〟があったのも大きいでしょう。

しかし、それは今だから言えることです。当時の明治新政府とその指導者たち――西日本の有力諸藩の下級武士たちが主体です――は、国内の反政府勢力を弾圧し、外国から日本の独立を保つことを最重要課題としました。そのためには、自らも武力、すなわち近代的な陸海軍を建設することが必要です。彼らは「四民平等」の名の下に身分制度を解体して武士身分を廃止、一八七三年に徴兵制を導入して日本人の男子たるものは皆兵士となることを定めました。農民も「義務」として戦争にいかねばならなくなったのです。

これは、武士が国のために自ら俸禄や刀といった特権をなげうったようにみえますが、明治維新はあくまでも一部の下級武士が起こした権力闘争の結果であって、武士階級がある大義のもとにまとまって起こした計画ではまったくありません。当然不満をいだく旧武士たちが各地で反乱を起こしますが、いずれも政府の軍隊に鎮圧され、一八七七年の西南戦争をもって終結します。

国内の士族反乱を鎮圧したのは主として陸軍ですが、政府としては海軍の建設も重要課題でした。なぜ陸軍だけではだめで海軍も必要だったのでしょうか。必要があれば朝鮮半島へ軍隊を送り込みたいと考えていたからです。日本は島国で、外国へ軍隊や物資を送るには船に載せて送るしかありません。そのためには艦隊を繰り出して敵の艦隊を撃破し、海上交通路の安全を確保する必要があります。これを、「制海権をとる」といいます。

では、日本はなぜ朝鮮半島に軍隊を送らねばならないと考えたのでしょうか。一八八九年、当時の首相・山県有朋が議会で日本は「主権線」と「利益線」を確保せねばならない、という演説をします。主権線は国境線で、利益線は軍事的な防衛ラインです。その「利益線」が朝鮮半島でした。日本の安全を保つためには、朝鮮（一八九七年、大韓帝国に国号変更）は最低でも独立していなくてはならない、できれば日本が指導的立場に立ちたいと考えていたのです。

しかしその朝鮮は清国の支配下にありました。日本は、状況によっては軍隊を送ってでも清国の影響を排除することも想定していました。そのためにはどうしても海軍の拡張が必要だったのです。とはいえ、軍艦はまだ国産化できなかったので欧米から買うか、その指導下で作らざるを得ませんでした。その様子は、前回の講義で説明しました。なお、代金は主に欧米への生糸の輸出で得ていました。

清国としても、朝鮮を引き続き属国としておくことは必須の課題でしたから、日本に対抗して海軍拡張にとりかかります。

日清戦争――清国に朝鮮から手を引かせる

日本は、朝鮮や清国と「近代的」な国際関係を結ぼうとしました。ここでいう近代的とは、対等に条約を結んでその保障のもとに貿易をするということです。これは、中国や朝鮮から見れば、伝統的な中華支配体制（華夷秩序）への挑戦ということになります。当然、平和的にはいきません。

朝鮮は日本の開国要求に応じませんでした。そこで日本は軍艦を派遣して、その威圧のもと一八七六年に日朝修好条規を結び、「自由貿易」を開始しました。かつてペリーが日本に行った「砲艦外交」の再演ということになります。日本は釜山などの港を通じて朝鮮に綿布などを輸出、国民が食べる米などの穀物を輸入していきます。かくして、安全保障・軍事上のみならず、経済上の理由でも朝鮮を確保したい、という欲求が出てきます。

清国がこれを黙ってみていることはありませんでした。日本を敵対視し、互いに軍備拡張をはじめます。とくに海軍力の充実──先に述べたように、海の戦いで勝った方が陸の戦いでも勝てるからです──に力を注ぎ、艦隊の建設を進めてゆきます。当時、国力では日本よりも清国が上で、彼らは一八八五年、大型の甲鉄艦定遠《ていえん》・鎮遠《ちんえん》（三〇センチ砲四門、七三三五トン）をドイツから購入するなどして、北洋艦隊を編成します。

日本海軍はそのような大型の艦を作れないうえ買えないので、一八八八年、約四二〇〇トンと小型の船体に三二センチの巨砲一門を無理矢理積んだ海防艦三隻[1]（厳島・松島・橋立、いわゆる三景艦）を起工するという苦肉の策に出ました。前二艦はフランスに外注してそれぞれ九一・九二年に竣工しましたが、国内の横須賀造船所で建造した橋立のそれは日清戦争開戦の九四年までずれ込みました。

ちなみに一八八七年、はじめて「大和」という名の軍艦（巡洋艦）が兵庫県・小野浜造船所で竣工しましたが、この講義の主人公たる昭和の巨艦大和とはまったくの別物で、一七センチ砲二門、一五〇〇トン級の小さな汽帆艦（蒸気機関と帆を併用する）でした。同艦には「推進器が外輪からスクリューへ、船体が木造から鉄骨木皮へと変化するなど、「機帆船国産化の到達点」という評価がくだされてい[2]」ますが、別に日本の象徴としての期待まで込めて建造したわけではなく、『日本海軍艦船名考』は「此艦名ハ日本ノ別称ニ因《よ》レルモノニアラズ」とわざわざ注釈をつけています（五六頁）。

こうした日清の対立は、最初から全面武力衝突を予定していたわけではありません。日本側は朝鮮の永世中立化構想や日清の共同保護・改革案を持ちかけましたが、それを宗主国たる清が認め、妥協することはなかったので、最終的には戦争で決着を付けることになります[3]。一八九四年、日本は陸軍を朝鮮半島、遼東半島に送って清国軍を撃退、同年九月一七日、両国の艦隊同士が決戦を行いました（黄海海戦）。軍艦の大きさや武装では清国の方が上でしたが、日本は速度を生かした艦隊運動と中口径ながら連射速度の速い速射砲の威力により勝利を収め、制海権を獲得しました。ちなみに三景艦の砲は船体が発射時の反動を受け止めきれずに揺れたため、命中しなかったといいます。このように強力な砲を積むためには、それに見合った大きな船体が必要となります。のちの戦艦大和が満載排水量約七万三〇〇〇トンもの巨大戦艦となった理由はここにあります。

軍艦同士の戦闘は、互いに巨大な砲弾を発射してそれが狭い艦内で炸裂するわけですから、非常に惨烈なものとなります。われわれがその様子を視覚的に想像するのは陸上の戦闘とは異なり難しいことですが、わずかな史料として海軍大尉木村浩吉の描いた絵入り本『黄海海戦ニ於ケル松島艦内ノ状況』（一八九六年）があります。いわゆる戦争の悲惨さを訴える目的で発行されたものではないはずですが、人体の被害描写の残酷さゆえ当時発禁となったそうです。

かくして清国は九五年四月の下関条約で日本と講和し、朝鮮の宗主権を放棄して「独立」を認め、台湾・遼東半島を割譲、賠償金を払うことになりました。

しかし、当時の東アジア国際情勢は日清だけで動いていたのではありません。ここでかねてから利権拡大を狙っていたロシアが出てきます。ロシアはフランス、ドイツを誘って日本に遼東半島の清国返還を要求してきました。日本が大陸に勢力を拡大し過ぎるのは不当、従わないなら戦争だという脅しです。日本は軍事力で劣ったので泣く泣くこの要求を受け入れましたが、当のロシアが遼東半島を清国から借りて（租借《そしゃく》といいます）半島先端の旅順《りょじゅん》港に艦隊を置き、朝鮮へも影響力を及ぼそうとしました。

かくして日清戦争後、日本とロシアの対立が生じ、日本は軍拡を進めていきます。ロシアが日本本土までも侵略する意図を持っていた確たる証拠はありませんが、日本側は朝鮮を失えば次は日本が危ない、という危機感を持ちました。

日本がロシアと対立した理由は、これまで主に軍事上・今で言う安全保障上の観点から説明されてきました。もちろん間違いではありませんが、それだけでもないようです。

と言うのは、このころ日本は朝鮮に釜山と京城を結ぶ鉄道の会社・京釜鉄道会社を作り（一九〇一年創立）、その利益を得ようとしていたからです。鉄道で日本の綿布を内陸まで安く大量に運べばもっと儲かります。同社の株を買い、出資していたのは主に日本人の中小商人・地主たちです。外務大臣小村寿太郎は世界的強国ロシアと対立してでも朝鮮を確保すべき理由として、安全保障上の理由とともに、この鉄道会社の存在をあげています。[4] 朝鮮を勢力下に収めれば日本は儲かる、ということですね。そのためにも日本は強力な海軍を必要としたのです。

建艦費はどうやって調達したか

私はここまで「日本は」と、日本があたかも統一された意思をもって朝鮮の確保を目指し、外国と対立したような言い方をしてきました。しかし、当時の日本人にもいろいろな考え方があったはずです。日本はなぜ計画的に軍拡を行うことができたのでしょうか。その理由の一つが、一八八九年に大日本帝国憲法を定め翌年帝国議会を作ったことです。今でもそうですが、議会は税金の使い道（予算）を話し合いで決め、それを実行するためにあります。軍艦は外国からお金を払って（借りて）買いますが、その元となるお金は国民の税金です。したがって、国民が反対すれば軍拡は難しいので、なんとか同意してもらう必要があります。実際、初期の議会で最大の争点となったのは、海軍拡張の予算案です。

政府が対清・対露戦争に向けて海軍の拡張をまがりなりにも続けられたのは、議会を作って一定の税金を納めた国民（ただし男性のみ）から「同意」をとれたからです。皆さんがある意見に反対であっても、「これは皆で話し合って決めたことだから」と言われたらそれ以上反対するのは難しいですね。

もちろん国民は税金を軽くしたいし、税金を軍事費だけではなく国内の産業発展にも使いたいので、当時の民党は政府の軍拡案に猛烈に反対しました。政府が対立を収められず、明治天皇が議会に政府の予算案を呑むように求める詔勅を出して、その権威により決着したこともありました（一八九三年）が、まがりなりにも軍拡を国民の「同意」のもと行うことにできた意義は大きいでしょう。日本人はただ漠然と、それが近代化政策のひとつであるからなどという理由で議会を作ったのではありません。

かくして日本は国民のなけなしのお金をつぎ込んで軍艦を買い足していったのですが、このころの購入先は主としてイギリスでした。イギリスとしても東アジアにおけるロシアの勢力が強まると今度は自分の利権が危ない、ということで日本を味方に付けようとしました。極東における同国海軍の地位は、一八九八年には露仏連合の前に数でも砲力でも遅れをとってしまい、しかもロシアは一九〇一年までに旅順に新造戦艦五隻を配備するなど、極東海軍力の強化を続けました。(5)

ここに日本とイギリスの思惑が一致し、一九〇二年一月に両国は軍事同盟を結びました（日英同盟）。日本にとってのこの同盟の意義は、日本とロシアが戦争になったらイギリスは中立を保つ、もしロシアがどこかの国と同盟して日本に戦争をしかけてきたらイギリスも日本にたって参戦するという、頼もしいものでした。

イギリスはこの同盟締結に至る対日接近のなかで、当時最新鋭の「戦艦」(6)を売ってくれました。彼らが「親日」国家になったとかいう話ではなく、あくまでも前述した打算の結果です。国際政治の本質とはそのようなものです。日露戦争で活躍した戦艦三笠（三〇・五センチ砲四門、一万五一四〇トン、船体価格一二〇〇万円）などが、かくしてはるばるイギリスから日本へと回航されました。

日露戦争――朝鮮を併合し、南満洲の権益を手に入れた

帝国主義の時代、最終的な解決は戦争に求められますが、何といってもロシアは大国ですので、日本は「満洲はロシア、朝鮮は日本」と勢力範囲を確定することで戦争を回避する交渉をもちかけました（満韓交換論）が、意思疎通の不手際もあってうまくいかず、一九〇四年二月、対露戦争に突入しました。日本は侵略の阻止というより利権確保のため、いわば国際政治の延長として戦争を選んだのです。日清戦争と同じように、日本陸軍は朝鮮に上陸してロシア陸軍を北へ北へと追い返しながら進撃、満洲に侵入しました。後続部隊や各種の物資を送るため、海軍が制海権をとらねばならなかったのも日清戦争と同じです。

このときロシアは太平洋とバルト海にそれぞれ単独で日本の全戦力に匹敵、凌駕するような艦隊を置いており、開戦とともに、バルト海の艦隊（バルチック艦隊）をはるか極東へと向かわせました。両艦隊が合流すれば日本に勝ち目はありませんので、まずは急いで太平洋艦隊を撃滅する必要がありましたが、海上決戦（黄海海戦）に失敗してロシア艦隊は安全な旅順港に逃げ込みました。こうなると日本の艦隊はお手上げです。結局陸軍が陸上から旅順へ進攻して港の背後から砲撃を浴びせることになったのですが、そこにはロシアが築いていた強力な要塞が立ちふさがっていました。死傷者六万名という膨大な犠牲を払って一九〇五年一月に要塞を陥落させ、かろうじて露艦隊の無力化に成功しました。

その後の同年五月二七・二八日、ようやく日本海に現れたロシア・バルチック艦隊と日本の連合艦隊

との間で一大海戦が行われました（日本海海戦）。この海戦は世界史上初の戦艦同士による艦隊決戦で、日本は戦艦の数では劣りましたが艦隊運動や射撃の精度に勝り、一方的な勝利を収めました。ロシア艦隊は戦艦六隻ほかを撃沈され、ウラジオストックまでたどり着いたのは巡洋艦以下三隻に過ぎませんでした。日本海海戦までは戦艦の遠距離砲撃だけで敵戦艦を撃沈できるかは不明であり、各艦とも艦首水線下に体当たり用の衝角《ラム》を備えていましたが、同海戦での日本艦隊は約六〇〇〇メートルもの遠距離から砲撃を開始、それがもはや不要であることを実証しました。戦艦大和がその巨砲を駆使して戦うことになっていた戦争の仕方へと、また一歩時代が近づきました。

ロシアはこの敗北や、民衆の不満増大による内政の悪化により、和平に同意しました。アメリカが仲介に入ってくれて日露間にポーツマス条約が結ばれました。ロシアは韓国から手を引き、遼東半島の租借権、南満洲鉄道などの権益を日本に割譲しました。

かくして日本は周辺ライバル国を排除して韓国の独占に成功しましたが、当初から国家の方針として併合を意図していたわけではありません。直接統治すれば多額のコストが必要となるからです。まずは韓国を「保護国」として間接的に支配しようとしましたが、民衆の武装抵抗や安重根による初代統監伊藤博文の暗殺などもあり、結局一九一〇年八月に併合して朝鮮総督府を置き、完全な植民地としました。ここに明治維新の目標であった日本の独立は確定し、もう国の周辺に敵らしい敵はなくなりました。

明治の戦争の結果と次代への影響

確かに日露戦争の結果、日本の独立は確固たるものとなりましたが、歴史の流れから見ると、これが最善の道であったと言い切るのは難しいところです。

日本は韓国を併合し南満洲へと勢力圏を広げた結果、中国やロシアと直接勢力圏を接し、摩擦の火種を抱え込むことになったからです。日本は一九〇〇年代初頭の時点で「南満州が石炭と鉄鉱石の宝庫であること」を「ほぼ確実なこととして把握」していました(7)。また、南満洲鉄道の経営も当初から良好でした。せっかく手に入れたこれらの権益を、後からどこかの国に言われてむざむざ手放すのは極めて難しくなるでしょう。それを手に入れるための多額の戦費を税金というかたちで負担し、肉親を兵士として死傷させた国民も黙って許すとは思えません。このことが、後の昭和の戦争への伏線となります。

さらに、韓国併合は当時の欧米列強の承認を得て行われたことですが、一国の政府を武力を背景に廃滅させて植民地としたことは、今日まで禍根を遺しています。

本講の課題は、近代日本の歩みに海軍の果たした役割は何か、ということですが、これに答えるなら、明治という一時代をかけて国の独立を確定させ、帝国主義列強の仲間入りを果たした、ということになるでしょう。いささか強引かもしれませんが、それを可能にしたのは特に戦艦の威力であった、とみることができます。少なくとも当時の日本海軍の軍人たちはそう考えました。

彼らは日本海海戦の結果、たとえ国力で劣っても艦隊決戦をやって勝てば敵の戦意(やる気)をくじいて戦争に勝てるという考えを抱き、戦勝の威信を背景に、さらなる軍備拡張へと向かいます。海軍は一九〇七年に定めた機密文書「国防に要する兵力」に戦艦・装甲巡洋艦各八隻の艦隊整備を目標と記し、一九一三年に戦艦の国産化をいったん中止してイギリスから巡洋戦艦金剛《こんごう》(三六センチ主砲八門)を購入しました。その同型艦三隻(比叡《ひえい》・榛名《はるな》・霧島)は国産化し、以後戦艦は日本人の力で作れるようになりました。

この金剛以後の日本戦艦群が後年の太平洋戦争で大和とともに艦隊を組み、アメリカ海軍と戦うことになります。その大和はかつての艦隊決戦の夢をもう一度、今度はアメリカ相手に再現するために作られた、いわば決戦兵器でありました。日露戦後の海軍は自らの「成功体験」に縛られ、そこから二度と抜け出すことができなくなったといえます。

しかし、軍艦を作るには厖大な予算が要ります。国民や政府を説得し、軍拡予算獲得上、直接のライバルたる陸軍に対抗するためには、何らかの仮想敵国を定めねばなりません。そこで想定されたのが太平洋の向こうのアメリカです。確かにアメリカは一八九八年の米西戦争でスペインの太平洋艦隊を撃破してフィリピンとグアムを奪うなど、西太平洋にまで勢力を広げていました。また、日露戦後の満洲に経済的参入を求めて日本から拒絶されてもいました。

そのアメリカではカリフォルニア州で日系移民の排斥運動が起こり、一九一三年に同州議会で外国人土地法——主に日系人を対象に土地の所有を禁じた法律——が可決されるなど、排日の動きがでてきました。これに対し、当時現役の海軍中佐だった水野広徳は「曾《かつ》て六十年の昔、手に殺人の銃砲を擬し、口に人類の福祉を説いて、我が国論の沸騰をも顧みず、強ひて開国を迫りたる米国は今日正当の理由もなく、自ら国を鎖して我を排逐せんと力めて居る」(8)と批判しています。日本はかつて米国の正義面をした要求を入れて開国したのに、当の米国が〝鎖国〟しているのは卑劣だ、というのです。このように、日米対立は単なる権益のそれではなく、道義的側面も持っていました。この道義とか正義なるものが絡んでしまうと、国家も国民も引くに引けなくなるものです。この点も、ぜひ記憶しておいて下さい。

アメリカも日本と同じ一九〇七年、オレンジ計画と称する対日進攻計画の研究を始めています。この計画は、フィリピン近海に艦隊を進めて日本艦隊と決戦し撃破、日本本土を海上封鎖して屈服させるというものでした。それでも、日米が直接武力衝突する理由は当面ありませんので、日本海軍があえてアメリカを仮想敵国としたのは予算獲得、書類上の「軍備拡張の方便」という面もありました。[9]ただし同時代人に言わせると「新式艦として第一戦線に入る可きものは僅《わずか》に戦艦扶桑、装甲巡洋艦金剛、比叡、榛名、霧島の五隻に過ぎず〔中略〕戦勝の夢未いまだ醒めざるに当り海洋に於て我帝国の運命を決すべき一戦隊も有せずとは無謀」[10]であり、これが日露戦後も継続して海軍拡充が国家的課題となった理由でした。

しかし、歴史学者の佐々木隆が言うように「文書は独り歩きするという歴史と政治の鉄則」がありま す。[11]当面の方便としてではあれ「アメリカと戦争する」と記録に明記してしまうと、後で国際情勢が変化して本当にアメリカとの対立が深刻化した時に「いやあれは単なる方便で、本当は勝つ見込みがないから戦争できません」などとは口が裂けても言えなくなります。言った途端に嘘をついたというので組織――海軍も今日の財務省や外務省と同じく、一つの官僚組織に他なりません――の面子は地に墜ち、再起不能となるでしょう。この点は本講義の後の回でも言及します。

佐々木は「歴史上、大陸軍国と大海軍国を兼ね備えた国は無い」とも指摘します。勝利の栄光に酔って歴史上どの強国にもできなかった目標をあえて定めたことが、やがて日本の歩みを大きく変えていくのです。

清国軍艦は〈生き物〉だったか

ここまで、当時の政府や軍の視点に立って軍艦や海戦の歴史について述べてきました。では、当時の

図1　楊斎延一『朝鮮国豊嶋沖日清大激戦之図』（1894年）

一般的な日本国民にとっての軍艦のイメージとはどのようなものだったでしょうか。

日清戦争当時、まだ写真は未発達でしたから、日本国内の民衆は戦争の様子を錦絵を通じて知っていました。図1は日清開戦のきっかけとなった豊島沖海戦（一八九四年七月二五日）の様子を、直後の八月に描いた絵ですが、なぜか陸軍の兵隊がボートに乗って、小銃を発砲しています。この海戦では日本の軍艦秋津洲《あきつしま》が降伏した清国軍艦操江を捕獲している[12]ので、その場面だといえば話は終わってしまうのですが、考えてみたいのは、実際の海戦を見たわけでもない絵師がなぜこのような人と艦《フネ》が対等というべき海戦風景を想像できたのかということです。私は、この絵をみると江戸時代の捕鯨を描いた絵を連想します。小舟に乗り、得物を手にした漁師たちが深手を負った大きな鯨を取り囲む、あの絵です。私は、明治の民衆的想像力のなかの清国軍艦は鯨のごとき生命力をもった、したがって人間が直接止めを刺すべき〈生き物〉だったのでは、よって軍艦擬人化の歴史の一端ではないかと思うのです（ちょっと強引ですかね）。

戦争中の一八九四年一二月九日、東京市では早くも祝捷大

図2　小国政『東京上野祝捷会之実況』（1894年）

会が行われました。(13) この日最大の余興が、上野不忍池《しのばずのいけ》に清国の軍艦定遠・致遠の大きな模型を浮かべ、夜に入って仕掛けた烟《はな》火《び》を爆発させ轟沈させるという見世物でした。「敵艦轟沈を将来に祝する国民の希望を寓せんが為め」(14) に行われたこの見世物は、「敵艦咄嗟《とっさ》に火を失したるが如く油火は爆々として船中より紅舌を吐き黒気を吹き舷頭或は檣《しょう》〔マスト〕上の機械烟火は焔々として火団を抛《なげう》ち怪光を牽《ひ》き飛玉は妖星の如く迸《はし》りて天を刺すこと幾数尺」という、ものすごい有様となりました。

これと同時に、船体に仕掛けられた清国の黄龍旗を形どった烟火が点火されました。その様子は次のように描写されます。

「火の檣を馳せ廻るや支那国旗に擬したるの烟火は倏《たちま》ち大竜を画き出して閃爍《せんしゃく》たる金鱗皆動きつゝ一顆の紅玉を追ふよと見る間に玉は赫々《かっかく》として未だ滅《つい》えざるに大竜の鱗光早くすでに冷褪し殞落《いんらく》して空しく清国の末路を悲めり」。

これを見ていた観客たちは「火の艦隊に爆裂するや歓呼の声、喝采の響一時に破れて天涯地角、殷々として満つるものは愉快の絶叫なり」と大喜びでした。

観客たちは、敵清国の軍艦を何か一個の〈生き物〉、たとえば同国のシンボルである龍に見立てて殺したこと、その生け

図3『捕獲軍艦鎮遠号縦覧之図』（1895年か）

贄《にえ》の死に様がじつに凄絶だったことにこそ興奮したのではないでしょうか。そうであるならば、軍艦は何か超越的な生き物、神獣のように認識されていたことになります。図2は祝勝会風景を描いた当時の錦絵ですが、絵師小国政は定遠より立ち上る炎と煙を、黄龍旗のなかの龍と意図的に似せて描いているようにみえます。軍艦は単なる鉄の船ではないのです。

一九〇〇年には「軍艦行進曲」が作られます（鳥山啓作詞、瀬戸口藤吉作曲）。今日でも海上自衛隊などで演奏される有名な行進曲で、昔はパチンコ屋で景気づけによくかかっていましたが、その二番の歌詞は「石炭《いわき》の煙は大洋《わだつみ》の龍《たつ》かとばかり靡《なび》くなり　弾《たま》撃つ響きは雷《いかづち》の声かとばかり響《どよ》むなり」というもので、軍艦が何か超越的力をもった〈生き物〉のように描かれています。

前出の定遠の同型艦として清国がドイツから購入した甲鉄艦「鎮遠《ちんえん》」は日清戦中の一八九五年二月、清国の軍港・威海衛で日本海軍の戦利艦となり、内地に回航されて国民の見世物に供されました。図3は当時の様子を描いた銅版画です。異国の軍艦という一種の巨大な〈生き物〉に対する人々の好奇心をうかがわせます。

鎮遠は日露戦争にも低速の老朽艦ながら参戦、戦後の一九一一年に除籍、翌年解体されました。このとき猪原庄五郎『噫《ああ》鎮遠』（明治出版社、一九一二年）なる本が出されました。これは何とも不思議な本で、巨艦鎮遠が人間、それも女性に擬人化されて日本に「嫁ぎ」（！）、「我、仮令《たとえ》身は千尋の海底に没すと雖《いえど》も露国艦隊に対して一撃を加えずんば止まじ、とは之れ余が日露開戦と同時に確《かた》く決心した所」（五二頁）などと身の上話を繰り広げ、「あゝ、過去十有八年間特筆すべき程の戦功もなかつたが、又重大なる過失もなく、茲に兎も角も功成り名遂げて、廃艦となり、公売となり将に解体とならんとするに至つたのは、余にとりては真に無上の光栄」（八六頁）と死にゆく際の心情を語るのです。

著者猪原がどういう人なのか詳しくはわかりませんが、「卿《けい》〔鎮遠〕が光輝ある波瀾万丈の生涯」を「最も偉大なる国民の教育資料」（自序三頁）として後世に伝えようとしたのです。彼は鎮遠に「当時〔鎮遠進水時〕弾丸黒子の如き我が日本は、維新中興の後を承けて、人心猶《な》ほ恐々、腥風《せいふう》到る所に吹き荒みつゝ、あつた眇《びょう》たる一孤島で、素より余が第一の養父たる清国の隆々たる声望には比較すべくもなかつたのである」（一・二頁）とも語らせていますが、これは二度の戦勝で〝一等国民〟となった日本人のおごりを戒める意図があったのかもしれません。間違いなく言えるのは、猪原にとってかつて敵国の軍艦だった鎮遠は、戦勝国日本の栄光を逆照射する〈人〉だった、ということです。(15) 日本における戦艦擬人化史上、注目すべき一こまといえます。

鎮遠は日清戦争時、両国海軍の決戦となった黄海海戦（一八九四年）で勇敢に戦い、それは後年の一九二九年に作られた日本海軍の兵士向け精神教育資料でも「鎮遠、来遠、致遠の三艦は特に勇敢であった」と賞賛するところです。[16] にもかかわらず清国が敗れたのは、「或る者は勇敢なりしも或る者は怯懦なりし」ためでした。同書はこれを「確に勝敗を決した一大原因」とみなし「攻撃精神は全軍に横溢せざるべからず」との「教訓」を強調しています。また、清国が鎮遠・定遠という「当時世界第一流の甲鉄艦」を擁し、軍艦数も一四隻と日本側の一二隻を上回っていながら敗れたのは、日本側が新式艦と小型の速射砲を比較的多数装備していたからだとして、「寡を以て衆を破る実力を養ふと共に軍備の充実は一日も忽《おろそか》にしてはならぬ」とも述べています。

のちの巨大戦艦大和は量を頼むアメリカ海軍に対し「寡を以て衆を破る」決戦兵器として建造されるのですが、大和の出現とその悲惨な最期には、明治時代の鎮遠に象徴される、戦争は量より質、「攻撃精神」絶対という歴史的教訓が影響していたと思います。少なくとも日本の海軍軍人たちはそれを正解と信じていました。人は、数多の史実の中から自分に都合のよい〈歴史〉を選んで物語化し学ぶのです。

（1）日本海軍における甲鉄艦、海防艦といった軍艦の区分は浅井将秀編『日本海軍艦船名考』（東京水交社、一九二八年）によっています。
（2）奈倉・横井編『日英兵器産業史』第一章「明治中期の官営軍事工場と技術移転」四三頁。
（3）千葉功「日清・日露戦争」（『岩波講座日本歴史　第一六巻　近現代二』岩波書店、二〇一四年、所収）は日清・日露戦争の開戦過程についてのきわめてシャープな見取り図です。

（4）石井寛治『帝国主義日本の対外戦略』（名古屋大学出版会、二〇一二年）九六〜一〇八頁。
（5）平間洋一ほか編『日英交流史一六〇〇—二〇〇〇〈三〉軍事』（東京大学出版会、二〇〇一年）第三章「英国海軍と日本　一九〇〇—一九二〇年」（イアン・ガウ）四一頁。
（6）日本海軍は一八九八（明治三一）年、軍艦に戦艦（一等・二等）、巡洋艦（一〜三等）などの区分を導入しました（浅井編前掲『日本海軍艦船名考』付録「艦船種類別標準擧要」）。
（7）石井前掲『帝国主義日本の対外戦略』一二四頁。
（8）水野広徳『次の一戦』（一九一四年）粟屋憲太郎ほか編『水野広徳著作集　第三巻　日米未来戦記』（雄山閣出版、一九九五年）二一頁。
（9）黒野耐『帝国国防方針の研究　陸海軍国防思想の展開と特徴』（総和社、二〇〇〇年）一〇六頁。
（10）盛田峣『帝国海軍の危機』（帝国海軍の危機発行所、一九一二年）二四頁。この五隻中、扶桑のみが純国産、金剛はイギリス製、残り三艦は金剛の設計に基づく国産でした。
（11）佐々木隆『日本の歴史二一　明治人の力量』（講談社、二〇〇二年）三三七頁。
（12）この錦絵と同じころ、一八九四年九月に刊行された丘々山人『朝鮮関係支那征伐軍記』（博行館）は「秋津《あきつ》洲《しま》号より端艇を下し敵艦に漕ぎ至り艦長王永発以下乗組員八二名を擒《とりこ》にし兵器を納め我が士官兵卒を乗移らしめ」云々（二五頁）と報じています。
（13）この大会の全体像については木下直之『戦争という見世物　日清戦争祝捷大会潜入記』（ミネルヴァ書房、二〇一三年）が詳しく論じています。
（14）以下、仕掛け花火の様子は土田政次郎『東京市祝捷大会』（土田政次郎、一八九五年）八三〜八八頁「模造清国軍艦」による。
（15）木下前掲『戦争という見世物　日清戦争祝捷大会潜入記』によると、鎮遠の錨は解体後、その魂を慰めんとした宗教団体・福田海《ふくでんかい》の教祖によって引き取られ、岡山の本部境内に安置されました（現存）。彼もまた鎮遠を魂を有する〈生き物〉とみていたことになります。
（16）横須賀海兵団編『精神教育参考資料』（同団、一九二九年）一八六頁。海兵団とは、日本海軍が新兵の教育訓練などのため各鎮守府に置いた組織。

第四講　昭和日本はなぜ戦艦大和を必要としたのか

大正日本と第一次世界大戦（一九一四〜一八）

一九一四年、ヨーロッパにおけるイギリス・フランスとドイツの勢力争いが激化した結果、第一次世界大戦が勃発します。日本は、英仏など連合国側に立って独に宣戦を布告しました。主たる戦場は遠い欧州でしたが、日本は陸海軍部隊を派遣して独が中国に持っていた権益や南洋諸島を奪取しました。日本海軍は、ヨーロッパの戦いからいくつかのことを学びました。一つめは遠距離射撃戦です。一九一六年五月、英独主力艦隊が交戦したユトランド沖海戦では双方の戦艦が一万五、六〇〇〇メートルもの遠距離から発砲し、大きな弧を描いて飛来した砲弾が相手の上部甲板の薄い装甲を打ち抜くという、想定外の結果となりました。このため、日本海軍の戦艦長門《ながと》は当時世界最大の四一センチ主砲を八門搭載し、上部装甲を強化して一九二〇年に竣工しました。

二つめは潜水艦です。ドイツは海軍力に劣ったため潜水艦で敵の通商路を断つ作戦に出ました。日本も地中海へ艦隊を派遣して英仏の輸送船団を護衛し、潜水艦との交戦も経験しました。日本は艦隊決戦の一翼を担いうる兵器として潜水艦を重視していきますが、通称破壊兵器として認識することはあまりなかったようです。たとえば水中聴音機をイギリスから提供されますが関心を示さなかったため技術開発も進まず、これがのちの太平洋戦争でアメリカ潜水艦隊により甚大な被害を被る一因ともなります。

三つめは航空機です。第一次大戦では飛行機が急激に進歩し、ドイツ機がイギリスの首都ロンドンを空襲するまでに至りました。日本海軍も飛行機で青島のドイツ軍陣地を爆撃して実戦に使いましたし、戦後にはイギリスから教官団を招いて技術・運用法を習得しました。イギリスは航空母艦（空母）、すなわち甲板を飛行場の滑走路のように長方形・平坦にして飛行機が発着できるようにした軍艦の技術も教えてくれました(1)。

戦艦同士の砲撃戦は飛行機による弾着観測——上空から味方の砲弾がどこへ落ちたかを観測し、これに合わせて次弾の照準を修正する——を必要としますので、空母から飛ばした飛行機で敵機を撃墜したり、あるいは飛行機に魚雷という威力のある兵器を積んで、敵艦に撃ち込めば戦艦部隊同士の艦隊決戦が有利となるでしょう。かくして、一九二二年に空母鳳翔《ほうしょう》が竣工します。宮崎駿監督の映画『風立ちぬ』（二〇一三年）にこの鳳翔と長門が海上ですれ違い、時代の大転換が暗示されるシーンがあります。

第一次大戦の結果、日本は南洋諸島を信託統治という形式のもと支配下に置きますが、このことがアメリカの猜疑を招いてゆきます。アメリカは米西戦争の結果、グアム・フィリピンをスペインから奪って統治していましたから、向こうからみれば日本がアメリカ本土とアジアの権益を結ぶルートを阻止しかねない、ということになります。また、第一次大戦の結果、日本も重工業国への途を歩み始めましたから、中国という市場をめぐる対立も想定されるようになりました。

また、アメリカが門戸開放、機会均等という理想主義的原則を旗印と掲げ、外交を展開したことも重要です。今も昔もアメリカはどこかの国が武力で現状を変更するのを好みません。もちろん機会均等の名の下に自国の通商を有利にするという計算もあるでしょうが、アメリカはそれまでの帝国主義、つまり戦争で取りたいものを取るのが当たり前であった帝国主義とは違う、理念重視の国です。したがって、たとえば日本が武力で中国の市場・資源確保に打って出るなどということを彼らは決して容認しません。

そういう特異な国が、第一次大戦の結果、世界をリードするに至ったのです。日本もアメリカに対する感情は良好とはいえませんでしたから、第一次大戦後に至って第一の仮想敵国が同国となります。

日本はアメリカ海軍に「八八艦隊」構想で対抗しようとしました。これは、前出の長門を一番艦とする艦齢（文字通り完成からの年数）八年未満の新式戦艦・巡洋戦艦（戦艦と火力は同等、装甲は薄いがそのかわり速力に勝る）各八隻の強力な艦隊を整備しようというものです。海軍軍人たちは官僚としての立場からその実現を熱望しました。軍艦が増えれば使える予算も増えて自己の権限が増大します。艦隊司令長官その他のポストも増えて自分、あるいは気に入りの部下をそこへ就けることもできるでしょう。さらに、出入りの民間会社との接点も増えて、いわゆる天下りの機会も増えるかもしれません。

この軍人の天下りに関するまとまった研究はないようなので（誰かやって下さい）、二例のみを挙げます。一九三五年一二月に予備役編入となった堀悌吉《ほりていきち》海軍中将は「収入が恩給のみとなり一挙に半減したため生活が苦しくなった」が、二年後の三六年一一月に日本飛行機株式会社、四一年浦賀船渠株式会社の社長に就任して「海軍時代以上のめぐまれた生計を営むことができた」といいます。彼の友人で三四年三月に予備役となった寺島健《てらじまけん》中将は、八か月後に浦賀船渠株式会社の社長に就任しました。この人事は、会社が「寺島は造船には素人であるが、海軍からジャンジャン注文をとってくるだろうと思っていた」からでした(2)。

なんだか現在の日本の各省庁官僚の話をしているようですね。その通り、彼ら海軍軍人、とくにエリートの人たちは、限られた予算の分捕りに奔走し、その功績に基づいて昇進してゆく〈官僚〉に他ならなかったのです。海軍は一つの官僚機構でもあり、その最大のライバルは陸軍です。

第一次大戦後の好景気の結果、一九二〇年の帝国議会で八八艦隊整備のための予算が承認されましたが、翌二一年度の日本の国家予算の実に三割以上（三一・五パーセント）が海軍費に投じられるという異様な事態となっていました。軍艦は作ったら終わりというのではなく、そこに載せる人員や燃料弾薬など各種の維持経費もかかります（私たちにとっての自家用車みたいなものですね）。そのため、「八八艦隊計画は、既に成立直後から実行が困難な計画であった(3)」といわれています。

大戦後の国際協調と軍縮

八八艦隊構想は、米英からの〝外圧〟の前にはかなく潰えるという末路をたどります。

第一次大戦における厖大な犠牲の結果、欧米でこの戦争を繰り返すまいという動きが活発となりました。一九一九年に国際連盟が設立され、強国のみならず中小国も含めて平和維持策を討議するという新しい試みがなされました。二八年にはパリ不戦条約が結ばれ、国際紛争解決の手段としての戦争は禁止となります。日本は国際連盟の常任理事国になりましたし、不戦条約にも一部留保を付けたものの批准しました。かくして「戦争の違法化」と呼ばれる状態が定着していきます。一九世紀のように最終的には戦争に訴え、取れるものは取るという露骨な帝国主義的政策の実行は難しくなっていきます。

日本はこうした「世界の大勢」にのっとり、アメリカ主導で作られた東アジアの安全保障体制にも自ら参入していきます。一九二一年から二二年にかけて開かれたワシントン会議で日米英その他の国々が一連の条約を結びました。九か国条約（中国の領土・主権尊重、すなわち実力による利益拡大はしないと約束）、四か国条約（太平洋上の権利尊重）、ワシントン海軍軍縮条約がそれに当たります。これらの条約に基づく集団的な安全保障・平和維持の国際的枠組みをワシントン体制と呼んでいます。

日本はアメリカの提唱する門戸開放、機会均等の原則に従い、むやみな軍拡・武力によるアジア・太平洋の利権拡大はしない、と相互に約束したわけです。長い間日本外交の基軸であった日英同盟は四か国条約締結の結果、解消となりました。イギリスは日本よりアメリカの方を選んだわけです。ただし、この体制下でも、日本がそれまで満洲に獲得していた既得権益はほぼ容認されています。

最後のワシントン軍縮条約とは、日米英が戦艦・空母の比率（トン数換算）を米英五、日本三に抑え、一〇年間戦艦の新造を禁止するというものです。この結果、作りかけだった戦艦加賀・巡洋戦艦赤城が航空母艦に改装され、のちの太平洋戦争で活躍することになります。

図1　戦艦陸奥進水記念絵はがき

図1は一九二〇年に進水、翌二一年に就役した戦艦陸奥《むつ》（長門の同型艦）の進水式で記念に配付された記念絵はがきで、時代の空気を反映し、平和の女神として戦艦を表象した珍しいものです。これも広い意味での戦艦の擬人化といってよいでしょう。もちろんすべての戦艦がこうして擬人化されたわけではありませんが、

近代日本人の戦艦イメージのなかに、平和を守る女神というものもあったことは記憶されてよいでしょう。ちなみに日本海軍の軍艦進水式記念絵はがきについては現在いくつかの本が出ていますが、そこに収められた絵はがきはいずれも優美なデザインで、戦前日本人の〈軍艦〉に対するイメージがその時代によって変わるものであり、決して猛々しい戦船《いくさぶね》ばかりではなかったことを教えてくれます。

昭和期に入った一九三〇年一～四月、日本はふたたび米英と海軍軍縮会議を開きます。巡洋艦や駆逐艦、潜水艦といった補助艦のトン数制限が議題となり、日本は対米英七割を主張しましたが結局押し切られ、六・九七五割で妥協しました。ロンドン海軍軍縮条約です。

当時の内閣は政党内閣、すなわち衆議院の第一党党首が首相を務める内閣で、彼らは関東大震災（一九二三年）以降の深刻な不況にともなう財政破綻回避のためこの妥協を押し通しましたが、収まらないのは海軍の軍人たち、とくに艦隊派と呼ばれる人たちです。彼らは政党内閣が天皇と海軍のみ有する軍事上の権限をないがしろにして勝手に軍縮した、「統帥権干犯」であると非難を始めます。浜口《はまぐち》雄幸《おさち》首相は憤激した右翼のテロにより暗殺されました。

その少し前、日露戦争で活躍した連合艦隊旗艦「三笠」がワシントン条約の締結にともない退役し、一九二六年に記念艦として横須賀港に保存されました。のちに刊行された記念誌の題名は『聖将東郷と霊艦三笠』（海軍中佐尾崎主税著、三笠保存会、一九三五年）でした。「霊艦三笠」の言い回しは、それ自体が信仰の対象である霊峰富士になぞらえたのでしょう。昭和の戦艦三笠は古い鋼鉄の塊ではなく、「日露戦争中其の甲板上に勇戦奮闘した将士の英霊、否東郷司令長官の卓越せる指揮下に此の戦争に従事した全将士の英霊今尚宿りますかと仰がれる霊艦」（四頁）でした。つまり、富士山や三四年の死去後に神社へ祀られた「軍神」東郷平八郎元帥と同じく、霊性を備えた一個の〈神〉とみなされたのです。

図２　「陸上観艦式」の「戦艦三笠」（『日本海々戦二十五周年記念海と空の博覧会報告』111頁）

保存活動にあたった三笠保存会は、日露戦争二五周年にあたる一九三〇年三月から五月にかけて、日本産業協会と共に「日本海々戦二十五周年記念　海と空の博覧会」なる博覧会を実施しました。この博覧会では第一会場の上野不忍池で海空軍や物産の展示を行うとともに、第二会場の横須賀で整備のなった戦艦三笠を観覧に供し、実に三九万四六二七人もの人々が同艦を訪れました。博覧会会長の阪谷芳郎《さかたによしろう》は開催の目的を次のように述べています。

方今《ほうこん》民心倦怠、意気消沈ノ傾《かたむき》アリテ産業界又沈滞ノ状ヲ示セリ。〔中略〕何カノ催シヲ企画シテ此萎靡《いび》振ハサル斯界ヲ転換センコトハ朝野斉《ひと》シク欲スル所ナリ。〔中略〕須《すべか》ラク二十五年前国ヲ挙ゲテ大勝ヲ狂喜セル邦国ヲ思フ国民ノ赤誠ヲ喚起シ爾来《じらい》我国物質文化ノ進展ノ跡ヲ親シク衆人ニ示スヲ最モ良策トシ、其手段トシテハ博覧会ニ優ルモノナシ(4)

要するに、折からの不況で景気が悪いから何か祭り的な催しでもやって一致団結戦争に勝った時のことを思い出し、皆の気分を盛り上げよう、ということです。その祭りのいわばご神体として三笠は使われ、多くの人の拝むところとなりました。図2は博覧会中の五月二七日、東京市内で行われた「陸上観艦式」に参列する、自動車改造の「戦艦三笠」です。三笠は「戦艦長門」ら一八隻とともに隊列を組んで日比谷公園から博覧会場まで市内を行進、「到ル処市民ノ歓呼ヲ浴ビ」(5)ました。昭和初期という不景気の時代、かつての戦勝の〈歴史〉が日本人として進むべき指針(6)——言い換えれば国民的神話の役割を担い、「霊艦」三笠は人々がそれを讃える祭りの山車《だし》、あるいはご神体の役割を果たしていたのです。

満洲事変と日米対立

昭和初期、中国は国民党政権のもとに統一を果たし、民族主義の高揚を迎えていました。中国・満洲では排日運動が高まり、日本製品のボイコットや排日デモが発生していました。これでは、かつて日露戦争で獲得した権益も危うくなるかもしれません。満洲の鉄や石炭は戦争のための大切な資源ですから確保しないといけない。こう考えた陸軍の軍人たちが一九三一(昭和六)年、満洲事変を起こし、武力で満洲全域を占領しました。実力をもって権益死守に打って出たのです。

日本は満洲国という国家を作り、みずからの統制下に市場・資源の確保を目指しました。なぜ直接領土とせず新たに国を建てるという面倒なことをしたのかというと、先ほど述べたように第一次大戦後の国際政治下では、露骨な植民地化は困難となっていたからです。武力を使うにしてもこれを正当化する大義が必要で、いわば世界の外聞にこだわった結果が満洲国でした。

満洲国の承認を渋った犬養毅《いぬかいつよし》首相は海軍将校らに暗殺されます（五・一五事件）。犯人は犯行の動機として政党内閣による「統帥権干犯」を挙げています。海軍という一組織の利害がテロの原因でした。

ちなみに陸軍の青年将校たちも一九三六年に二・二六事件と呼ばれるテロ事件を起こしますが、秦郁《はたいく》彦《ひこ》は彼らの父親の多くが陸軍将校であった事実に注目しています。彼らもまた、軍という自分の帰属する組織の利益が政党勢力という他者から脅かされたことに憤激してテロ行為に及んだのです[7]。と言うのは、二・二六事件で真っ先に狙われ、惨殺されたのは、かつて軍事費増額に難色を示した政党出身の高橋是清元大蔵大臣だったからです。

高橋は一九三五年一二月、昭和一一年度予算案が閣議に上程され、陸海両相から尨大な軍事費の要請があった際、蔵相として「一体軍部は、アメリカとロシアの両面作戦をするつもりなのか。アメリカと戦ってニューヨーク、ワシントンまで占領できると思うのか。またロシアと戦ってモスコーまでゆけるつもりなのか。君らはよく〝こうしたら勝つ〟などというが、戦争で勝つということは相手国が手を上げるんでなければ、本当の勝ちとはいえない。いくら自分で勝ったといったって、向うが負けたといわなきゃ勝ちではない。といってワシントンやモスコーを占領するなどというのは、とうてい不可能じゃないか。国防というものは攻め込まれないように、守るに足るだけでいいのだ[8]」と言ったそうです。広大な国土と国力を誇る米ソと戦って勝ち、完全屈服させるのは「とうてい不可能」という正論、ゆえに軍部の一番痛い所を突いて軍事費削減を迫ったばかりに恨まれ、惨殺されたのです。このようなテロ事件ののち、軍の予算要求に政治家が正面から異を唱えるのは難しくなるかもしれません。

なお、陸軍将校たちの行為は農村窮乏に無策な政党政治への義憤によるというイメージが今でも残っていますが、これは世論の批判を怖れた陸軍上層部による後付けの宣伝ではとの指摘があります[9]。

満洲事変後、日本は国際連盟で非難を浴びて脱退に追い込まれましたが、引き続き中国本土、華北への経済進出を目指しました。華北五省を中国の支配下から切り離して日本が市場・資源を独占する、華北分離工作とよばれるものです。

しかしその華北には、イギリスの利権がありました。たとえば天津租界はイギリスの通商・金融の拠点でしたが、それが日本の軍事行動によって脅かされる危険性が高まりました。アメリカは中国にイギリスのような既得権は持っていませんが、日本の行動は中国の現状維持を定めた九か国条約違反となります。彼らは、いつまでもそれを許しておくと、自分たちの国益を脅かすもしれないと考えました。

かくして日英米のあいだに利害対立の可能性が出てきました。国力ではるかに勝る米英との対決は結果から見ると無謀であり、私たちはその無惨な結果を知っています。しかし当時の日本人はそんなことを知るよしもありません。大陸権益を手放しての妥協などあり得ない、たとえ戦争してでも権益は死守するのだと強気なことでありました。

川田稔によると、当時陸軍を主導していた陸軍省軍務局長・永田鉄山《ながたてつざん》は、一九三四年一〇月発行の宣伝パンフレット『国防の本義と其強化の提唱』において、アメリカはアジアに死活的利益を持たないから政治的妥協が可能だが、国民党政府との妥協は不可能である、よって中国には「日本の資源・市場確保の要請を受容しうる」新政権の樹立が必要だと考えていたといいます。(10)

永田は、海軍の主張する「日米戦争の勃発」は「杞憂」にすぎない、「アメリカと対抗しうる強力な海軍力」は確かに必要だが、それはあくまで「アメリカの海軍力を背景とする中国の対日「策動」を抑え込む観点」から整備されるべきと考えていたともいいます。国防の主眼はあくまで大陸上の資源・市場確保による総力戦体制構築であって対米戦を実行する必要はないというのですから、これは陸軍としての海軍牽制論、ポジショントークそのものです。結果的に永田はアメリカが自ら掲げる門戸開放、機会均等といった道義、原則論にどこまでも固執すると見抜くことができなかったのです。

その時、日本海軍はどうしていたのでしょうか。満洲事変は陸軍の独占的な〝手柄〟でしたし、永田の「杞憂」呼ばわりも許しておけません。海軍としても国民の支持獲得のため何かしなくてはなりません。ちょうどワシントン軍縮条約の失効が近づいているころでもありましたので、彼らは国民に向けてなぜ海軍が、大艦隊の建設予算が必要なのかについて多数のパンフレットを作り宣伝を始めました。

興味深いのは、その中で海軍が国民に向かって「たとえ強敵でも艦隊決戦でその「戦意」をくじけば負けない（だから予算をくれ）」と、かつての日露戦争の〈歴史〉を持ち出して宣伝に努めたことです。つまり、日本海海戦でロシアに「戦意を放棄」させた結果日本は勝った→ゆえに「将来に於いても敵海上兵力を粉砕して海上権を制する事の絶対必要」である→したがって強力な艦隊整備は必要である、という理屈です[11]。一九三五年はちょうど日露戦争三〇周年にあたることもあり、その前後にこうした〈歴史〉を論拠とした軍拡論が盛んに唱えられました。海軍の宣伝は自分の組織防衛が主目的でしたが、論理上間違っているわけでもないので、否定するのは難しかったでしょう。

かくして、日本人のあいだに「艦隊決戦で敵のやる気さえくじけば日本でも対米戦争に負けない」というに等しい考えが喧伝され、強国相手の戦争への不安を中和する役割を担うようになります。ただしこれは、単なる素人相手の宣伝文句などではなく、当の軍人たちも信じていたことだと私は思っています。三四年に世界無比の強力な主砲を積んだ戦艦大和の設計が始まっていますが、同艦は海軍の軍人たちが言わば夢、「予言の自己成就」のために作った、ともいえます。

ちなみに仮想敵国アメリカでも一九世紀末以降、自国が優れた科学技術で一つの艦隊や都市を殲滅できるような超強力兵器を作り、侵略者を滅ぼして人類に恒久平和――「アメリカの支配による平和《パックス・アメリカーナ》」をもたらすという内容のファンタジーSF小説が大量に書かれ、それは後に原爆という〝最終兵器〟として現実化します。H・B・フランクリンはこれらの小説を「根本的にはファンタジーではない。こうした小説が発明家や指導者や一般市民の思考を形成していく時、それは実体を持つ力となるからだ(12)」と指摘しています。日本人の〝夢〟が戦艦大和を、アメリカ人のそれは原爆を生み出して現実の戦争を始め、終わらせたのです。

どうすればアメリカに勝てるか

とはいえ、日本海軍の軍人たちはさすがにプロですので、対米劣勢を埋める具体策を必死に考えざるをえませんでした。その結果、彼らは条約で保有量制限のなかった航空機（空母はありましたが）に注力する発想に傾斜していきます。太平洋戦争までの対米作戦計画は「飛行機と潜水艦の魚雷で進攻する米艦隊を攻撃し、しだいに数を減らしてから戦艦同士の艦隊決戦に持ち込む」漸減作戦というものでした。一九四〇年には予想決戦場を従来のマリアナ諸島西方からマーシャル諸島へと進め、南洋諸島の島々に築いた飛行場から飛行機を発進させ、決戦に積極的に参加させることになりました(13)。

映画『風立ちぬ』で主人公の航空技師・堀越二郎の友人本庄《ほんじょう》季《き》郎《ろう》（実在ですが実際は堀越の先輩）が双発の大型飛行機を開発していたのを観た人もいるでしょう。あれは「九六式陸上攻撃機」という名前で、日本が支配している南洋諸島の基地から魚雷や爆弾を抱いて飛び立ち、海上を長距離飛んで米艦隊を攻撃し、味方艦隊の決戦を有利にするため作られた飛行機（一九三六年制式採用）です。

堀越二郎の作っていた戦闘機も「九六式艦上戦闘機」といって、味方の航空母艦から飛び立ち、敵艦隊を攻撃する味方飛行機、もしくは味方艦隊自体を敵の戦闘機から護衛するための飛行機です。当時の日本が堀越や本庄という、もっとも頭のよい人たちにあやって必死に飛行機を作らせていたのは、国力に劣る日本が強国アメリカにどうすれば勝つかを模索した結果だったのです。

もちろん、そのアメリカも日本を屈服させる方法を考えていました。そのなかで航空に着目するようになっていきます。米陸軍航空隊の「戦略爆撃」論者として著名なロバート・ミッチェルは一九三二年、「日本が最も怖れているのは我々の航空戦力である〔中略〕これらの市町村は主に木材と紙で作られているため、空からの攻撃目標として世界中で最高のものである」と、のちのB－29爆撃機による日本本土爆撃を予告するような発言をしています(14)。

このように話してきますと、当時の日本人は反米強硬論一色であったように感じるかもしれません。しかしそうでもないのが興味深いところです。昭和の日本で野球や映画といったアメリカ文化は大人気でした。これは余談ですが、ベティ・ブープという米国アニメの主人公がいますが、戦前から戦後にかけての日本ではそのパチモンが大量に作られていました。はるか後年になってのことですが、あるコレクターが一冊の図鑑(15)を作っていて——それくらい多かったということです——戦前戦後日本人の対米観を知る上で実に面白いので読んでみてください。

昭和の日本人の対米観に関する興味深いエピソードがあります。満洲事変直後のことですが「純朴そのものな村の年寄りの一団」が列車の中で、景気が悪いから早く日米戦争でも始めたらよいという会話を始め、中には「どうせ負けたって構ったものじゃねえ、一戦争のるかそるかやっつけることだ。勝てばもちろんこっちのものだ。思う存分金をひったくる。負けたってアメリカならそんなにひどいこともやるまい。かえってアメリカの属国になりゃ楽になるかもしれんぞ」と言っていた、というのです[16]。老人たちはアメリカとの戦争を望んでいますが、それはあくまでも不景気で行き詰った生活が楽になるためであり、そのためなら別に負けたっていいというのです。

この話を聞いた「超国家主義」者・橘孝三郎のような人から見ると許しがたい発言でしょうが、ここには当時の平均的な日本人の戦争、そしてアメリカについての考え方が身も蓋もなく浮き彫りにされているのではないでしょうか。彼らにとって戦争は儲かるものであり、〝敵国〟であるはずのアメリカは自分たちよりも圧倒的に豊かで寛大な、変な言い方ですが信頼に足る国でした。

軍縮条約廃止後の建艦競争

ワシントン条約は当時の国際情勢上、満期の一九三六年に延長されず廃棄されることが明白になっていました。日本海軍はこれをにらんで大規模な軍拡計画を立てます。その目玉として、一九三四年に戦艦大和《やまと》の設計が極秘裏に始まり、三七年一一月四日に呉海軍工廠で起工されました。国力上、米海軍に戦艦の量では勝てないことは明白でした。そのため四六センチ主砲九門を積んだ巨艦を作り、米戦艦の四〇センチ砲が届かない遠距離から一方的に砲撃する（アウトレンジといいます）ことで質的優位の確保を目指したのです。

一方の米海軍は艦隊を大西洋と太平洋の両洋に配置する必要がありました。彼らが艦隊を太平洋へ迅速に集中させるためには狭いパナマ運河を通す必要があり、そのため大和と同サイズの戦艦は作れない、四〇センチ砲搭載艦までだろう、と踏んでいました。この意味で、大和は確かに世界最大「最強」の戦艦でありましたが、貧しい日本の無理に応えるべく作られた苦肉の策といえます。

昭和一二年度予算で大和・武蔵、そして空母瑞鶴・翔鶴を含む艦艇六六隻・航空隊一四隊の増備予算約八億八〇〇〇万円が認められました。うち大和・武蔵の建造費は、戦後行われた米海軍技術調査への報告によると、二隻あわせて一億四〇五三万二〇〇〇円とされています。海軍は機密を守るため、四〇センチ砲搭載の三万五〇〇〇トン型戦艦を建造することにして駆逐艦三隻、潜水艦一隻の予算をダミーとして予算案に計上しました(17)。

一九三九年、軍令部参謀の大井篤は海軍省軍務局員の中佐に「できれば国民一般にも公表されるようなもので、もちろん政府には相談して立案されるような」「国策の一部としての海軍政策」を定めてはどうか、と言いました。その中佐は「それは海軍予算というものになって、数字的にあらわれているじゃないか。これ以上具体的なものはありえないよ」と応えました。これは日本の海軍政策が「消極的に議会の掣肘《せいちゅう》を受けていた」だけで「積極的に、大局的な国策の見地から検討」されることはついになかったということを意味します。「いちばん基本的な海軍政策が国民とともに、政府とともに、検討されなかったということとの結果、日本海軍の目標は「米国艦隊の撃滅」というスローガンに集約された。〔中略〕日本の貧乏所帯で、大国アメリカの海軍と対抗しようというのだから、全力を連合艦隊一点張りに集中せざるを得なかった」と。

そして海軍は国民に嘘をついてまで大和という秘密兵器を造り「米艦隊撃滅」に邁進したのでした。日本海軍は文字通り秘蔵の大和・武蔵によって得られるはずの対米「優勢」をさらに確実にするための方法を考え続けました。そこで注目されたのがやはり飛行機です。一九三九年ごろ海軍内に、航空母艦をまとめて「航空艦隊」を作り、飛行機を何百機も飛ばして米艦隊にぶつければ一方的に勝てるという考え方が出てきました[18]。戦艦の射程は大和の四六センチ砲でも最大四一キロメートル、一方飛行機は片道数百キロメートル飛べますから、前出のアウトレンジが成立します。

これは結果から言うとその通りで、大和は建造中の時からすでに「無用の長物」化していたことになります。ただ当時戦艦と飛行機の優劣は判然とせず、実戦をやってみないとわからないという面もありました。じっさい、米海軍も条約廃棄後に四〇センチ砲搭載戦艦を実に一〇隻建造しました。日本は大和とその同型艦・武蔵の二隻のみです。日本だけが戦艦による艦隊決戦という古い戦術発想に固執していたわけではありません。

このころ国民にも、兵器としての航空機の可能性は海軍軍人によって語られていました。大和設計中の一九三六年、海軍少佐堀江朝茂は一般向け軍事雑誌の「戦艦特輯」において、「飛行機が将来の海上作戦に如何《いか》なる影響を及ぼすや」は戦例がない以上わからないが、「飛行機は水上艦艇をして最も強力なる艦載砲の十倍も大きい遠距離において敵に大打撃を与え得ること」などから「要するに飛行機は如何なる艦種の艦船に対しても亦《また》如何なる種類の任務に対しても直接にその有効度を増加せしむる」と述べています[19]。彼は、きわめて遠回しにですが、これからは戦艦ではなく飛行機の時代である、と訴えたかったのだと思います。国民のなかにも、彼の秘めた意図を正確に理解した人はいたでしょう。

大和起工直前の一九三七年七月七日、日中戦争が勃発します。当初は北京郊外での小部隊同士による小競り合いでしたが、戦火はみるみるうちに中国各地へ拡大していきます。日本はこの機会に中国を屈服させて利権確保・拡大を図ろうとしましたし、中国もこれ以上の譲歩は国内政治・世論上不可能となっていたからです。蒋介石は日本軍の手の届かない奥地の重慶まで後退して徹底抗戦の構えをとりました。

このとき英米は中国支援にまわりました。英は中国における権益を、米は門戸開放という国是を守りたかったからです。日本はイギリスの対中援助を止めさせようと一九三九年の夏に天津租界封鎖などの恫喝策に出ました。欧州でドイツと対立を抱えていたイギリスは日本に対し妥協しかけます。

ところが、ここでアメリカが出てきて、同年七月二八日に日米通商航海条約の廃棄通告という挙に出ました。[20] アメリカは孤立を望む国内世論もあって中立を保っていましたが、あえて軍事力を使わずとも、経済力という現在でも多用している別の制裁手段で島国日本を脅すことができました。日本は戦争に必要な石油や鉄などの戦略物資をアメリカから輸入していたので、その打撃は小さくありません。[21]

日本は一九四〇年九月二七日にドイツ・イタリアと軍事同盟を結び、この脅しに対抗しようとしました。アメリカにとって、日本は地勢的に自国本土の安全を脅かしうる存在ではありませんが、ドイツは違い、米本土に対する直接的な脅威でした。日本がそのドイツと同盟したことは、アメリカ側からみると明白な脅しでした。

かくして日米間の脅しが相互にエスカレートし、強国間の軍事的対立が世界的に本格化していくなか、大和の建造も着々と進んでゆきます。呉海軍工廠で建造中の戦艦が「大和」と命名されたのは一九四〇年七月二五日のことでした。これに先立つ三九年三月に海軍が艦名として「大和」と「信濃」の候補を挙げ、同月六日、昭和天皇は前者を選びました。天皇は同時に、三菱重工の長崎造船所で建造中の大和型二番艦に「武蔵」、航空母艦二隻に「翔鶴」「瑞鶴」の名をそれぞれ選んでいます。[22]「信濃」の名は後に空母に改装される大和型三番艦に与えられました。

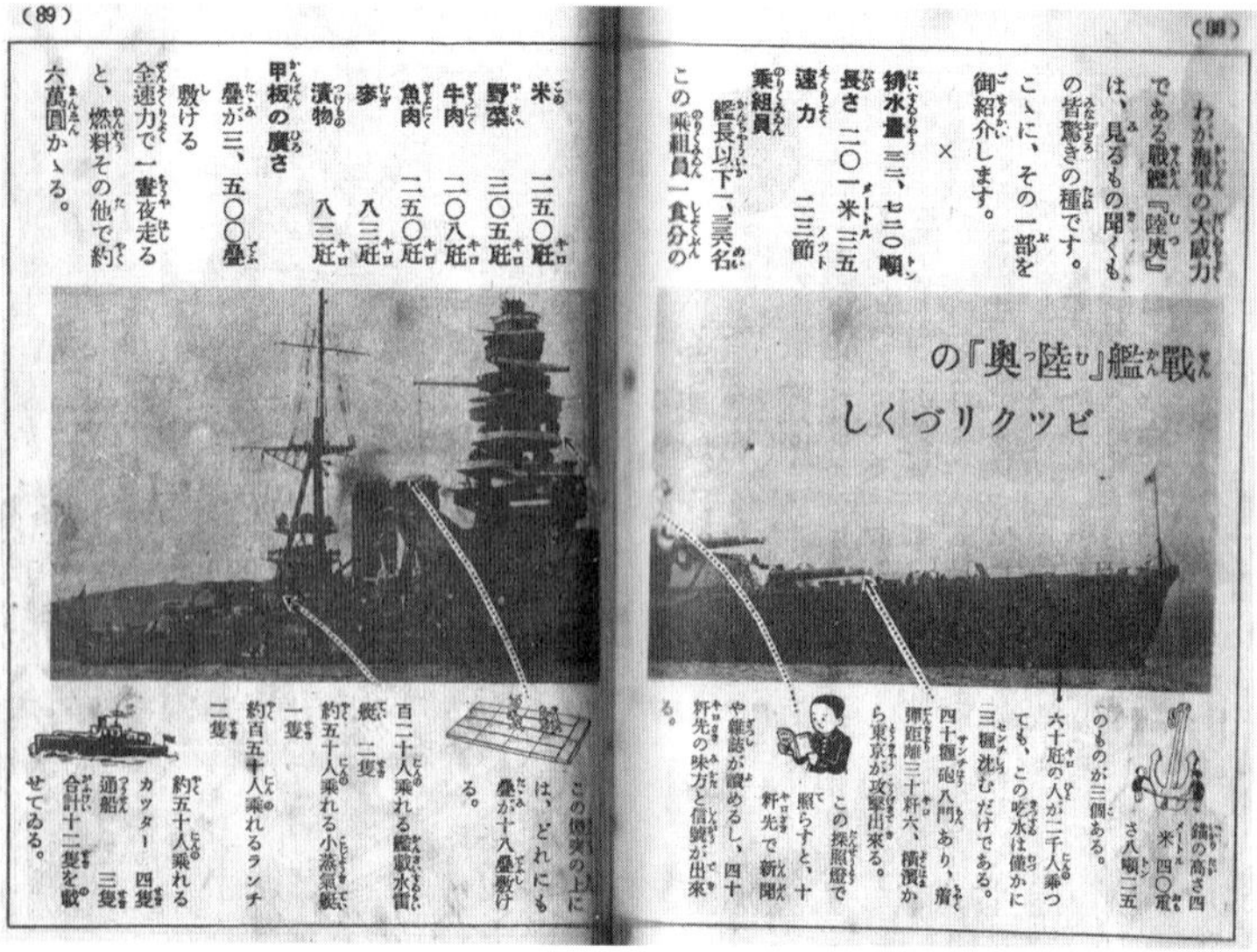

図３　「戦艦「陸奥」のビックリづくし」（『少年倶楽部三月号付録　陸海軍ものしり少年軍事宝典』88頁）

男の子文化のなかの戦艦

この昭和戦前期、男の子たちが愛読していた雑誌『少年倶楽部』などでも軍艦、とくに戦艦は大人気を誇っていました。同誌の付録小冊子などには戦艦の図解がたびたび載せられていて、「四十糎《センチ》砲八門あり、主砲は着弾距離三十粁《キロ》六、横浜から東京が攻撃出来る」[23]とか探照燈で一〇キロ先の新聞が読めるとか吃水は「体重六十瓩の人が二千人乗つても、僅かに三糎沈むだけ」[24]とか全長が新（帝国議会）議事堂に匹敵する長さであるとか、一種途方もない力をもった巨大な〈生き物〉のような描き方がなされています（図３）。

話は飛ぶのですが、私（一九七一年生）ぐらいの年齢の人のなかには、これをみて、大伴昌司《おおともしょうじ》（一九三六年生）という編集者が一九六〇年代から七〇年代にかけて作り、大人気となったいわゆる怪獣図鑑の数々――ウルトラシリーズに出てくる怪獣たちの体内解剖図に「カネゴン目――一万メートル先の金を見つける」（『ウルトラQ』登場の金食い怪獣カネゴン）などといった特殊能力の詳しい解説が付いている本――を懐かしく連想する向きもあるのではないでしょうか。

実際、大伴が作った怪獣図鑑は、戦前の戦艦図解の系譜を直接引いています。それは、大伴の没後に出された評伝に「『少年倶楽部』なんかで戦艦大和《ママ》のイラストがあって、ここが機関砲とかいうのは前からあったんです。それはしかし、外側から見た図解と言うことですからね。結局、大伴さんの仕事が図解のルーツのように言われるのは、外側じゃなくて〝内側〟を見せたからじゃないかと思うんです[25]」、「昭和三十年代の『〔少年〕マガジン』は、戦記物をとりあげて、ゼロ戦とか戦艦大和とか、その強さの秘密を解き明かした断面図ですね、それをメインにした図解特集をかなりやっていたんです。ある時、「この方法論を怪獣に応用できないだろうか」と大伴さんが言いだしたんですよ[26]」といった同時代人たちの証言があることからわかります。大伴は戦前の戦艦と戦後の怪獣を完全に同一視していたのであり、彼の独創性はその「内側」までを面白く見せたことにありました。

一九六〇～七〇年代生まれの日本の男の子たちが怪獣や戦艦大和を大好きになったのは、親世代にあたる戦前生まれの男の子たちが、慣れ親しんだ戦艦を一個の怪獣とはいわないまでも何か超越的な力をもった生命体と見なす発想を持っていて、それをそのまま我が子世代に伝えたからではないでしょうか。人によってはその生命体を〈人〉や〈神〉のように考えていたかもしれません。これまた戦艦を擬人〈神〉化する発想に近いですね[27]。

（1）ただし、イギリス側にも大戦の結果、大量に余った飛行機を日本に売り込みたいという思惑がありましたが、日本側の「軍器独立」方針により成功しませんでした（奈倉・横井編『日英兵器産業史　武器移転の経済史的研究』第八章「戦間期イギリス航空機産業と武器移転　センピル航空使節団の日本招聘を中心に」（横井勝彦））。
（2）寺島健伝記刊行会編『寺島健伝』（非売品、一九七三年）一五三〜一五六頁。
（3）海軍歴史保存会編『日本海軍史　第二巻　通史　第三編』（同会、一九九五年）「第4章　八八艦隊予算の成立」（森山優）五九三・五九四頁。
（4）『日本海々戦二十五周年記念海と空の博覧会報告』（同会、一九三〇年）四二頁。
（5）同一一二頁。
（6）山室建徳「日露戦争の記憶　社会が行う〈現代史教育〉」（『帝京大学文学部紀要　教育学』二六、二〇〇一年）。
（7）秦郁彦『現代史の対決』（文春文庫、二〇〇五年〈初刊二〇〇三年〉）四〇三・四〇四頁。
（8）内田信也『風雪五十年』（実業之日本社、一九五一年）一五七・一五八頁。
（9）須崎慎一『二・二六事件　青年将校の意識と心理』（吉川弘文館、二〇〇三年）三三一頁。
（10）川田稔『戦前日本の安全保障』（講談社現代新書、二〇一三年）二七一〜二七四頁。
（11）海軍省海軍軍事普及部『日露戦争の実績に鑑みて　国際現勢と帝国海軍』（一九三六年）一四頁。
（12）H・ブルース・フランクリン（上岡伸雄訳）『最終兵器の夢　「平和のための戦争」とアメリカSFの想像力』（岩波書店、二〇一一年）六頁。
（13）防衛庁防衛研修所戦史室編『戦史叢書　海軍航空概史』（朝雲新聞社、一九七六年）一二六頁。
（14）田中利幸『空の戦争史』（講談社現代新書、二〇〇八年）一〇九〜一一〇頁。
（15）安野隆『日本製ベティ・ブープ図鑑　1930―1960　安野隆コレクション』（光芸出版、二〇〇二年）。
（16）米原謙・長妻三佐雄編『ナショナリズムの時代精神』（萌書房、二〇〇九年）七一頁。

(17) 原勝洋『巨大戦艦「大和」全航跡』(学習研究社、二〇一一年)八五頁。
(18) 三九年四月、海軍の航空制度研究委員会は「空母と基地航空兵力に分け、艦隊制度を採るべきであると答申」し、これに基づき四一年に第一航空艦隊(空母)、第十一航空艦隊(陸上)が編成されました(防衛庁防衛研修所戦史室編前掲『戦史叢書　海軍航空概史』一四〇頁)。
(19) 堀江朝茂「海軍航空の概要」(『海軍雑誌　海と空』第五巻第二号、一九三六年二月)三五頁。
(20) 永井和『日中戦争から世界戦争へ』(思文閣出版、二〇〇七年)第二章「日中戦争と日英対立」。
(21) エドワード・ミラー(金子宣子訳)『日本経済を殲滅せよ』(新潮社、二〇一〇年)一一八頁。
(22) 『昭和天皇実録　巻二十七　昭和十五年』(宮内庁、二〇一四年)一一九頁。
(23) 『少年倶楽部三月号付録　陸海軍ものしり少年軍事宝典』(『少年倶楽部』第二四巻第四号付録、一九三七年三月)八八頁。
(24) 長岡規矩雄・玉谷高一『わかもと物識絵本第十輯　忠勇無双輝く日本の海軍ものしり絵本』(わかもと本舗・栄養と育児の会、一九三八年)頁数なし。
(25) 秋田君夫(もと黒崎出版社長、一九三〇年生)の証言、竹内博編『証言構成　OHの肖像　大伴昌司とその時代』(飛鳥新社、一九八八年)一九九頁。
(26) 内田勝(もと『週刊少年マガジン』編集長、一九三五年生)の証言、同二五三・二五四頁。
(27) 私の手元に大正末〜昭和初期に発行された「巡洋戦艦　比叡　霧島」の写真絵はがきがあるのですが、その解説文には「砲一門ノ威力ハ小銃四十万丁　野砲三百五十門ニ相当ス」とか「排水量二万七千五百頓(十五貫ノ人間約五十万人ニ相当ス)」とあります。近代日本でその威力を説明する時にこうした換算の仕方がなされたのは戦艦ぐらいであり、それは当時の人々がそこに何か得体の知れない力を認めていたからだと思います。

第五講　実際の対米戦争で大和はなぜ活躍できなかったのか

一九四一（昭和一六）年、日本はなぜ対米戦争を決断したのか

日中戦争が長期化、泥沼化するとともに、日米両国による挑発の応酬も激しくなっていきます。一九三九年七月にアメリカが明治以来の日米通商航海条約の廃棄を通告、四〇年一月に失効します。さらに同年八月、ガソリンが禁輸となります。日本陸軍は九月二三日に北部仏印（フランス領インドシナ、今のベトナム）に進駐、つまり部隊を進めました。軍隊を進めたのは、当時ここを経由し米英が中国援助物資を送り込んでいたからで、武力によりこれを遮断したことになります。さらに九月二七日、日本は独伊と三国軍事同盟を結びました。米は一〇月、対抗措置として屑《くず》鉄の対日禁輸を行いました。日本陸海軍は翌四一年七月、南方への武力進出の拠点として南部仏印へ進駐しました。これは米英側からみるとイギリスの拠点たるシンガポールなどが日本の軍事的脅威に直接さらされることになり、脅し以外の何ものでもなくなります。アメリカは対抗して、七月二五日に在米日本資産の凍結（移動の許可制）、八月一日に石油の禁輸を行いました。日本にとって金《きん》やドルなど各種金融資産の凍結はアメリ

カで物資を買うことも、証券取引も事実上不可能となるので、石油禁輸と同じく大打撃となります。

日本は強国米英との戦争はできればしたくないので、四一年四月からアメリカと外交交渉を行いました。その要点は日本が中国から軍隊を撤退させる、そのかわりに米が経済制裁を解除して中国との和平を斡旋するというものですが、問題は日本がいつ、どのような形で撤退するかでした。

日本、とくに陸軍としては、何の軍事・経済的成果もない撤兵は不可能でした。何の利権も得られないまま米中の言い分に屈服する形で兵を引けば、それまでの対中戦争に費やした多くの人命と国費が無駄になってしまいます。そんなことをすれば、軍や政府指導者たちの面子は丸つぶれですし、夫や肉親を死なせた大勢の戦死者遺族、(1)高い税金を負担してきた国民も、黙っていないかもしれません。

対米外交交渉が決裂しなければ戦争に訴える、つまり武力でアメリカに経済制裁を止めてもらうしかありません。そして、対米戦争は日米の海軍が主役となり、海戦で勝った方が戦争にも勝利できるかたちの戦争です。陸軍は自分の使命は大陸での対ソ連戦争だと思っていますから、対米戦突入の可否については その主役たる海軍に下駄を預けた形となりました。

もし日本海軍が「対米勝利は不可能です」とはっきり言えば、陸軍なども「それでもアメリカと戦争しましょう」とは言えなかったはずですから、開戦（＝敗戦）もなかったはずです。しかし海軍は、そんなことは口が裂けても言えませんでした。そんなことを言えば「いったい何のために長年厖大な予算を投じて戦艦を、艦隊を作ってきたのか？」ということになるからです。海軍の面子も権威も丸つぶれとなり、今までのように大量の軍艦を造ることもできなくなるでしょう。言った瞬間に海軍は潰れるかもしれません。海軍省人事局長だった中原義正は一九四一年一〇月五日の日記に、もし対米戦ができないとなれば「海軍弱シトナリ国民ノ信用ヲ失ヒ海軍ノ充実ナド思ヒモヨラ」ずと正直に書いています。(2)

繰り返しますが、大和も「海軍ノ充実」の過程で多額の国費を投じて建造された軍艦の中の一隻です。大井篤・元海軍大佐も敗戦後、「「仮想敵国に負けても致し方がない」というのでは、どうして軍隊の士気が維持できるか。極言すれば、軍の存在理由までもあやしくなってくる。「とにかく十に一つでもよいから、何か勝つ手をもたねばならぬ」というような考え方に、海軍としてはならざるを得なくなったのも無理もない。海軍が艦隊決戦一本の方針にコチコチに固まったのも、こんなところに大きな原因があったことは争えまい」(3)と反省的に述べています。対米艦隊決戦をやって勝つといい大和・武蔵まで造ったのですから、もう後にはひけません。

それに、海軍部内にも対米強硬派はいました。岡敬純《おかたかずみ》・海軍省軍務局長は前出の日独伊三国同盟や南部仏印進駐を推進、決断を渋る上司の〝弱腰〟を部下とともに突き上げていた人物ですが、中佐当時の一九三二年、ある綜合雑誌の催した座談会で民間人記者と次のような問答をしていました。

記者　さっきからお聞きしていると、なんだか米国海軍は一人立ちの出来ぬようなお話しですが、私は不思議でならない。本当は、米国海軍はそんなに弱い筈はないと思います。

岡中佐　大丈夫。日本海軍の戦術砲術は米国○○○○○〔伏字〕ませんよ。

記者　それは、大和魂では負けない——と云うようなことじゃないのでしょうね。

岡中佐　勿論、大和魂だけではない。腕前で負けないのです。機械の力でも負けないつもりです。その点は日本海軍の砲術は、○○○…あまり喋舌《しゃべ》るといけないかな（笑声）(4)

彼がかつて海軍代表のようなかたちでこういう大言壮語を国民や陸軍の前で並べてしまっていたこと

も、後で対米対立が深刻味を帯びてきた時、引くに引けず強硬論を吐くに至った一因かもしれません。

なお、この座談会で英米同時にかかって来られたら帝国海軍といえど到底勝てないのでは、という話になった時、別の海軍軍人が「英国が参戦するというのは、よくよくのことです。日本が無理矢理に支那を占領してしまったとか、大虐殺をやったとか、そんな時です。正義の日本がそんなことをするか、しないか、考えるだけが野暮ですよ。日本の外交戦略は上手とは云えないが英国海軍を起たせるほど、下手でもないと、僕は思っている」[5]と述べたのは、その九年後本当に対米英戦争に突入することを思う時、一種の予言にみえて印象深いことです。

海軍は「無理矢理に支那を占領」したり「大虐殺」（三七年の南京事件を想起させます）をすれば英国との関係が破綻し、やがては対米英同時戦争につながりうることは直感的にわかっていたと思います。にもかかわらず対中戦争に反対どころか自ら邁進したのは、ひとえに建艦・軍拡予算が欲しかったからです。海軍という一組織の体面や利害計算が、日本という国家のそれを超越してしまったのですね。

この座談会における「結論」は、「僕は、早飯、早糞、早じまいだ。これが日本人の性質であり、又日本武士の戦略です」「何時でも敵の意表に出なければならない。新しい戦法を考えて居なければならない」[6]というものでした。乏しい国力上、短期決戦で勝つしかない、ということなのでしょう。

「新しい戦法」とは

では、海軍言うところの「敵の意表に出」る「新しい戦法」とは何だったのでしょうか。

海軍は、山本五十六連合艦隊司令長官が対米戦の見通しについて「初め半年や一年の間は、ずいぶん暴れて御覧に入れる。然しながら二年三年となれば全く確信は持てぬ」と近衛文麿首相に言ったように、長期戦になれば勝てません、お察し下さい、というのが精一杯でした(7)。自分の組織と利益を守るために、勝つ見込みはないとはっきり言うことはありませんでした。それどころか、陸軍の強硬論に引きずられるように、あるいは自ら乗っかるかたちで対米英の武力行使を、陸軍や政府に明言していきます。

七月二日に御前会議で決定された「帝国国策遂行要綱」において、海軍は「自存自衛」のためには対米英戦も辞さない、との強硬論に同意します。

帝国海軍は一つの官僚機構にほかならないので、一度決定したことは取り消せません。取り消せば米の圧力に屈したと見なされ、国内政治上の発言力を失うからです。海軍は会議で決めた文書上の文言に拘束されつつ、現実の戦争へと傾斜していくことになります(8)。

結局、海軍はアメリカの「戦意を奪う」ことと、同盟国ドイツの勝利を希望として、対米戦争突入への決意を深めていきました。一一月五日、昭和天皇臨席の御前会議で「帝国国策遂行要領」が決定され、外交交渉不成立の場合は対米英蘭開戦を決意し、武力発動時期を一二月初頭としました。

では交渉相手のアメリカはどうだったかというと、こちらにも妥協する気はあまりなく、一一月二六日に「今すぐ China から全面撤兵せよ」と要求してきました。この文書を、当時の米国務長官の名前を取ってハル・ノートと呼びます。「China」と書いたのは、そこに満洲国が入っているかどうかがはっきりしないからですが、それが仮に(当時の)中国本土のみを指していたとしても、日本には到底呑める要求ではありませんでした。かくして、一二月一日に御前会議で開戦が正式に決定されます。

これに先立つ一一月一五日、大本営政府連絡会議で「対米英蘭蔣戦争終末促進ニ関スル腹案」が決定されました。開戦にあたって戦争を終わらせるために軍・政府が考えた唯一の方策ですが、そこには

「速ニ極東ニ於ケル米英蘭ノ根拠ヲ覆滅シテ自存自衛ヲ確立スルト共ニ更ニ積極的措置ニ依リ蒋政権ノ屈服ヲ促進シ独伊ト提携シテ先《ま》ヅ英ノ屈服ヲ図リ米ノ継戦意志ヲ喪失セシムルニ勉ム」、「日独伊ハ協力シ対英措置ト並行シテ米ノ戦意ヲ喪失セシムルニ勉ム」とあります。要は同盟国ドイツがイギリスを屈服させればアメリカも孤立して「戦意」、やる気を失うだろう、ということです。

この戦略はもちろん極秘でしたが、実は当時の一般国民向け書籍にも書いてあった程度のことです。予備役海軍少将・匝瑳《そうさ》胤次《たねじ》『総力戦叢書第五冊　日米決戦の海軍戦略』(冨山房、一九四三年)には、日独が東西からアメリカを挟撃して「北米に孤立させ、国内に社会的不安を助長したならば、彼等は決して戦争を続け得ないと思ふ。私の考では、アメリカの内壊作用を生ずるのは後二年か三年で、彼等は降伏するであらう」(二四一頁)とあります。「戦意」の件は、実現の可能性はともかく理屈として一応筋は通っており、そこに日本人が希望を持つ余地が生まれたのです。

皆さんは「そうは言ってもアメリカが戦意を失わなかったらどうするのか」と思うでしょう。人間、嫌なことは考えたくありません。当時の軍人たちもまた本当に嫌なことは考えようとしませんでした。考えればアメリカへの屈服という最悪の途《みち》しか残っていません。それよりはまだ、戦争に訴えて敵の戦意を奪うという、一か八かの博打に打って出た方がよいと思いました。まさに、海軍という一組織の利害と希望的観測にもとづいて、対米英開戦という重大国策が決定されていたのです。

ちなみに、日米交渉の途中まで総理大臣だった近衛文麿は、対米強硬派の東条英機陸軍大臣との会話について、次のような回想をしています。

其頃、軍人の中にはよく斯ういふことを言ふものがあった。／日清、日露の二大戦役も、百パーセントの成算があってやったものでは無い。百パーセント勝算があるなどといふことは有り得ない。[9]

太平洋戦争は結果から見ると無謀ですが、それを言い出したら日清・日露戦争もそうでした。かつての成功体験を想起して自分を勇気づけたり安心させるという、私たちの日常生活にもありがちな程度の思考方式で対米戦が推し進められていったのです。戦艦大和の存在以外に、日清・日露戦争という〈歴史〉の存在も対米戦突入を加速させる一要素となりました。

どうすれば米の戦意を奪えるか、じっさい奪えたのか

前出の「対米英蘭蒋戦争終末促進ニ関スル腹案」には、「凡有《あらゆる》手段ヲ尽シテ適時米海軍主力ヲ誘致シ之ヲ撃破スルニ勉ム」とも書いてありました。

では、どうすれば米海軍主力を「撃破」できるでしょうか。ここで連合艦隊が考えたのが、空母とその搭載機の集中運用という、米英海軍もいまだ実行していなかった新方策でした。

日本海軍は一九四一年四月一〇日、手持ちの大型空母四隻（赤城・加賀・飛龍・蒼龍）を集めて第一航空艦隊を編成していました（のち翔鶴・瑞鶴の二隻も加わる）。この空母群から何百機もの飛行機を飛ばして米艦隊に魚雷と爆弾を一斉に撃ち込めば「撃破」どころか撃滅できるかもしれません。米側の寝込みを襲う、つまり米海軍の根拠地ハワイの真珠湾基地に停泊しているところを不意撃ちすれば、効果はもっとあがるでしょう。一〇月一九日、軍令部総長もこの奇襲作戦に同意します。ハル・ノートが手渡されたのと同じ一一月二六日、空母六隻、搭載飛行機三五〇機からなる機動部隊が択捉《えとろふ》島単冠《ひとかっぷ》湾から

極秘裏にハワイへ向けて出航します。

連合艦隊司令長官・山本五十六大将は四一年一月七日付の海軍大臣に宛てた手紙で、従来の漸減作戦は演習をいくらやっても「未《いま》ダ一回ノ勝利ヲ得タルコト」がない、だから「日米戦争ニ於テ我ノ第一ニ遂行セザルベカラザル要項ハ開戦劈頭《へきとう》ニ敵主力艦隊ヲ猛撃撃破シテ米国海軍及ビ米国民ヲシテ救フ可《べ》カラザル程度ニ其ノ士気ヲ阻喪セシムコト是ナリ」と述べています。[10] 山本にとっては、真珠湾攻撃こそが米国民の戦意を救いがたいまでに奪う唯一の手段だったのです。

かくして四一年一二月八日、日本の機動部隊がハワイ真珠湾を奇襲攻撃しました。米艦隊が壊滅すれば米国民も戦意を失うに違いない、と考えてのことでした。作家の伊藤整（一九〇五年生）はその第一報を聞いて「我々は白人の第一級者と戦う他、世界一流人の自覚に立てない宿命を持っている」[11]と当日の日記に記しました。彼にとってこの戦争は、日本人が幕末以来積年の白人コンプレックスや鬱屈を解消し、晴れて「世界一流人」に成り上がるための「宿命」的戦いだったのです。

二次にわたる真珠湾攻撃は成功して米戦艦五隻を撃沈するなどの戦果が挙がりましたが、肝心の戦意の方は米国民が怒ったことで逆効果となりました。さらに、米空母群が演習に出ていて不在だったため、討ち漏らしてしまいました。ちょうどそのころ、正確にいうと四一年一二月一六日、戦艦大和が竣工しました（口絵1参照）。のちに同型艦武蔵も戦列に加わります。

前出の『昭和天皇実録』によりますと、これに先立つ一二月五日、昭和天皇は永野《ながの》修身《おさみ》軍令部総長より「軍艦大和」について特に「予定より約六箇月竣工予定を繰り上げ得たこと」、「連合艦隊の旗艦となる予定にして、これにより帝国海軍に一大新鋭威力を加える」旨の奏上を受けています。天皇と海軍は巨艦大和の存在を確かめることで、対米英開戦への不安を鎮めようとしていたのではないかと思います。

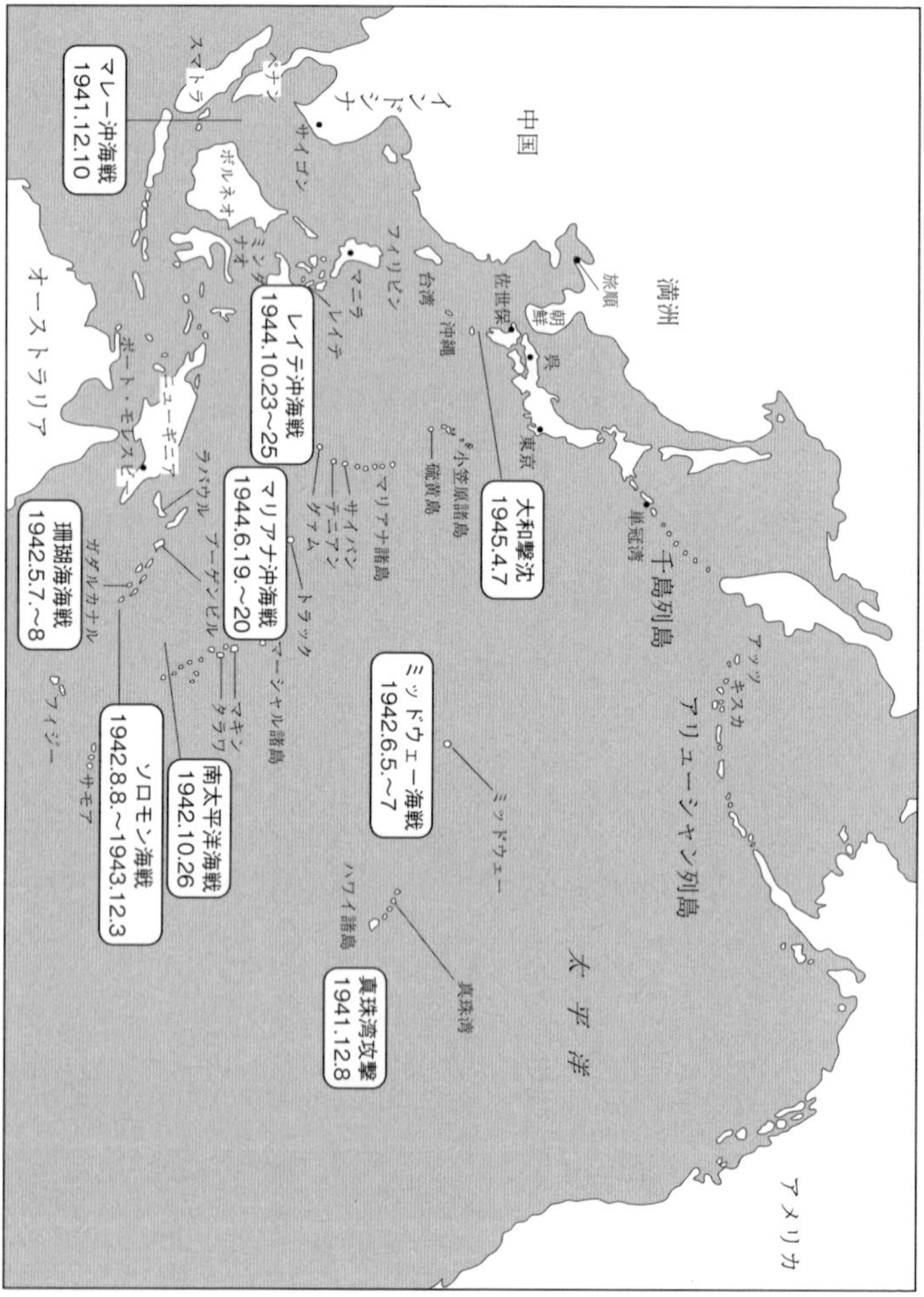

マレー沖海戦
1941.12.10
スマトラ
ペナン
インドシナ
サイゴン
中国
ボルネオ
ミンダナオ
フィリピン
マニラ
レイテ
台湾
沖縄
佐世保
朝鮮
旅順
満洲
呉
東京
単冠湾
千島列島
レイテ沖海戦
1944.10.23~25
オーストラリア
ポート・モレスビー
ニューギニア
ラバウル
小笠原諸島
硫黄島
大和撃沈
1945.4.7
マリアナ諸島
サイパン
テニアン
グァム
マリアナ沖海戦
1944.6.19.~20
トラック
珊瑚海海戦
1942.5.7.~8
ガダルカナル
ブーゲンビル
マーシャル諸島
マキン
タラワ
フィジー
サモア
ソロモン海戦
1942.8.8.~1943.12.3
南太平洋海戦
1942.10.26
ミッドウェー海戦
1942.6.5.~7
ミッドウェー
ハワイ諸島
真珠湾攻撃
1941.12.8
真珠湾
アッツ
キスカ
アリューシャン列島
太平洋
アメリカ

図1　太平洋戦争概略図

一九四二年一〇月、『気魄で片付けた薩英戦争』（新納元夫《にいろもとお》〈大海〉著、研進社）と題する本が刊行されました。七九年前の薩英戦争が主題ですが、興味深いことにこの本では一二三名の薩摩藩士たちが英艦に小舟で乗り付けて刀による斬り込みを敢行、大勢の英兵を「斬つて斬つて斬り散らし」（七〇頁）見事敗走させたことになっています。著者新納は薩摩藩士族の出で、読者に「薩摩方に一人の戦死も手傷もなく、しかも優秀なる装備を有つ敵艦の将兵が斯くした訳も無く討たれたるは、何を物語るものであるか」（七七頁）と問いかけます。答えはいうまでもなく、日本刀と精神力で突撃すれば、優秀な装備の軍艦にも勝てるということでしょう。実際には斬り込みの史実などなかったのですが。

この〈歴史〉物語は米英を相手に「海」で「軍艦」によって戦われる大戦争にも日本刀で勝てると大和の存在を知らない日本国民が信じ、安心するため創作されたものに他なりません。それにもかかわらず、新納が自らの物語を、往時を知る祖母からの聞き書きとわざわざ記しているのは興味深いことです。彼自身、物語を真実の〈歴史〉と信じていたのです。

話を戦局の流れに戻します。日本は米艦隊が壊滅して東南アジアまで出てこられなくなった結果、安心してフィリピンやマレー、ジャワ・スマトラほか南方資源地帯の占領に向かうことができました。しかし、シンガポールのイギリス東洋艦隊が脅威として残っています。こちらも日本の飛行機で壊滅しました。マレー沖海戦（四一年一二月一〇日）で、日本海軍機だけで英戦艦プリンス・オブ・ウェールズ、巡洋戦艦レパルスと交戦、両艦とも撃沈しました。この戦いで戦艦に対する飛行機の優位が実証、確定しましたが、約三年四か月後に大和もウェールズらと同じ運命をたどることになります。

対米戦場は、赤道より南のニューギニア、さらにその先のソロモン諸島まで及ぶことになりました。米軍の反撃を阻むためには、その基地となるであろうオーストラリアとアメリカの交通路を断つ必要があります。また、日本海軍の根拠地たるトラック諸島（米海軍にとってのハワイに相当）を敵の空襲から守るためには、天然の良港と飛行場の適地を兼ね備えたニューブリテン島ラバウルを占領し、制空権を取る必要があると考えられました（四二年一月二三日占領成功）。かくして、当面の戦いはソロモン・ニューギニア方面で行われることになりました。

五月七・八日、珊瑚《さんご》海海戦が起こりました。ニューギニアにおける米豪軍の拠点・ポート・モレスビーへ上陸、占領するため日本軍の輸送船団が向かい、海軍の機動部隊が護衛として付きました。米軍はそれを真珠湾を生き残った空母群で迎え撃ち、ここに史上初の空母対空母の対決が行われました。両軍艦隊とも直接相手のそれを見ることなく、偵察機を飛ばして発見し、攻撃隊を向かわせたのです。結果は米大型空母、日本の軽空母が各一隻沈没しましたが、日本も飛行機の損害が多くモレスビーの攻略断念に追い込まれた（後に陸路で攻略を試みたものの、撃退され失敗）ので、米側の辛勝となりました。

日本側はこの米空母群を撃滅する必要に迫られました。四月一八日には米空母が初の日本本土空襲を行っており、これを撃滅しないと軍に対する国民の信望もなくなります。

かくして六月五日、ミッドウェー海戦が起こります。日本の機動部隊がミッドウェー島を攻撃することで米空母の誘出と撃滅を試みたのですが、その返り討ちにあって空母四隻を失い、「米艦隊撃滅」も戦意の剝奪も不可能となりました。この時、日本の空母部隊はあくまでも前衛であり、主力はその後方を進む大和ほかの戦艦部隊でしたが、空母の潰滅をうけて何らなすところなく引き返しました。

八月、米軍がソロモン諸島ガダルカナル島（ガ島）に上陸しました。日米両軍とも島へ陸軍部隊や補給を送り込むためには海軍が制海権・制空権をとらねばならないので、空母部隊を繰り出しました。一〇月二六・二七日、両軍機動部隊の間に南太平洋海戦が起こりました。

日本軍はこの海戦自体には米空母一隻を沈めて勝ったものの、多くの飛行機を失ったため以後の制空権を取ることができず、したがってガ島に十分な増援や物資を送り届けることもできなくなりました。その結果、同島の陸軍部隊では多くの兵士が餓死、病死を遂げました。行き詰った日本軍は、翌四三年二月、同島から撤退しました。米軍も南太平洋海戦の結果、当面稼働可能な空母がなくなったため、以後しばらくの間の戦いは、ラバウル周辺での陸上機同士による航空戦となりました。

ラバウルに日本の飛行機が頑張っている間は、米軍もフィリピン目指して西進できませんでした。しかし日本海軍はなけなしの空母搭載機とその搭乗員を陸上に移して戦闘に投入、消耗させ、のちの対米艦隊決戦時に使えないという失策をおかします。

ガ島戦の間、大和は出番がなく後方基地のトラック環礁で留守番となりました。その間、米海軍は空母の量産に努めました。それは、大型空母を月一隻、小型の護衛空母を週一隻のペースで造るという、当時の日本では思いも寄らない速さで進みました。

勝利への不安発生

ソロモン・ニューギニア方面の日本軍の旗色が急速に悪くなるなかで、昭和天皇は一九四三年六月二四日、極秘裏に横須賀沖に停泊する連合艦隊旗艦・戦艦武蔵へ行幸しました。目的は連合艦隊の激励でしたが、侍従武官城英一郎海軍大佐の日記によると、「昨年以来、聖上に思召あり、本日実現せるもの」で「戦時下ＧＦ〔連合艦隊〕旗艦に行幸のこと聖慮畏く、誠に歴史的のこと」でした。天皇は当日「天機、殊の外麗はし」かったといいます(12)。

戦時中、昭和天皇はたびたび神に戦勝を祈願しており、この行幸前年の一二月一二日には伊勢神宮へ自ら参拝していました。敗戦後になると「〔伊勢〕神宮は軍の神にはあらず平和の神なり。しかるに戦勝祈願をしたり何かしたので御怒りになったのではないか(13)」と言ったそうですが、天皇自身の希望により行われた武蔵行幸は、もしかしたら「軍の神」である巨大戦艦へ「戦勝祈願」に行ったという面もあるかもしれません。

なお、城大佐は行幸から四日後の六月二八日、日記に戦局挽回のため決死の体当たり攻撃隊「特殊航空隊」の編成案を記し、海軍部内に実行を働きかけていきます。彼の案は翌年一〇月になって神風《しんぷう》特別攻撃隊として実現します。

同じく行幸直後の七月八日、前出の作家・伊藤整は新聞で米軍の「質を圧倒するに量をもってする新戦法」を読み、「万一、日本人のこの精神力、国民総力集中の戦が、物質文化の力によるアメリカに勝てないとしたらと思うと、倫理的なものの価値を私たちは信ずることができなくなる。存在の深淵である(14)」と日記に不安の念を記しました。彼にとってこの戦いは、日本民族の将来に亘る「倫理的」「存在」のかかった戦いでした。負けたら精神的支柱は根本からへし折られてしまう、だから絶対に勝たねばならないのです。城大佐にとっては、その手段が特攻であるわけです。

ただ、それ以上に興味深いのは伊藤が翌九日の日記中、アメリカの対日世論調査に関する感想を述べているところです。「戦後ドイツと国交恢復の見込ありとするもの五十六%、日本とのそれは九%」、すなわち「米人一般に日本を滅してしまおうということが常識になっている」との報道に接した伊藤は、次のような感想を記します。

つまり人種的に日本人を地上の邪魔物《ママ》と見る見方が一般的になっているのだ。しかし、私たちが二十歳頃からの社会政治思想の変化、軍備縮小とか、マルキシズムとか文化擁護論とかを省ると、輿論や思想というものほど、その場限りであてにならぬものはない。時と事実が総てを決定する[15]。

これは将来への漠たる不安というのみならず、「戦後」に関するひとつの計算とも読めます。すなわち、自分の若いころ――一九二〇年代という平和と文化の時代のことを思えば、もし負けたとしても、平和になりさえすればアメリカ人も日本人を地上から抹殺しろとまでは言わないのではないか、と。しかし、人生経験を相応に積んだ伊藤らの世代が、今現在戦場で戦っている、あるいはやがて特攻に出るであろう若い世代に向かって、このような計算を口にすることは絶対にありませんでした。その結果、「負けたら皆殺し」という上からの宣伝だけが絶叫されていくのです。

米軍は一九四三年以降どう総反撃してきたのか、大和はどう戦ったのか

米海軍は量産のなった空母をまとめて大機動部隊を作り、太平洋上で総反撃に出てきました。四三年一一月二四・二五日、ギルバート諸島マキン・タラワ両島が米海兵隊の攻撃により陥落、占領されました。以後米軍は機動部隊に上陸部隊を護衛させ、日本の占領する島々を次々に奪い返しながら本土を目指します。日本側が飛行機で反撃しても空母から飛び立った戦闘機や対空砲火で撃ち落とされ、投弾・撃沈どころか近づくことすら難しくなっていきます。

四四年二月一七日、米機動部隊が日本海軍の拠点・カロリン諸島トラック環礁を大挙空襲しました。

戦艦や空母といった日本艦隊の主力は事前に逃げることができましたが、在泊の艦艇一一、船舶三〇、飛行機二七〇もの大損失を被り、基地機能も完全に喪失しました。この結果、日本側はラバウルに飛行機を置いておく意味がなくなったと判断して航空隊を引き揚げさせました。その結果、ニューギニア戦線でも障害物のなくなった米軍の西進が急となり、戦局が大きく動きます。制空権を失い、したがって海上補給線を断たれ孤立した南太平洋各地の日本軍部隊では餓死、病死者が多発します。

同年六月一三日、米機動部隊（空母一五隻）が日本の守るサイパン島に来襲、一五日に上陸を始めます。もし日本がサイパンを失えば、ラバウルなど南方拠点との交通路は遮断され、米軍爆撃機による本土空襲も許すことになるので、戦争は事実上負けとなります。そのため日本も機動部隊（空母九隻）により迎撃、ここに同月一九・二〇日、事実上の日米決戦となるマリアナ沖海戦が始まりました。

日本軍の航空隊は先制攻撃に成功しましたが、米側はその接近をレーダーで探知、大量の戦闘機と激しい対空砲火に阻止され壊滅しました（日本側飛行機三八七機喪失）。さらに米潜水艦と機動部隊の反撃で旗艦大鳳など空母三隻が撃沈されました。一方の米艦艇の損害はゼロです。このとき大和ほか戦艦部隊はミッドウェー海戦時とは逆に空母部隊の前衛に回っていましたが、敵機と誤認した味方機に発砲、撃墜するという椿事を起こしました。制海権を失い、増援部隊を送れなくなったサイパンは放棄され、七月七日に同島守備隊は「玉砕」と称する全滅を遂げます。

マリアナ沖海戦時の海軍の劣勢は、内地の日本国民にもそれなりに詳しく報道されました。漫談家・俳優として著名な徳川夢声（一八九四年生）は同年六月二三日の日記に「新聞に敵太平洋艦隊の現勢というのが出ている。戦艦だけで二十隻、うち半数以上は時速三十節《ノット》も出るという。大きな声では言えないが、これに対し日本の艦隊は今何をしてるんだ、まさか逃げてるんじゃあるまいなと思う[16]」と記しました。夢声は自らを「一般俗人」と称し、自分のような者こそが「国民の正体である」としていました。報道の結果、一般国民でさえ帝国海軍への疑念を深めていったことになりますが、軍がこのように自らの劣勢をあえて報じたのは、国民の精神を引き締め、戦争に協力させる意図があったのでしょう。

かくして日本は、戦勝の見込み皆無となりました。だからといって和平もあり得ません。四三年のカイロ会談で米英中は「日本の途は無条件降伏のみ」と明言していましたし、一方的に和平を宣言し退却するわけにもいきません。そんなことをすれば嵩にかかった米軍に何をされるかわかったものではありません。何よりまだまだ広大な占領地を擁しています。かくして、アメリカ軍に一勝し、戦意を奪って講和することを目指し、戦争継続となりました。

昭和天皇の重臣の一人である近衛文麿も一九四四年七月八日、内大臣の木戸幸一に「岡田、末次、小林各〔海軍〕大将の意見を聴くに、艦隊決戦には万々一の僥倖なしといえず、国内関係よりいうも今日直ちに和平をなすことは至難なり。即ち、最後の落着点は大体見透し得るも、国民に万やむことを得ずという諦めを懐しむる必要上、艦隊決戦ぐらい実行する中間内閣の出現も致し方なきやも知れず(17)」と語っています。たぶん戦争の「落着点」は降伏もしくはこれに限りなく近い講和になるだろうが、もう一度「艦隊決戦」をやって運よく勝てば条件が有利になるだろうし、やらないと夢声のような一般国民が納得しないだろう、というのです。艦隊とその将兵を使い潰さない限り、国民は「諦め」ないという冷徹な観測ですが、自らの開戦決定およびその後の無策の責任を軍や国民側に押しつけているとも言えます。かくして東条英機内閣が敗北の責任を取らされて退陣し、小磯国昭内閣が成立しました。

「追いつき追い越せ」主義の破綻

軍や政府は戦局悪化の中で近衛のいう「艦隊決戦」による勝利の希望を国民に喧伝していました。ニュース映画「日本ニュース」第二〇八号「威風堂々　連合艦隊」（一九四四年五月二五日）は繰り返し主砲を放つ長門型戦艦の映像にあわせて、「我が連合艦隊は、ひたすら敵艦隊撃滅の日に備えて、訓練に励む。訓練は実戦のごとく、実戦は訓練のごとし。思い起こす明治三八年、我等の父祖が発揮せる不退転なる闘魂、卓抜せる戦術は、帝国海軍の伝統として今なお脈々、海軍将兵の血潮の中に流れている」とか「ただ生産力を頼んで、多数の艦艇を擁するアメリカ艦隊は、有力なる機動部隊をもって帝国海軍の消耗を企図。再び、三度、中部太平洋水域に出没し、あまつさえ不遜にも比島を奪還し、南支那大陸に達せんと呼号する。大東亜を巡る大浪高し。されど我々はいたずらにこれを恐るるにはあらず。決戦の様相、いよいよ急なる太平洋の現勢は、あたかもバルチック艦隊を近海に迎え撃った日本海海戦のその前夜にも彷彿《ほうふつ》としているではないか」とのナレーションを加えていました。「決戦」であった日本海海戦の勝利というかつての〈歴史〉経験にすがって敗北への不安を打ち消そうとしていたとも、あるいは成功体験があったからこそ、満々が一の僥倖《ぎょうこう》を期待して戦争が続けられたともいえます(18)。

米軍はかつて日本軍に追い出されたフィリピンの奪回をめざし、まず日本軍の後方基地となる沖縄を一〇月一〇日に空襲しました。日本軍航空隊は続く一二～一六日にこれを迎え撃ちました。実際には沈んでもいない米空母を沈めたと報告するパイロットが相次いだため、大本営は空母一九、戦艦四等撃沈破との大戦果を国民に発表、軍民ともに久々の戦果に沸き立ちました（台湾沖航空戦）。しかし実際に沈んだ米艦艇はゼロでした。

海軍はすぐにこの「大戦果」を幻と気付いたようですが、自分の面子を守るため、事実を陸軍や小磯国昭首相にも教えなかったといいます。

一〇月二〇日、米陸軍はほぼ無傷のまま、機動部隊の援護をうけつつ、レイテ島に上陸しました。日本海軍は先ほど述べた「一勝」達成のため、残った艦隊の全力を投じて迎え撃ち、二三〜二六日にかけてフィリピン近海で大規模な海戦が繰り広げられました（レイテ沖海戦）。

日本軍の機動部隊はマリアナで壊滅して再建の余裕もなかったので、残った空母を囮《おとり》にして米機動部隊をレイテ島の北方洋上へ誘い出し、その隙に大和・武蔵ほかの戦艦部隊（司令長官の名を取って栗田艦隊と呼びます）がレイテ湾へ突入、上陸部隊とその船団を主砲で叩くという奇手に打って出ました。二四日に米機動部隊は栗田艦隊を発見、被害を一手に受けるかたちで戦艦武蔵が撃沈されましたが、ここで囮作戦が功を奏し、米機動部隊は北方へと向かいました。この隙に大和ほかの艦隊が一路レイテ湾を目指しました。

翌二五日、栗田艦隊は、レイテ湾口に配備されていた別動の米護衛空母隊を見つけて砲撃、護衛空母一、駆逐艦三を撃沈しました。大和は主砲を一〇〇発以上発射しましたが、命中弾はゼロか、もしくはごく少なかったようです。日本艦隊の射撃技量は米軍によると「不思議なほどに拙劣であった」とされています。(19) そのうえ必死で反撃してきた米艦上機のため損害が多発、結局栗田艦隊はレイテ湾突入を断念し内地へ戻りました。ここに米上陸部隊を撃滅して「一勝」をあげる機会は失われました。

作家・大岡昇平の長編小説『レイテ戦記』（一九七一年）はこのレイテ島攻防戦について、大和ほか栗田艦隊や陸軍地上部隊の将兵は、米軍のみならず「日本の歴史」それ自体と戦っていたのだ、と述べています。大和・武蔵という当時の国力・技術力に比して無理に造った戦艦を囮作戦という無理な作戦に投入したがゆえに、武蔵は十分な働きができないまま撃沈され、大和もレイテ湾突入を断念して退却します。陸軍も、戦術・装備の改善に立ち後れた結果、米陸軍相手にガダルカナル以降一勝も挙げることはできませんでした。日本軍は相次ぐ敗勢のなかで陸海軍ともに戦意が低下しており、このことが栗田艦隊のレイテ湾突入断念をはじめとする消極的な戦いぶりにつながった、とされます。

大岡はこれらの事実を「わが国の追いつき追い越せ主義の発露」「明治以来背伸びして、近代的植民地争奪に仲間入りした日本全体の政治的経済的条件の結果」[20]と評しました。明治以来、欧米列強に追いつき追い越せで無理を重ねてきた「歴史」のツケを、武蔵や大和乗組員をはじめとする陸海軍将兵がその生命で払わされることになったのだ、と。本講義では戦艦大和を通じて日本の近現代史を学ぶことになっていますが、今回に関してはこの点の理解が最大の目標です。武蔵と大和は近代日本の背負った悲しい「運命」を象徴しているのです。

以上、大和が実際の対米戦争でほとんど活躍できなかった理由は、ひとえに戦争の主役が戦艦から航空母艦・飛行機へと移っていたから、ということになりますが、このレイテ沖海戦で日本海軍はもう一つの〝奇手〟を実行しました。神風特別攻撃隊を編成し、爆弾を抱いた飛行機の体当たり攻撃に活路を見いだしたのです。次回はなぜ日本軍が特攻作戦を推し進め、戦艦大和もまたこの体当たり攻撃に出撃して撃沈されることになったのかをみていきましょう。

（1）　日中戦争（一九三七〜四一年）における戦死者の概数は約一九万人、戦傷・戦病者のそれは四二万七六〇〇人と推計されています（伊香俊哉『戦争の日本史二二　満州事変から日中全面戦争へ』吉川弘文館、二〇〇七年、二六三〜二六五頁）。これに対する何らかの〝見返り〟が問題とされるのです。

（2）手嶋泰伸『海軍将校たちの太平洋戦争』（吉川弘文館歴史文化ライブラリー、二〇一四年）七九頁。
（3）大井篤『海上護衛戦』（朝日ソノラマ、一九九二年〈初刊一九五三年〉）六三頁。
（4）『米露と戦って日本は勝つか』（『日の出』昭和七年十月号付録）七三・七四頁。
（5）同八二頁、関根郡平大佐の発言。
（6）同九八頁、武富邦茂大佐の発言。
（7）田中宏巳『山本五十六』（吉川弘文館、二〇一〇年）一六八・一六九頁。
（8）森山優『日本はなぜ開戦に踏み切ったか「両論併記」と「非決定」』（新潮選書、二〇一二年）。海軍を一つの官僚機構とみる本講の視角は、同書をはじめとする森山の諸研究に大きく依拠しています。
（9）共同通信社「近衛日記」編集委員会編『近衛日記』（共同通信社、一九六八年）二四八頁。
（10）田中前掲『山本五十六』一八五頁。
（11）伊藤整『太平洋戦争日記（一）』（新潮社、一九八三年）一一頁。
（12）野村実編『侍従武官　城英一郎日記』（山川出版社、一九八二年）二八八・二八九頁。
（13）木下道雄『側近日誌』（文藝春秋、一九九〇年）一一六頁、一九四六年一月一三日条。ただし、天皇は敗戦直後、この伊勢参拝について「勝利を祈るよりも寧ろ速かに平和の日が来る様にお祈りした次第」とも述べています（『昭和天皇独白録　寺崎英成御用掛日記』文藝春秋、一九九一年、八三頁）。
（14）伊藤整『太平洋戦争日記（二）』（新潮社、一九八三年）一三・一四頁。
（15）同一五頁。
（16）徳川夢声『夢声戦争日記（四）昭和十九年（上）』（中公文庫、一九七七年）二九〇・二九一頁。
（17）編集委員会編『近衛日記』（共同通信社、一九六八年）五〇〜五一頁。

(18)「日本ニュース」はNHKホームページ「戦争証言プロジェクト」(http://www.nhk.or.jp/shogenarchives/)上で全編の検索・閲覧が可能です。
(19) 原前掲『巨大戦艦「大和」全航跡』三八八頁。
(20) 大岡昇平『レイテ戦記』(中公文庫、一九七四年)上巻一九〇頁、中巻二一八頁。

第六講　一九四五年、大和はどうして沈んでしまったのか

なぜ敗戦まで特攻は続けられたのか

一九四四年末になっても、〈戦艦〉は日本国民の間に根強い存在感を持っていました。大本営海軍部報道部長栗原悦蔵は戦局解説の中で、「厖大な鉄量と資材をもって造られた戦艦、しかも一艦に二千人内外の人員を乗せ、軍事費の何分の一かの巨億の金を食う戦艦も、僅か数台の航空機の雷撃、乃至は爆撃によって、一瞬のうちに沈没してしまうのである。太平洋如何に広しといえども、戦艦の入る防空壕はないのである」として、「連合艦隊の主兵は、戦艦ではなくして、飛行機なのである」と国民の〝誤解〟を解かねばならなかったほどです。それは「大本営発表に「戦艦一隻轟沈」と発表されたら、同じ軍艦マーチの前奏で聞く「輸送船一隻轟沈」よりは、あなた方は胸をときめかしはしないか。「戦艦をやった、凄いぞ」という気持になるだろうが、「輸送船」をやった場合にも、戦艦をやっつけたのに劣らぬ戦果をあげたものと考えて貰いたい場合がたくさんある」からであり、「戦艦は決して敵前上陸は行わない。敵前上陸をするものは輸送船に積まれた兵員と、戦車その他の兵器類」だったからです。(1)

栗原の宣伝から二つのことがわかります。一つは、海軍が国民の評判、面子を非常に気にしていたこと、つまり日本軍といえど国民の支持・協力なしでの戦争遂行は不可能と思っていたこと。そしてもう一つは、海軍の眼からみると国民はいまだ時代遅れの戦艦（大和の名前は機密ですが）を言わば信仰しており、現代海洋・航空作戦や補給の重要性に対する十分な理解を欠いていた、ということです。

戦争指導者たちの間でも、戦艦大和の存在は特に重要視されていたようです。レイテ沖海戦終了後の四四年一一月一七日、重臣（首相経験者）の近衛文麿は、訪ねてきた同じく重臣・海軍大将の岡田啓介から「大和沈没せり」と聞かされています。[2] 沈んだのは先に述べた通り大和ではなく姉妹艦の武蔵ですが、巨艦大和までもが沈んだのではこの戦争はもうだめだ、和平工作を加速させるべきだ、という意図をもって、この情報はもたらされたのではないでしょうか。面子の立った和平のためには「一勝」が必要で、特攻がその唯一の手段とされます。

一九四四年一〇月、フィリピンへの米軍侵攻にあたり、正攻法で米空母機動部隊の撃滅は不可能、ただし甲板に穴をあければ飛行機の発着が不可能になるから封殺できる、ならば体当たりでこれをやろうというのが海軍の神風特別攻撃隊当初の発想でした。しかし、同隊が当初の出撃で戦果を挙げた（一〇月二五日に米護衛空母一隻撃沈）ので、以後陸海軍航空部隊ともこれを主戦法としていきます。

特攻は志願か命令だったかが現在でも問題とされます。形式上は志願による臨時の部隊編成（天皇が正式に命じたという事実を残すわけにはいかないから）ですが、事実上の強制に近い事例もあり、翌四五年四月の大和の沖縄特攻出撃は後で述べるとおり完全な「命令」によるものです。

しかし、航空特攻による戦果は、本来目的の敵空母封殺という面では、必ずしも期待されたほどではありませんでした。そもそも高速の飛行機を操って水上を必死で逃げ回る艦艇に体当たりすること自体簡単ではありませんし、爆弾に撃速がつかないので大型艦の撃沈はほぼ不可能だったからです(3)。では、日本軍はなぜ特攻を敗戦まで続けたのでしょうか。その理由を知るために、フィリピン戦時、少年向け航空宣伝雑誌『飛行少年』第八巻第一号（一九四五年一月号）に掲載された二本の記事をみてみましょう。

作家の山岡荘八（一九〇七年生）は「多くの少年たちが、自分の体の中に、神風隊員と同じ血が流れている事に早く気がついて、神風隊員が継いでみせた、私たちの祖先の志を今すぐに継ごうとせねばならぬと思う〔中略〕「われわれの血の中には、神々の血が流れているぞ！」そうした大自信をもって、何うすることが一番忠義であるかの競争をはじめた時、アメリカなどは問題ではなく、今、フィリッピンの前線で吹き出した神風は、たちまち全世界を蔽う神風に変わるに違いない。神国の少年たちよ！　われ等もまた神風を吹かそう！」と少年たちを煽りました(4)。

海軍航空本部・海軍中佐の三井謙二も同じ誌面で「物量には限りがあります。魂は無限であり、敢闘精神は物量と比べることは出来ません。ところきらわず消耗して居る米国の物量や人命が、或る限度を越えれば、これはいかん、損だと言う事になって、国体が違い、考えの違う米国民は、戦意に於て到底我が日本の敵ではなくなるでしょう(5)」と、あたかも特攻さえ続ければアメリカが「戦意」を失い、日本が戦争に勝てるかのようなことを言っていました。

アメリカの弱点は「人」

山岡と三井の言い分をまとめると、日本の少年たちが大挙特攻に志願して米軍に人命の消耗を強要し続ければ、民主主義国家アメリカはいずれ必ず戦争を止めようと言い出すはずだ、ということになります。ここに特攻が陸海軍の主戦法として敗戦まで継続された理由があります。山岡は「仮に一人乗りの戦闘機で、巡洋艦一隻を沈めたとしてみると、巡洋艦には五百人以上の人が乗っているので、人数にして五百倍以上、戦闘機一台が八万円かかるとして、巡洋艦はその五十倍以上もかかっている〔中略〕如何にヤンキーでもこれで勝てるという計算はぜったい成立つ筈がない。神風特攻隊の敵に与えた精神的打撃は、アメリカ流に計算してもそのように偉大な力を持っているのである」と書いています。

　大本営陸軍部の戦争指導班というセクション（時期によって名称は異なります）は、一九四三年八月九日の業務日誌に「米国ノ弱点ハ人的資源ト社会問題ニアルヲ以テ敵ノ戦力ヲ比較的大キク消耗セシムルコトハ戦争ヲ終末ニ導入スル為貢献大ナルヲ想起シ笑ツテ玉砕スルコトハ武人ノ本懐ナラサルヘカラス」[6]と書いています。たとえ前線部隊がどれほど「玉砕」して人が死のうとも、それで敵の弱点を衝き国家が戦争に勝てるなら喜ぶべきことだ、という軍人らしい冷徹な考え方です。相次ぐ敗北を強がりで合理化し見て見ぬふりをしているだけともとれますが。

　また、四四年のフィリピン防衛戦で第一航空艦隊司令長官として海軍の特攻作戦を指揮した大西瀧治郎中将は、「即チ時ト場所トヲ選バズ、成ルベク多ク敵ヲ殺シ、彼ヲシテ戦争ノ悲惨ヲ満喫セシメ、一方国民生活ヲ困難ニシテ、何時迄ヤツテモ埒《らち》ノアカヌ悲惨ナ戦争ヲ、何ガ為ニ続ケルカトノ疑惑ヲ生ゼシメ――此ノ点、米国ハ我ガ国ト違ツテ明確ナ戦争目的ヲ持タナイノデアツテ、其ノ結果ハ、政府ニ対スル不平不満トナリ、厭戦思想トナルノデアル」と部下に訓示し、米兵の「厭戦」気分を生み出すことこそが作戦の主眼と述べていました。「地上戦闘デ一人デ百人ヲ殺スコトハ不可能ニ近イ」が「飛行機ヲ以テスレバ、一機デ数百名ノ敵ヲ船モロ共ニ殺スコトガ出来ル」[7]というのが大西の論理でした。

　このように、特攻は文字通りの〈計算〉に基づいて実行された軍事作戦であり、それを狂気の産物などと見なすのでは、事の本質を見誤ってしまいます。

前出の漫談家・徳川夢声は人命というアメリカ側の〝弱点〟について四五年一月一二日の日記に、

> フィリッピンは何《ど》うなる？　もちろん負けないと信ずる。この大きな所（吾《わが》本州の半分ある広さ）米軍をウンと上陸さしておいて数十万殺して了《しま》えば、米国は手をあげるとおもう。吾軍はその目算でやっているんだろう。／然し、一方に情けないデマ説も行われている。敵は一万上陸しても、土人どもが新鋭の武器を渡されると喜んで敵に廻るから、これが二万にも三万にもなる、――第一吾軍の武器と敵の武器とでは自転車とトラック程の開きがある、――制空権も制海権も奪られて了えば、結局吾軍は台湾に引き上げだ、――というような説である。とんでもない[8]！

と書いています。特攻隊に直接言及するものではありませんが、人命損失の対米強要が勝利への途だ、という軍の論理はそれなりに一般国民にも了解されていたことがわかります。とはいえ日本軍兵器の圧倒的な劣勢もまた的確に了解されており、それゆえ勝利は半信半疑（どちらかといえば疑のほうが大きい）というのがこの時期の「一般俗人」たる彼／彼女たちの戦局観でした。

それでも、特攻隊の出撃とその「戦果」に、「これで勝てる」と安心した国民も、特に上の世代を中心にいたことでしょう。海軍が国民に向かい「「これで勝てるのだ、神風特攻隊が出たから、もうこの戦争は大丈夫だ」などという精神は、まだまだ他力本願の気持ちであって、これでは特攻隊の方々に対しても申訳あるまいと思う」「第三者的な傍観主義では真の総力戦はできない」[9]と引き締めを図らねばならなかったのは、特攻の開始により、戦争の行く末に対する文字通り「傍観」者的な安堵感が社会に生まれかねなかった、あるいは生まれていたからと思われます。

なぜ大和は沖縄へ出撃したのか

フィリピンを事実上制圧した米軍は、一九四五年四月一日に沖縄本島へ上陸しました。その輸送船団に向けて日本陸海軍とも大量の特攻機を発進させました。特に海軍にとっては、一勝を挙げる最後の機会だったからです。ここで海軍部内に水上部隊は何をしているのかとの声が上がり、四月五日、大和ほか軽巡洋艦矢矧《やはぎ》・駆逐艦八隻からなる第二艦隊（第一遊撃部隊）に「海上特攻隊」として「沖縄西方海面ニ突入、敵水上艦艇竝《ならび》ニ輸送船団ヲ撃滅スベシ」との命令が下りました。

沖縄にたどり着く前に米空母機に撃沈される可能性が高いことは、レイテ沖海戦で沈んだ姉妹艦武蔵で実証済みでしたから、軍事的合理性を欠いた命令と言えます。それでも、連合艦隊司令長官は六日、全軍に対し「茲ニ特ニ海上特攻隊ヲ編成シ壮烈無比ノ突入作戦ヲ命ジタルハ　帝国海軍力ヲ此ノ一戦ニ結集シ　光輝アル帝国海軍海上部隊ノ伝統ヲ発揚スルト共ニ其ノ栄光ヲ後昆ニ伝ヘントスルニ外ナラズ」(10)という訓示電報を発しました。海軍上層部が大和に「海上特攻隊」となるよう命じたのは、よく言われる通り「海軍は全力で戦った」と組織としての名誉を守るためであったといえます。

当時、海軍で物資輸送船団の護衛業務に携わっていた大井篤大佐は大和出撃の報に、「国をあげての戦争に、水上部隊の伝統が何だ。水上部隊の栄光が何だ。バカ野郎」と叫びました。日本はすでに燃料備蓄が底をつき、大和隊にはなけなしの重油を積んで出撃させたのですが、それでは大陸からの物資輸送とその護衛に使う燃料が減り、戦争遂行に支障が出るからです。大井は「連合艦隊主義は、連合艦隊の伝統と栄光のために、それが奉仕すべき日本という国家の利益をまで犠牲にしている。〔中略〕大和隊に使う四〇〇〇トンは、一体、日本に何をもたらすのだろう。敵軍をして、いたずらに「大和討ち取り」の歓声をあげさせるだけではないのか[11]」と上層部を批判しました。ここで指摘されているのは、目の前の軍艦と作戦と体面にしか関心を持たず、国家の大局を考えない海軍の「伝統」的精神です。

ただ、大和がそういうファナティックな、非合理的精神にもとづいてのみ特攻を命じられたとは言えません。昭和天皇の弟・高松宮（海軍大佐、一九〇五年生）は大和特攻直前の四月三日、側近に対し「海軍の戦力がなくなった時、戦力を背景とした発言権は無くなるかも知れぬが、別の意味での発言権と云ふか、そんなものはあるだらう[12]」と意味深な発言をしています。私なりに意訳しますと、海軍は大和以下の戦力を沖縄で使い切ることにより「海軍にはもう戦力がないのだから、戦争は止めるべきだ」という意味での「発言権」を手に入れられる（だからそうすべきだ）ということでしょう。ここでの「戦力」――大和以下の第二艦隊や航空部隊は、戦争指導者間の終戦をめぐる冷徹な宮廷政治的駆け引きの道具にされている感があります。

興味深いのは、そのような政治的打算がけっして視野の狭い軍人だけの独善ではないということです。前回の講義で出てきた作家・伊藤整は、四三年六月一〇日の時点で「少々内輪に見ても六万屯級の「大和とか武蔵とかいう超大級の戦闘艦」の存在を知人から聞いて知っていました。ただしあくまで民間人の伝聞なので「そういう大きな、まだ国民に発表していない軍艦が五六隻は出来ているらしいという話」になりました。伊藤はこれについて、以下の「直観」を同日の日記に記しました。

英国にしても米国にしても日本にしても生産力の頂上にやっと来かかった所だから、これを使わずして戦争の運命は決せられないであろう。下手な休戦は戦時体制をやっと整えた各国の内情を混乱させる危険も多いのだ。[13]

多大の生産力を投じて巨大戦艦を何隻も作った以上、「下手な休戦」などは国民が納得しないから無理である、よって戦争を止めるには、日本を含むどこかの国が戦力を使い切るまでやるしかないだろう、と伊藤は観ていました。一般国民たる彼の〝戦争の止め方〟についての〈計算〉は、高松宮をはじめとする戦争末期の海軍上層部と共通しており、それが大和出撃の一背景となっていたのです。

大和沈没す

結局大和以下一〇隻の第二艦隊は四月七日、九州・坊ノ岬沖で米機動部隊の放った攻撃隊延べ三〇〇機以上の迎撃を受け、大和、矢矧、駆逐艦四を撃沈されて潰滅しました（口絵2参照）。作戦は中止され、残った艦は生存者を救助して撤退しました。艦隊の全戦死者三七二九人（うち大和のそれは三〇五六名、同艦の生還者二七六名）、いっぽう米側の犠牲は飛行機六機、被弾損傷五二機[14]でした。

大和は最後まで国民に名前を公表されることもない寂しい[15]最期を遂げましたが、その事実は陸軍側にも即時伝えられました。前出の大本営陸軍部戦争指導班日誌は四月八日、「今回出動セル大和以下悉《ことごと》ク撃沈セラレタル趣ナリ、前項GF電モ亦《また》笑ヒ草トナル[16]」と記しています。このGF電とは海軍が陸軍に「第一遊撃部隊ハ八日早朝沖縄西方海面ニ突入所在敵艦船及輸送［船］ヲ撃滅ノ上、敵上陸軍ヲ攻撃ノ予定、貴軍モ之ニ策応シ八日朝総攻撃ヲ決行スルヲ有利ト認ム」と無電連絡してきたことを指します。

陸軍側は本来対等であるはずの海軍に上から命令されたようで面白くなかったのでしょう。日誌には「皇国ノ運命ヲ賭シタル作戦ノ指導カ慎重性、確実性ヲ欠ク嫌アルコトハ極メテ遺憾ナルモ戦艦ノ価値昔日ノ比ニアラサルヲ以テ驚クニ足ラス」とあります。大和は海軍の雑な作戦のせいで沈んだが、もともと戦艦に作戦上の価値などないから大したことではないというのです。同じ日本の軍隊なのに冷たい言い方ですが、組織利害の対立が行き着くところはこのようなものです。

陸軍側がこのように皮肉な言い方をした背景には、沖縄戦をめぐる陸海軍の作戦方針の対立があったとみられます。海軍は沖縄戦を戦争終結の最後の機会とみて大和以下の全戦力をつぎ込みましたが、陸軍は四月二日に総理大臣から「琉球ノ戦況見透如何トノ質問」され、「第一部長ヨリ結局敵ニ占領セラレ本土来寇ハ必至ト応答」(17)したことからわかるように、しょせん沖縄では勝てない、本土決戦こそが「一勝」を挙げての戦争終結の機会とみていたのです。

海軍の航空特攻作戦を鹿児島県鹿屋基地で指揮していた宇垣纏《まとめ》中将は大和の出撃について「全軍の士気を昂揚せんとして反りて悲惨なる結果を招き痛憤復讐の念を抱かしむる以外何等得る処無き無暴《ママ》の挙」と批判、一方で「退嬰《たいえい》作戦に於て殊に燃料の欠乏甚しき今日に於て戦艦を無用の長物視し又厄介なる存在視するは皮相の観念」「航空専門屋等は之にて厄介払したりと思惟する向もあるべきも尚保存して決号作戦等に使用せしむるを妥当としたりと断ずるものなり」と四月七日の日記に記しました(18)。

自分は大和を決号作戦――本土決戦に温存すべきだったと思うが、航空部隊の中には燃料喰らいで「無用の長物」たる大和をようやく厄介払いできたと考える者もあるだろうというのです。宇垣はもともと砲術の専門家でしたから、この発言は砲術（戦艦）と航空という、海軍部内におけるセクショナリズムの存在をうかがわせます。陸軍と海軍という組織間で、さらにその海軍内でも狭い「専門屋」間で

図1『琉球週報』

それぞれ対立していたのが戦争末期の日本軍の姿でした。

　大和撃沈後の四月三〇日、昭和天皇は海軍大臣に「天号作戦ニ於ケル大和以下ノ使用法不適当ナリヤ否ヤ」と下問しました。海軍は部内で検討の結果、「計画準備周到ヲ欠キ〔中略〕作戦指導ハ適切ナリトハ称シ難《かた》カルベシ」と奉答しています(19)。

　とはいえ、国民の中には大和の特攻作戦の報に感激した人もいました。戦前、多くの空想科学小説を書いていた作家・海野《うんの》十三《じゅうざ》（一八九七年生）は大本営発表を聞いて「水上艦隊の特攻隊はこれが初めて。特に戦艦の特攻隊とは、戦闘の壮観、激烈さが偲ばれ、武者ぶるいを禁じ得ない」と四月九日の日記に記していました(20)。彼は、本土決戦で家族もろとも死ぬ覚悟を固めており、日本の降伏後には一家心中を本気で考えたほどでした。彼のように大和の特攻を文字通り「一億総特攻のさきがけ」として感激した国民もいたのです。

　海野は「大和」という艦名を知りませんでした。彼ら当時の日本人の大多数よりも、むしろ米軍の方が大和を知っていました。図1は米軍が沖縄に孤立した日本軍部隊・民間人向けに撒布した宣伝ビラで、大和撃沈の様子をかなり正確に知らせ、「日本海軍には新式戦艦は一隻も無い」と結んで士気の低下を狙っています。これは、米軍が以前から大和や武蔵に関する情報を捕虜の尋問などにより収集してきた成果です。

たとえば、一九四三年にガダルカナル沖で乗機を撃墜された日本軍パイロット（中尉）は米軍の尋問に応じ、零戦や大和の性能を話していました。彼の語った大和は全長九〇〇フィート（二七四メートル）、主砲四五～四八センチ九門、排水量五万トンの戦艦でした。米軍は頑なな彼の口を開かせるべく、自軍の空母内部を将校に案内させて日米装備の違いを聞き出すといった懐柔策をとりました。[21] かくして米軍は大和や零戦といった重要機密兵器のデータを多数手に入れることができました。

この中尉はなぜ、憎むべき敵アメリカに味方の最高機密を喋ってしまったのでしょうか。日本軍は降伏を厳禁していたので、捕虜になったとき何を喋っていいか、いけないかを教えることもありませんでした。捕虜になることは命をもって償うべき罪でした。日本兵捕虜たちはもう国に帰れないと考えて自暴自棄となり、あるいは米軍から受けた厚遇という〝恩〟を返そうとばかりに、機密事項をやすやすと喋ってしまったのです。

なお、内地の海軍軍人たちも案外口は軽かったようです。前出の小説『薩英戦争』を書いた作家・大佛次郎は四五年八月の日記に次のように記しています。「巨艦大和は呉で修理して後沖縄沖で逆に敵巡の体当りを受け、味方艦と誤り近づくまで判らず、急旋廻したが後尾に激突され沈んだと小川氏云う、残った軍艦は板を並べて木立を植えて温存せられているとか」（六日）「朝刊に沖縄に敵艦隊に殴り込み巨艦先頭に体当りしたという司令官伊藤中将大将に昇進せる旨発表あり、巨艦は大和のことか？」[22]（七日）。彼ぐらいの著名作家ともなると、海軍や報道関係者を通じて「巨艦大和」の名と沈没の〝実相〟を知っているのです。ただし、あくまで口づての噂なので、大きく歪んで伝わったようですが。

ところでこの時、陸軍の航空参謀として沖縄で米軍と交戦中だった神直道《じんなおみち》少佐は大和出撃の報を聞き「およそ日本海軍の軍艦は単なる器物、兵器ではなく、一人格であった。わが帝国海軍はその人格を古武士の精神に生かしたかったのではないか。私はそのようなことも考えた(23)」と回想しています（のち敵中を脱出し生還）。これは第二次大戦初頭、仏軍が独軍に敗れて無条件降伏した際、仏軍の後方に新しい飛行機がそのまま残されていた事実を踏まえてのことだそうです。要するに神少佐は、海軍は「一人格」たる大和に最後まで勇ましく戦わせ腹を切らせようとしているのだ、と感じたのです。彼にとっても戦艦大和は〈人〉に他なりませんでした。

ある研究によると、日本には古来よりモノとしての神仏像を壊したり虐待することで願いを成就させるという物神信仰《フェティシズム》があるそうです(24)。海軍の作戦担当者たちは無意識のうちに戦艦大和という護国の神を〝壊す〟ことで戦局転換を願ったのかもしれませんが、沖縄は日本軍守備隊が六月二三日に組織的抵抗を終えたことで、事実上陥落しました。

なぜ大和は「一億総特攻のさきがけ」命令を承けて特攻に出撃したのか

話を大和の沖縄特攻出撃の前に戻します。この戦果が得られるとも思えない「作戦」を命じられた第二艦隊側は、当然ながら乗り気ではありませんでした。しかし最終的には「一億総特攻のさきがけ」になれ、と言われて承諾しました。

四五年四月六日、命令伝達のため連合艦隊参謀長に同行して大和へ行った参謀・三上作夫は「作戦計画について説明しても、伊藤長官は中々納得されなかった。当然このような作戦などとは言えない無暴無策な挙を納得されるはずがなかった。最後に、一億総特攻のさきがけになってもらいたい、という説明に、〝そうか、それならわかった〟と、即座に納得された」と後に回想しています。[25]

この「一億総特攻」とは、日本国民が全員特攻してでも勝つまで戦うという思想であり、当時の国内でも喧伝されていたことです。当時の日本における女性指導者の一人だった宮城タマヨは雑誌『主婦之友』で次のように「一億総特攻」への決意を述べています。

敵の本土上陸、本土決戦は、地の利からも、兵員の上からも、補給の関係からも、我が方は決して不利ではありません。そこがサイパンや硫黄島や沖縄などの場合と違ふところでございます。今、一億一人残らず忠誠の結晶となり、男女混成の総特攻隊となつて敢闘するならば、皇国の必勝は決して疑ひありません。[26]

この記事と並んで同誌に掲載された「国土まもる若き神々と共に」と題する記事は、陸軍特攻隊の若者たちが朗らかに出撃を待つ様子を報じています。執筆した記者は、彼らの出撃の報をラジオで聞き「おめでたうございました。ほんたうにようございましたね――」と泣いて手を合わせたそうです。

このように、当時の国民には「特攻隊の若者たちさえ死んでくれれば日本は勝てるのでは」と思った人も多かったはずです。けれども、当時の日本国民がみな「一億総特攻」のかけ声通り自らも特攻隊に続き、米軍と刺し違えて死ぬ覚悟を決めていたとは言えません。

たとえば、陸軍の憲兵隊は四四年一二月、神風特攻隊について次のような流言をキャッチしています。

「今回ノ神風特別攻撃隊ニ参加シタモノハ皆親無シ子ヤ水平社バカリデ、其ノ数ハ六万モ居ルカラ日本ハ大丈夫ダ」（熊本県鹿本郡、男性、日稼業六二歳）[27]。「水平社」とは被差別部落民を指します。江戸時代、牛馬の死体処理や皮革業など当時の宗教観念で〝穢れ〟ているとみなされた仕事をしていた人々の末裔です。

私は、この流言の背後には、特攻は自分では決してやりたくない、だから誰かに押し付けたい嫌な仕事だという内地国民の本音が隠れていると思います。だとすれば、「一億総特攻」とはそれを隠蔽し、特攻隊員に勇んで出撃してもらうために発明された標語に過ぎないといえます。この流言は「特異ノ反響ナシ」とされましたが、発言者は「検挙事件送致」になりました。発言の重大性ゆえ、権力側も他の流言のように「説諭」程度で済ませることはできなかったのでしょう。

しかし、戦艦大和とその乗員たちは、一億国民が後に続いてくれると信じたからこそ死地へと向かったのであり、内地の人びとの命や安逸な生活を守るためなどではありませんでした。大和を護衛して沖縄に出撃した第二水雷戦隊の司令官古村啓蔵少将も、出撃前の会議で草鹿連合艦隊参謀長から「一億総特攻の先駆となって欲しい」と説明され、「当時の感情では、この「一億総特攻の先駆」ということで、もう何もいう必要はなくなった」と回想しています[28]。当時の軍ではそれが言わば当たり前だった[29]のであり、みな男女を問わぬ国民総力を挙げた特攻の「さきがけ」となるために死んだのです。

特攻隊員の中には、「後に続くを信ず」とはっきり言い残して出撃した人たちもいました。次のような遺書や遺詠がのこされています。

「仮令途中にて墜されることがあっても、戦果はなくとも、二十代の若武者が次から次え《ママ》と特攻攻撃を連続し、ますらおの命をつみ重ねつみ重ねして、大和島根を守りぬくことができれば幸ではありませんか」（大石政則少尉）、「散る桜残る桜も散る桜　兄に後続を望む」（奥山道郎大尉、弟への遺書）、「魁けて梅と我が身の散りゆけば　後に続かん　桜ばなかな」（梶原哲己少尉）、「わがあとに続かんものは数多し　固く信じて　特攻は征く」（澁谷健一大尉）(30)。

彼らは、後に残った人も必ず自分の「後に続」いて特攻し、美しく散って最後の勝利を実現してくれると心中「固く信じ」たからこそ、出撃したのではないでしょうか。死の平等性が特攻の推進力となっていたのです。この点を今の日本人は完全に忘れ去っています。私は「特攻隊というと、批評家はたいへん観念的に批評しますね。悪い政治の犠牲者という公式を使って。特攻隊で飛び立つ時の青年の心持ちになってみるという想像力は省略するのです。その人の身になってみるというのが、実は批評の極意ですがね」(31)という小林秀雄の批判は今でも、というより今こそ傾聴に値すると思っています。

それなのに、日本人たちは、自分は特攻もせず、敵国アメリカに降伏して生きのびてしまいました。山室建徳は「戦死者たちは、他の者も後から続いて来るし、中途で斃《たお》れても日本を栄光へ導く礎石になれると思って死んでいった。そうだとしたら、敵に降伏するとは、戦没者に対する重大な裏切り行為に他ならない。敗北を受け容れることで、日本人は大きな精神的な拠りどころを失ったのである」(32)、「自己犠牲を逃れがたい運命と思い定めて死んだ者たちと、日本の敗北を容認して生き延びた者およびその末裔たちとの間には、決して越えることのできない深い溝が広がっている」と言います。私たちは命を惜しんだ裏切り者の末裔、ということになりますが、これは認めざるをえないと思います。

私は時々思うのですが、現在の日本で「現在の価値観で過去を語るな」とか「英霊に感謝せよ」という人は、「当時の価値観」と「英霊」の遺志（＝一億総特攻）に従い、今からでも沖縄の米軍基地に特攻すべきではないでしょうか。それができないなら軽々しく「英霊に感謝」などと言うべきではないし、靖国へは謝りに行くべきでしょう。「英霊」たちはもう口をきかないけれど、「総特攻」しなかった卑怯者の日本人に怒っているかもしれません。これを〝なかったこと〟にしてきたのが、平和な戦後日本とその国民です。

話を戦時中に戻します。沖縄戦、もしくはその直前の頃には、日本海軍とその護国の神たる戦艦に対する国民の信望は地に墜ちていました。「日本ノ艦隊ハトウシテイルノカ」（作業員・三七歳、厳諭始末書ヲ徴シ放遣）「一体日本ノ海軍ハトウシテ居ルノカ全ク音沙汰カナイ」（荷造工・三五歳、同）、「日本ノ艦隊カ活動シナイノハ戦艦ニ創《きず》ノツカナイモノハヒトツモナクナツタラシイ」（無職・四五歳、厳諭「此ノ戦争ハ何《ど》ウシテモ日本ノ負ケタ必ス米英カ勝ツ戦争ハ負ケテモ吾々百姓ニハ影響カナイ」（農業・三九歳、厳諭始末書ヲ徴シ放遣ス）[33]とは憲兵隊がキャッチした庶民たちの偽らざる本音です。

戦艦大和についても「沖縄カ取ラレルノハ時間ノ問題テス又日本ノ海軍テ沖縄ニ出動シタ軍艦ノ中テ一番大キナ「武蔵」カ撃沈サレタ云々」（世界政治研究所綜合印度研究所常務理事・四三歳、憲兵検挙事件送致）と、艦名こそ間違えていますが撃沈の噂が伝わり、一部国民の絶望感を深めていたようです。[34]

徳川夢声は沖縄陥落の翌日、六月二四日の日記に、知人から聞いた話として、

志賀さんの話によると、日本に六発の爆撃機が出来ていて（この話は前から聴いている、出来たことは出来ても、ウドの大木であるという噂だった）、既に米本土迄の往復試験に成功したという。松根油で飛ぶんだそうだ。しかもこれが五百機揃って待機しているという。本当ならば実に嬉しき限りである。吾等が

舐めたＢ29の味を、ニューヨーク、ワシントンなどの市民に味わせてやりたい。／だが、先夜宮田一家と話した時は、日本の飛行機は現在のところ片道がやっとこさだという説であった。Ｂ29でさえサイパンから辛うじて飛んでこられるのだから、果して日本の六発などが太平洋往復可能であろうか。甚だ疑わしい。／或る将軍が某席に於て、今に国民を有頂天にさせる快事があると言ったが、この六発のことか？(35)

と書いています。「六発」とはエンジンを六基積んでいるという意味で、米本土爆撃を目標としながら未完で終わった巨大爆撃機「富嶽《ふがく》」のことでしょう。彼らは同じ巨大兵器でも、戦艦の大和ではなく航空機の富嶽に戦局挽回のはかない望みをつないだのでした。

なぜ「一億総特攻」は実現しなかったのか

四五年七月に入ると、国民の中には「沖縄戦は恰《あたか》も鼎《かなえ》の軽重を問はれたと同様だ。此処で敗戦となれば此の戦争も敗けたと同じことだ〔中略〕勝つ勝つと言つてゐるのは為政者ばかりで民間で勝つと言ふのは他人の前で言ふ御世辞ばかりなのだ国民は既に時間の問題だと思つてゐる」（工場幹部）と発言する者まで現れ、国内の治安維持にあたる内務省警保局は「内面的には戦局の前途を頗る不安視し、懐疑視し、悲観視し、各階層を通じて著しく敗北感を深めたるやに看取」していました。(36)この「悲観的敗戦感の一般化は軈《やが》て厭戦反戦自棄的思想の台頭増加となり」、中には「敵が来ても食ふものは必要だから百姓を皆殺しはしない。殺されるのは上の奴等ばかりだから心配することはない」と言い放つ者すらいました。沖縄を失ったことで、庶民層は指導者層に対する信頼はおろか、戦争への当事者意識すらも失っていたのです。もちろん、そんなものが最初からあったのか、という問いは十分成り立ち得ますが。

内務省警保局はこうした状況に「反軍、反官、反政府思想の滲透並階級的言動の増加は戦局の苛烈化に比例して深刻化しつつあり」とか「悪平等観念、階級的観念、刹那的観念、功利的個人主義権利観念の抬頭並責任観念の欠如は益々顕著となり極めて憂慮すべき推移を示しつつあり(37)」と憂慮の念を露わにしていました。注目すべきは「悪平等」「階級的」という言葉です。つまり、このままでは共産主義革命が起こって天皇を頂点とする明治維新以来の支配秩序が崩壊するのでは、と懸念される状況になりつつあったのです。ここに至って政府、軍、天皇の間で戦争終結を目指す動きが本格化していきます。

それでも彼らは無条件降伏という最悪の事態だけは避けようと、長年敵視してきたはずのソ連を仲介とした講和の可能性にぎりぎりまですがりつづけました。七月初旬の時点で「指導部層」の間でも密かに「日本敗戦の見通しがついた場合ソ連は独特の外交的攻勢例えば満州進駐、北支進駐をもやりかねないと思う。要するに対ソ国交調整を云々することは戦争の深刻さを解せざる極めて甘い希望的観測に過ぎない」との悲観論がささやかれ、「敗戦感を一層促進せしめつつあ(38)」ったにもかかわらずです。

彼らのそのような希望は、八月六日の広島原爆投下、九日のソ連参戦と長崎への原爆投下によってはかなく潰えました。かくして一四日に政府はポツダム宣言を受諾、一五日の玉音放送で天皇自ら国民に降伏を知らせます。ではなぜ「一億総特攻」は実行されなかったのでしょうか。徳川夢声が八月一〇日、「日本の無条件降伏申入れ」という「これ以上の大変はない、私設ニュース」を聞いて記した日記がその手がかりとなります。

最後の一人となるまで戦う、という文字は勇ましい。私も日本人としてそこまで行きたい気もする。とは言え、ピカリと光ってそれで万事休矣では、戦いではない。ただ、毛虫の如く焼き殺されるだけのものだ。つまり、事茲に及んでは、最後の一人となる迄戦うことすら不可能になったわけだ。／最後の一人まで頑張る、というなら出来るであろうが、最後の一人となって二里も向うからピカリと片づけられたり、骸骨のように痩せて餓死したりするのも、凡そ意味のない話である(39)（傍点原文ママ）。

「ピカリ」、つまり原子爆弾の前には「最後の一人となる迄戦うことすら不可能」で「意味のない話」であるから、おとなしく手を挙げた方がよいというのです。これを本音とみるか建前とみるか、私は両方が入り交じっていると思います。原子爆弾は日本人にとって、それまで「一億総特攻」という強がりを止めて生き延びる格好の口実となったわけです。当時海軍大臣だった米内光政が八月一二日に原子爆弾投下を「天佑」と述べたこと(40)が後で批判されましたが、この言葉に込められた思いもまた、そういうものではなかったでしょうか。

かくして長い戦争は終わりを告げました。昭和天皇もまた玉音放送で「敵ハ新《あらた》ニ残虐ナル爆弾ヲ使用」し、このままでは「終《つい》ニ我カ民族ノ滅亡ヲ招来スルノミナラス延《ひい》テ人類ノ文明ヲモ破却ス」るから降伏するのだと、原爆投下を降伏の正当性の根拠としました。

このタイミングでの降伏決断は、天皇や政府指導者たちの、連合国側は天皇制の廃止にまでは踏み切るまいというギリギリの判断によるものであり、それゆえ決断までの時間が長引いたことには今日まで批判があります。ただ、夢声は日記に、敵が「国体護持」を受け容れないなら抗戦もやむなし、「どうも、已《や》むを得ない。結構で御座います、というより途はない」（八月一二日）「一億死に絶ゆる！　これもまた結構である！」（八月一三日）と繰り返し書いています。象徴天皇制下の現代日本人にはわかりにくいことですが、天皇制の存続は政府要人のみならず「一般俗人」を自称する夢声にとってすらも、自己の世界観、生死にすらかかわる重大問題であったことがわかります。

(1) 栗原悦蔵（大本営海軍部報道部長）『朝日時局新輯　戦争一本　比島戦局と必勝の心構え』（朝日新聞社、一九四五年）九～一一頁。
(2) 細川護貞『細川日記　下巻』（中公文庫、一九七九年）四七（通巻三二七）頁。細川は近衛の秘書的役割を務め、その終戦工作活動にも関与していました。
(3) 小沢郁郎『つらい真実　虚構の特攻隊神話』（同成社、一九八三年）。
(4) 山岡荘八「神風特攻隊と少年たち」（『飛行少年』第八巻第一号〈一九四五年一月号〉）八～一〇頁。
(5) 三井謙二「見よ！　我が攻撃機の威力を」（同）一二頁。
(6) 軍事史学会編『大本営陸軍部戦争指導班　機密戦争日誌　下』（錦正社、一九九八年）四〇九頁。
(7) 故大西瀧治郎海軍中将伝刊行会編『大西瀧治郎』（非売品、一九五七年）九三～一〇二頁。
(8) 徳川夢声『夢声戦争日記（六）　昭和二十年（上）』（中公文庫、一九七七年）三三・三四頁。
(9) 栗原前掲『朝日時局新輯　戦争一本　比島戦局と必勝の心構え』六四頁。なお、栗原は特攻を「無理な戦法」と繰り返し述べていて、軍に対する国民ひいては天皇の不信感（そこまでせねばならないのか？）に一定度配慮したことがみてとれます。
(10) 防衛庁防衛研修所戦史室編『戦史叢書　沖縄方面海軍作戦』（朝雲新聞社、一九六八年）六三一頁。
(11) 大井篤『海上護衛戦』（朝日ソノラマ、一九九二年〈初刊一九五三年〉）三六三・三六四頁。
(12) 細川前掲『細川日記　下巻』一〇〇（通巻三八〇）頁。

(13)伊藤前掲『太平洋戦争日記（一）』三五六頁。
(14)原前掲『巨大戦艦「大和」全航跡』四五一・四七三頁。
(15)四月八日一七時の大本営発表は第二艦隊の特攻について「我航空部隊並に水上部隊は四月五日夜来反復沖縄本島周辺の敵艦船並に機動部隊を攻撃せり〔中略〕我方の損害　沈没戦艦一隻、巡洋艦一隻、駆逐艦三隻　二、右攻撃に参加せる航空部隊並に水上部隊は孰《いず》れも特別攻撃隊にして右戦果以外その戦果の確認せられざるもの尠《すく》なからず」と、艦の個別名を挙げず国民に報じました（富永謙吾『大本営発表の真相史』自由国民社、一九七〇年、二一七頁）。
(16)軍事史学会編前掲『大本営陸軍部戦争指導班　機密戦争日誌　下』六九八・六九九頁。
(17)同六九六頁。
(18)宇垣纏『戦藻録』（原書房、一九六八年）四八八頁。
(19)防衛庁防衛研修所戦史室編『戦史叢書　大本営海軍部・連合艦隊〈七〉戦争最終期』（朝雲新聞社、一九七六年）二八三頁。
(20)海野十三『海野十三敗戦日記』（中公文庫、二〇〇五年〈初刊一九七一年〉六二頁。
(21)平間洋一編『戦艦大和』（講談社選書メチエ、二〇〇三年）第六章「大和をめぐる米海軍の情報活動」および中田整一『トレイシー　日本兵捕虜秘密尋問所』（講談社、二〇一〇年）一二三〜一三一頁。
(22)大佛次郎『終戦日記』（文春文庫、二〇〇七年〈初刊一九九五年〉）三一九・三二〇頁。
(23)神直道『沖縄かくて潰滅す』（原書房、一九六七年）九七頁。
(24)石塚正英『フェティシズムの信仰圏　神仏虐待のフォークローア』（世界書院、一九九三年）。
(25)防衛庁防衛研修所戦史室編『戦史叢書　大本営海軍部・連合艦隊〈七〉戦争最終期』二七五頁。
(26)宮城タマヨ「敵の本土上陸と婦人の覚悟」（『主婦之友』一九四五年七月号）九頁。
(27)憲兵司令部「十二月中ニ於ケル造言飛語　昭和二十年二月十二日」（南博編『近代庶民生活誌　四　流言』

三一書房、一九八五年）二一一頁。
(28) 防衛庁防衛研修所戦史室編前掲『戦史叢書　沖縄方面海軍作戦』六三一頁。
(29) 戦中のジャーナリズムが「一億（総）特攻」を国民に絶叫していたことについては、高崎隆治『「一億特攻」を煽った雑誌たち　文藝春秋・現代・婦人倶楽部・主婦之友』（第三文明社、一九八四年）に詳しい。
(30) 田中賢一編『遺書遺詠に偲ぶ特攻隊員の心情　英霊の御心を心として感謝の誠を捧げよう』（英霊にこたえる会中央本部、二〇〇〇年）一一〜一五頁。
(31) 小林秀雄・岡潔『人間の建設』（新潮文庫、二〇一〇年）一四〇頁。この小林と岡の対談は一九六五年一〇月『新潮』掲載。
(32) 山室建徳『軍神　近代日本が生んだ「英雄」たちの軌跡』（中公新書、二〇〇七年）三四〇・三四一頁。
(33) 東部憲兵隊「流言並悪質言動取締ニ関スル件　昭和二〇年〔三月？〕末」（『東京大空襲・戦災誌』編集委員会編『東京大空襲・戦災誌　第五巻』東京空襲を記録する会、一九七四年、三三四〜三四六頁）。
(34) 東部憲兵隊「流言蜚語流布状況ニ関スル件　昭和二〇年六月」（『東京大空襲・戦災誌』編集委員会編前掲『東京大空襲・戦災誌　第五巻』三五一〜三六三頁）。
(35) 徳川前掲『夢声戦争日記（六）　昭和二十年（上）』二九九頁。
(36) 内務省警保局保安課「沖縄島失陥に伴ふ民心の動向　昭和二〇年七月一〇日」（『東京大空襲・戦災誌』編集委員会編『東京大空襲・戦災誌　第五巻』三六五〜三六九頁）。
(37) 同。
(38) 同。
(39) 徳川前掲『夢声戦争日記（七）　昭和二十年（下）』（中公文庫、一九七七年）八一頁。
(40) 実松譲・高木惣吉編『海軍大将米内光政覚書』（光人社、一九七八年）一五三・一五四頁。

第二部
大和はなぜ敗戦後の日本で人気が出たのか——日本人の欲望の反映としての大和

第七講　占領期、大和はどうして日本人の心に生きることになったのか

アメリカ軍と日本人の神殺し

太平洋戦争の敗戦後、日本は一九五二年四月まで米軍を主体とする連合国軍に占領され、戦争放棄をうたった新憲法を制定し「陸海空軍その他の戦力はこれを保持しない」（第九条）ことになりました。かつての「一億総特攻」から一転、「一億総懺悔《ざんげ》」が唱えられました。戦争を生き残った日本海軍の艦艇は自力航行不可能なものも含めると戦艦四隻、空母一四隻など大小五〇〇隻を超えていましたが、すべて連合国側に引き渡され、賠償など特殊の用途に供されたもの以外の四六八隻、六七万七〇〇〇トンが日本側の手で解体破壊され、「海の非武装化は完全に実施」されました。解体で大量の資材が発生しましたが、解体業者が不当な経費を要求したり、政府が朝鮮戦争勃発にともなう屑鉄ブームが起こる前に安価で売却してしまったため「収支差し引き、ほぼ、とんとんという結果」に終わったといいます(1)。

敗戦時の広島県・呉軍港には戦艦伊勢・日向・榛名ほか総勢一五〇隻が残存しており、戦艦大和が建造されたドックでは「いうならば、軍艦達にとつて、揺籃の地が一夜にして刑場に変わつたのである(2)」

といわれるような解体作業が繰り広げられていました。それを見た者は「曾《かつ》て南海の空にぐつと鎌首をもたげて、颯爽と火を噴いたこともあつたであろうその砲身は、今、首筋をつまんで吊し上げられた猫の子のように、無造作に私の目の前にぶら下つてきた」(3)と記しました。日本人自らの手で、かつて〈人〉あるいは護国の〈神〉だった軍艦たちはみじめに処刑されていったのです。

約七年にわたる占領の間、日本人が過去の戦争について賛美したり、我々は正しかったなどというのは厳禁でした。アメリカは日本の軍国主義を否定し、自らの強大さを教え込むべく、ラジオ番組『真相箱』を放送しました。この番組は連合国最高司令部民間情報教育局編『真相箱　太平洋戦争の政治・外交・陸海空戦の真相』(コズモ出版社、一九四六年)として書籍化もされました。番組の構成は日本人同士が戦争の「真相」について種々の問答を行う、というものですが、そのなかに「敵機の殺到に巨艦大和遂に海底へ」と題する項目があります。「世界最大のわが戦艦大和の最後《ママ》についてお知らせ下さい」という問いに、「敵機の一団は、大和に殺到して八本の魚雷と八個の爆弾をたゝきつけました。かくて、さしもの巨艦大和も爆発を起し、油の一面に漂ふ海の中に姿を没したのです」「敵機に挑戦すべく出動したわが飛行機は一機もありませんでした」と答えています(一三〇・一三一頁)。

『真相箱』は続けて「我戦艦群は何処で沈んだか」「我が航空母艦群は何処で沈んだか」と題する項目を挙げ、各艦がいつ、どこで、どうやって沈んだかを列記しています。あたかもそれは日本人の信仰していた神が一人一人殺されていく過程を見せつけるかのようです。

同書は「日本敗戦の実相」と題する項で日本軍の敗因を分析してみせ、「戦局が不利となつたとき、時として明確な判断力を失ひ、大きな過誤を犯すやうなことがあ」ったことを挙げています。その「判断力」喪失の一例に「日本海軍の誇りである戦艦大和が沖縄へ向ふ途中、空しく艦上機によつて沈められたこと」（七〇頁）があげられています。つまり、「世界最大」の戦艦大和は、強大な米軍航空戦力の前に何の役にも立たず撃沈されたというのです。

今日、『真相箱』は米国が勝者の歴史を日本人に押しつけ「洗脳」しようとしたというので非常に評判が悪いものです。「洗脳」が成功していれば、大和も今日のような抜群の知名度を誇ることはなかったはずですが、実際はそうではありません。『真相箱』はしょせん一冊の本に過ぎず、それが日本人の思想を完全に改造できるはずなどあり得ませんし、日本軍のすべてを完全な悪と書いたわけでもありません。無謀な対米戦争を始めた責任のほとんどを日本の陸軍に求め、海軍に対しては「陸軍の圧倒的勢力の前に果たして、海軍の戦争を阻まんとする努力が功を奏したかは、はなはだ疑はしい」（四四頁）といささか評価が甘いのです。

なぜかくも甘かったのかについて、近年の研究[4]は占領軍総司令部内のＣＩ＆Ｅ（民間情報教育局）というプロパガンダ部門が実は海軍寄りで、太平洋戦争の戦史を作るにあたってマッカーサーの率いる陸軍の戦いを軽視し、海軍主体の戦いとして描いたことを指摘しています。日米戦争が両国海軍主体の戦いであった以上、双方とも全力を尽くして互角に戦い、最終的に米海軍が勝った、ゆえに米軍が最強であるというストーリーが必要だったのでしょう。

そう考えると、先ほど述べた『真相箱』における日本の戦艦や空母の沈没状況の羅列は、かつての強大だった日本海軍が対米戦争に全力を尽くした足跡としても読めます。こうしたアメリカ側の宣伝姿勢は、日本海軍が国民のあいだに「善玉」として記憶される余地をかろうじて残したといえます。では、その海軍で最強の戦艦だった大和は、いかにして戦後日本人の心の中に蘇ってゆくのでしょうか。

大和の記憶はなぜ人びとの口に上るようになったのか

占領期を通じて、戦争中の日本人の大多数が知らなかった大和の名前と〝真相〟は、新聞や出版物などにより、しだいに国民の知るところとなっていきました。

一九四九年一〇月に発行された、いわゆるカストリ雑誌の『探訪読物』（第三巻第一一号臨時増刊号）[5]は「謎の大戦艦「大和」の全貌」と題する原稿用紙八〇枚の記事を掲載しました（図1はその口絵）。執筆者の岡野十二とは、旧海軍の造船官・福井静夫の筆名でした[6]。岡野（福井）は大和を「軍国主義のシンボル」（口絵の写真解説）などと呼びつつも、記事の基調は大和賛美論です。では、大和のどのようなところが賛美に値するのでしょうか。

こゝに特に強調したいのは、単に最大といふばかりでなく、その構造や艤装や諸設備が、当時の日本の工業技術の粋を集めてゐたといふことである。全長二六三米、幅約三九米といふ山のように大きな船体内にはありとあらゆる文化施設が集まつてゐたのである。文化施設と云つたのは、その施設そのものが平和日本の再建に必ず利用できるに違ひないからだ。〔中略〕我々の持つてゐた全技術を堂々と世界の専門家に公開し、その批判を仰ぎ、その中から採るべき物を採つて貰い、以て何等か平和技術に貢献し得るならば、我々の本懐といふべきであらう[7]。

この記事のほとんどは大和の戦いの歴史ではなく、設計の経緯と技術上の特長について述べたもので

図１　「初めて世に出た戦艦「大和」の全貌」（『探訪読物』第３巻第11号臨時増刊号口絵）

す。特にすぐれた技術として、艦首のバルバス・バウ[8]や世界最大の一五メートル測距儀などが挙げられています。一方、その戦闘について述べるところは少なく、姉妹艦武蔵共々米軍の空襲で撃沈されたことを淡々と述べ、「終戦四年目の今日、不幸本艦と共に戦争の犠牲となつた数千の人々の霊に深い弔意を捧げると共に、太平洋がその名の如く永久に平和の海たらん事を切に祈る次第である[9]」と結んでいます。占領軍による検閲が行われていたため、大和は「平和」の象徴であるかのような描き方となっています。

　敗戦直後の一時期、「新生」日本の目標を「文化国家」建設に置くという主張がありました。これはその後の経済発展とともに短期間で消えます[10]が、「文化施設」とか「平和」といった福井の語り口は、こうした時代の〈正義〉を借りることで、自分の作品である〈本来兵器だったはずの〉大和の価値を高め、世に知らせたいという欲求に基づいていました。

しかし、こうした大和賛美論には異論、すなわち批判も存在しました。戦前より海軍雑誌と称して発行されていた『海と空』は、一九五六年一一月号（復刊第二号）を「日本戦艦号」と銘打ち、戦艦特集を組みました。その全体の趣旨は、日本は敗戦国になったが昔は一等国でよかったという、ある種の懐古趣味《ノスタルジー》にもとづき旧日本海軍の各戦艦の生涯を辿ることでしたが、大和に限っては賛美どころか次のように酷評されています。

さしもの巨戦艦も、竣工後僅に三年数ヶ月の寿命であつけなく海底の藻屑となつたが、その間特筆すべき戦功もなく一八吋の砲撃によつて一隻の敵艦も轟沈し得なかつたのはなんたる事だといいたい。如何に造船技術は我が国の最高水準を本艦によつて誇示した処で、就役後その指揮官の巧拙、乗員訓練の良否、搭載公器の精度等が重大な関係をもつて艦の運命を左右するものである。〔中略〕あまり誇大宣伝をして、後でだらしなく失つたより、暗から暗に葬つた方が世の物笑いにならなくてよかつたかも知れなかつた。(11)

要するに、兵器はあくまでもその「技術」ではなく「戦功」で評価されるべきであり、大和などは作っても無駄だったということです。記事の書き手は確かに帝国海軍という過去（＝戦前）の栄光を懐かしむのですが、同時に無残に敗れた戦争への反省・憎悪があり、そのため大和は賛美どころか厳しい批判の対象とされています。このように、戦後日本人にとって大和の記憶は戦後当初は決してポジティブなものではなかったし、大和批判論は占領中よりもむしろ独立回復後のほうが強かったといえます。

海軍は大和を史実通り機密扱いにしてよかった、公表などしていたらあとで「世の物笑い」になっただろうから(12)、というのは今からみると酷な言い方ですが、占領期には抑圧されていた日本人の敗戦やそれをもたらした軍への怨念がここで一挙に噴出したといえるかもしれません。大和とその乗組員は尊敬どころか八つ当たりの対象となっています。

では、戦後当初決して大和に寛大というわけでもなかった日本人は、その後なぜ大和を肯定的に見るようになっていくのでしょうか。このことが講義における当面の課題となります。

占領下、吉田満『戦艦大和ノ最期』はなぜ書かれたのか

『戦艦大和ノ最期』という戦後の小説があります。作者の吉田満は一九二三年生、東京帝大法学部卒、四三年に学徒出陣で海軍に入隊して大和に乗艦、沖縄特攻作戦に参加しかろうじて生還しました。戦後、日本銀行に勤務のかたわら一九七九年に五六歳で亡くなるまで、執筆活動も行っていました。彼は四五年秋から四六年にかけ特攻作戦の経過を「戦艦大和ノ最期」と題する小説にまとめました。文語体の端正な文体で自己の体験を描いたものです。当初は公表の意図はなかったようですが、周囲の人々のすめで公刊するに至ります。四九年六月、小説「戦艦大和」が雑誌『サロン』に掲載、八月に『軍艦大和』と題する単行本が銀座出版社より刊行されますが、これはGHQの検閲しやすい口語体という不本意なものでした。吉田の本来の意図に即した文語体の完全な形で『戦艦大和ノ最期』が創元社より刊行されたのは、占領終結後の一九五二年八月のことです。

『戦艦大和ノ最期』でとくに有名なのは、大和乗り組みの若い海士官たちが沖縄に特攻して死ぬ意味をめぐって始めた論争の場面です。同じ士官にも二種類あり、元大学生の予備士官が「死ぬ意味がわからない」と発言したのに対し、軍人としての教育を受けてきた海軍兵学校出の士官が「天皇のために死

ぬのがどうして納得できないのだ、その腐った性根をたたき直してやるといい、あわや一触即発となりました。この論争は「日本は敗れて目覚めるしかない、俺たちはその先導になるのだ」という実在の上官・臼淵《うすぶち》磐《いわお》大尉《だいい》（一九二三年生）の発言でみな納得して収まります。以下は吉田が「決定稿」と定めた一九七四年版における臼淵大尉の発言です。

> 天号作戦ノ成否如何　士官ノ間ニ激シキ論戦続ク／必敗論圧倒的ニ強シ／〔中略〕哨戒長臼淵大尉（一次室長、ケップガン）、薄暮ノ洋上ニ眼鏡ヲ向ケシママ低ク囁ク如ク言フ／「進歩ノナイ者ハ決シテ勝タナイ　負ケルコトガ最上ノ道ダ　日本は進歩トイフコトヲ軽ンジ過ギタ　私的ナ潔癖ヤ徳義ニコダハッテ、本当ノ進歩ヲ忘レテヰタ　敗レテ目覚メル、ソレ以外ニドウシテ日本ガ救ハレルカ、今日目覚メズシテイツ救ハレルカ、俺達ハソノ先導ニナルノダ　日本ノ新生ニサキガケテ散ル　マサニ本望ヂヤナイカ」[13]

『戦艦大和ノ最期』は今日まで読み継がれている名作ですが、事実関係をめぐるいくつかの批判があります。一つはいわゆる手首斬りの問題——沈没した大和の遭難者が救命艇に押し寄せたので、このままでは艇が転覆すると判断した指揮官が艇にすがりつく手首を軍刀で斬ったとされるもの——ですが、実は臼淵大尉の「敗レテ目覚メル」についても、彼がそんなことを言ったはずがないという、大和生還者の以下のような主張があります。

> 臼淵磐さんは二十一歳でした。みんな大和の上で「アメ公見ておれ」と向かっていこうとしていたときに、いくら冷静な男でも、敗戦を見通したような、「新生日本」など、そんなことをいうはずがありませ

ん。当時日本は、神としての天皇を頂点に戴く立憲君主国でした。その時代に「新生日本」とは、天皇制を否定する革命思想に他なりません。沖縄決戦に臨む前夜、「敗れて目覚める」。そんな兵学校出の士官が大和にいたんですかね。〔中略〕あれは、あくまでも吉田さんが戦後民主主義の価値観に頭の中を大転換させ、そこから大日本帝国を批判したもので、それを臼淵大尉がいったかのように表現したのでしょう。〔中略〕私は、あの本は叙事詩ではなく、叙情詩だと思います。叙情詩としては実に素晴らしい本です。しかし、やはり、ノンフィクションではありません。戦争文学です。[14]

私には、大尉が本当に「敗レテ目覚メル」と言ったかはわかりません。ただし戦時中の、なかでも正規将校としての教育を受けた人たちの価値観は天皇陛下の御為、そして本書第六講で述べた通り「一億総特攻」であり、兵学校出の臼淵大尉もまたこれに殉じて亡くなったのではないかとは思います。そもそも「敗戦」とか「降伏」という観念自体、当時二一歳の臼淵大尉にあったのかとさえ思います。彼と年齢の近い人びと、たとえば鮎川信夫（詩人、一九二〇年生）は「無条件降伏なんて観念は日本人にはなかったんです」「それまでの日本人は降伏なんてしたらすべておしまいだと思っていた」と、吉村昭（一九二七年生）は「戦争は悲壮で美的なものであり、それは必ず勝利によって終るはずのものであった」「日本人には、軍人・庶民を通じて敗戦ということは観念的にも存在しなかったといっていい[15]」とそれぞれ当時の心境を語っているからです。

『戦艦大和ノ最期』には前出の「決定稿」や一九四九、五二年版に先立つ「初出稿」がありました。占領下の四六年一二月、雑誌『創元』に公表を目指しつつも、GHQに発禁とされ日の目をみなかったものですが、そこでの臼淵大尉の発言は「進歩ノナイ者ハ決シテ勝タナイ、負ケルコトガ最上ノ道ダ、ソレ以外ニドウシテ日本ガ救ハレルカ、今日目覚メズシテイツ救ハレルカ、俺達ハソノ先導ダ[16]」という短いものです。「決定稿」における臼淵の発言には、吉田の作為が追加されていることになります。

しかし本当に重要なのは「敗レテ目覚メル」発言の真偽ではなく、なぜ吉田がそれを臼淵の発言として書いたかです。私は、「天皇」や「一億総特攻」といった戦前的価値観が敗戦とともに嘲笑の的になってしまったことがあるとみています。これでは戦死者たちの死の意義はなくなってしまうので、吉田はそのことにとうてい耐えられなかったのです。だから、臼淵大尉たちは、日本の「進歩」のために死んだとすることで、彼らの死に意味を与えようとしたのです。

死者に意味を与えるということは、生き残った者の生に意味を与えることでもあります。生き残ってしまい、死者への後ろめたさを抱える吉田は死者たちに「生きていてよい」と許してほしかったので、小説の中の臼淵大尉に、お前たちは「敗レテ目覚メ」「進歩」せよ、「俺タチハソノ先導ニナルノダ」と言わせたのではないでしょうか。

この死者への後ろめたさについてもう少し説明します。大和の生存者には、生き残ってしまったことへの罪悪感を抱え込みながら戦後を生きてきた人たちがいます。前出の八杉康夫は「みんなで死を覚悟して特攻攻撃に向かい、多くが本当に死んだのに、自分が生き残ってしまったことへの罪悪感は、どうしようもなく大きいものでした」「「自分だけが生き残った」という罪悪感は強く、生きててよかったと何十年も思えなかった。それよりも「なんで死に損なったんだ」という思いが強かったんです[17]」と語っています。

別の大和の生存者は、戦後に戦友の遺族宅を訪ねて最期の様子を伝えても、「「うちの息子は死んだのに、なんであんたは生き残ったの。よく一人で来られたもんだ」となじられ」てしまい、「あまりのつらさに、戦友の家を訪ねることは止めてしまった」[18]と証言しています。八杉も「「あなたは、よろしかったですねえ、生きて帰れて」と遺族に言われると、あまりに辛くて身の置き場もなかったです」[19]と書いています。

吉田満自身も「辛くして　我が生き得しは　彼等より　狡猾なりし　故にあらじか」という歌人・岡野弘彦の短歌をよく唱えていたとのことです。[20]その吉田の戦後について、吉田裕は「死者に対する「負い目」の感覚は、戦後における自己の「生」の意味づけとわかちがたく結びついている」[21]と指摘しています。吉田満にとっては「新生」日本の「進歩」こそが自分の「生」、そして戦友たちの「死」の「意味づけ」そのものだったのです。

ところで、臼淵大尉が批判した（とされている）古い日本の「私的ナ潔癖ヤ徳義」へのこだわりとはいったい何を指しているのでしょうか。吉田満自身は特に説明をすることなく、七三年に記した文章に「それ〔「私的ナ〜」〕が何をさすかははっきりしないが、無私を尊んで私を殺すことを潔しとしたり、上官に絶対服従であったりしたこと、その結果としての保守的精神主義の横行、創造の原動力を失なった現実を指すのであろう」という一読者（高校教諭）の解釈を引用したのみです。[22]著者の吉田本人が何も語っていない以上、たしかに「はっきりしない」ですね。私にも「無私」を尊ぶことがどうして「私的ナ徳義」になるのかわかりません。

ただ私は、「私的ナ潔癖ヤ徳義」には高校教諭のものとは別の解釈があると考えます。すなわち、吉田は「一億総特攻」――つまり先に死んだ者の後を生者が追わねばならないというのは「私的ナ徳義」に過ぎない、なぜなら新生日本という公の「本当ノ進歩」ためにはみな生きねばならないのであるから、古い「徳義」にこだわる「潔癖」さなどはもはや必要ないのだ、と密かに考えていたと思うのです。

吉田が「一億総特攻」を事実上なかったこと扱いにしたのは、このように、自己の生の意味付け――日本という「公」のための生――という切実な理由がありました。しかし、その後の『戦艦大和ノ最期』とその映像化は、吉田が作品に込めた本来の意図や葛藤から離れていきます。後から思えば狂気の沙汰の「一億総特攻」や無謀極まる作戦に邁進していたことを綺麗に忘れ去り、そのくせ戦争とその犠牲者を肯定的に評価することで精神的な慰撫を得たがる戦後日本人の嗜好にかない、読み継がれて現在に至っています。そのことは、いずれこの講義で述べる機会があるでしょう。

なお、大和から生還した元水兵・鶴見直市は、吉田の描いた若手士官たちの死の意味をめぐる論争について「我々の間ではそんな論争はなかった。何のために死ぬのかなんて、考える余裕がないですよ。毎日の訓練がきつかったし、死ぬのが当たり前だと思っていた」[23]と述べています。同じ大和乗組員でも、海軍士官と兵の意識や日常生活には隔絶した違いがあり、彼らがみな戦争中に自らの死の意味をめぐって煩悶していたのではなく、それが「当たり前」に過ぎなかったことも述べておかねばなりません。

「彼ラ終焉ノ胸中果シテ如何」

『戦艦大和ノ最期』には、もう一つの有名であり、かつ論議を呼んだ箇所があります。それは作品の末尾です。「決定稿」のそれは、次のようになっています。

徳之島ノ北西二百浬ノ洋上、「大和」轟沈シテ巨体四裂ス　水深四百三十米／今ナホ埋没スル三千ノ骸／彼ラ終焉ノ胸中果シテ如何[24]

この部分は、のちに批判を招くことになります。というのは、当初この箇所は、占領軍の検閲で発行禁止となった雑誌『創元』（一九四六年）版では「徳之島西方二〇浬《ママ》ノ洋上、「大和」轟沈シテ巨体四裂ス　水深四三〇米／乗員三千余名ヲ数ヘ、還レルモノ僅カニ二百数十名／至烈ノ闘魂、至高ノ練度、天下ニ恥ヂザル最期ナリ（終）[25]」となっていたからです。この初稿――『創元』版をアメリカで発掘した評論家の江藤淳《えとうじゅん》（一九三二年生）は、この「天下ニ恥ヂザル最期ナリ」から「彼ラ終焉ノ胸中果シテ如何」への書き換えを戦勝国アメリカに対する精神的屈服とみなし、著者吉田を激しく批判しました。

その後、江藤の議論に対しては別の論者から再反論がなされました。文芸評論家の加藤典洋《かとうのりひろ》（一九四八年生）は『戦艦大和ノ最期』を論じるなかで、吉田は決して「戦前」を否定してはいないのだと言います。「わたし達の戦後は、直接的には、この吉田の伝える臼淵の提言によって、はじめて、「戦争への没入の経験」がじつは否定されないでもよいこと、というより、否定されてはならないこと、そしてそれの上に、「戦後的価値」が築かれうること、というより築かれなくてはならないことを、教えられているのである。それはまた、大和の青年士官たちにとって、自分たちの死が無意味なまま、戦後の人間にとって意味あるものとなりうる道のあることを示す、ただ一つの論理であった[26]」と。

しかしこれでは、「大和の青年士官」たちの死は「無意味」なままとなってしまいます。そのことに彼らは納得するのでしょうか。彼らとしては「一億総特攻のさきがけ」となるために、あるいは天皇のために死んだまま時間が止まっているのであり、そこに「進歩」という戦後的な価値を持ち込むのは、結局のところ吉田や加藤ら生者（「戦後の人間」）が自分たちの安逸な生を正当化するため、死者を都合よく利用しているに過ぎないのではないでしょうか。本当は、彼らの魂はいまだ怒っていて、生き残った者たちが「後に続く」ことによってしか慰め得ないかもしれません。極論のようですが、加藤と私の意見のどちらが死者たちの意に適うかは、彼らがもはや口を開かない以上、わからないことです。

私は、「一億総特攻」が実現されなかったことに対する戦死者たちの怒りにこそ、吉田が「彼ラ終焉ノ胸中果シテ如何」と結んだ理由があると思います。吉田は内心では、伊藤長官や臼淵大尉ら戦死者が「総特攻」もせず降伏して生き残った自分たち日本人に怒っていて、決して許してくれないのでは、と懼れていたのではないでしょうか。戦後の吉田にとって、戦死した学徒兵たちの魂はずっとその辺を歩いている、近しい存在であったからです。

だから吉田は『戦艦大和ノ最期』の末尾を「彼ラ終焉ノ胸中果シテ如何」と結ぶことで、彼らの自分たちに対する感情はどうなのだろうか、ほんとうに許してくれるのだろうか、と自問自答せざるをえなかったのでは、と私は考えます。

この戦死者たちの「胸中」について、話が脇道へそれるのですが、若干付け加えたいことがあります。吉田とともに戦後を生きた昭和天皇は敗戦直後、戦争中を極秘に回顧したなかで大和の特攻作戦にふれ、「海軍は「レイテ」で艦隊の殆ど全部を失つたので、とつておきの大和をこの際出動させた、之も飛行機の連絡なしで出したものだから失敗した。陸軍が決戦を延ばしてゐるのに、海軍では捨て鉢の決戦に出動し、作戦不一致、全く馬鹿〳〵しい戦闘であつた(27)」と述べています。天皇のために死ぬと誓った海軍兵学校出の士官にとっては、聞きたくなかった言葉ではないでしょうか。ちなみに天皇は続いて「私は之が最后の決戦で、これに敗れたら、無条件降伏もまた已むを得ぬと思つた」と述べています。皮肉なことですが、かつて大いなる期待をかけた大和の喪失を含む沖縄戦の敗北が、昭和天皇に「降伏もやむなし」と決意させる一因となったのです。この回想は吉田没後の一九九〇年に公表されました。

天皇の側近だった木戸幸一元内大臣も、一九四九年に連合軍総司令部が行った戦史調査に応じて「六月一三日でしたか、鈴木総理に会つた時も、一体この戦争をどう見て居るか、続けられるのかと聞いたところが、八月に入つたら戦力はがた落ですと云ふことを云つて居る。そこで沖縄の戦局とかその次は何処に上陸されるとか云ふ軍事問題よりも、戦力そのものがなくなつて居ると云ふことが問題だつたんです」(28)と述べています。当時の国内政治状況では、大和をはじめとする「戦力」を使い切らない限り、降伏を言い出すことは誰にもできなかったのです。もし吉田や大和の戦死者たちが、自分たちはこのような〈政治〉の犠牲とされたことを知ったなら、その「胸中」はどのようなものとなるでしょうか。

吉田満と「一億総特攻」

吉田は「一億総特攻」という上官や戦友たちとの約束を守ることができず、生き残ってしまいました。戦後の彼は、大和の伊藤整一長官が「一億総特攻のさきがけ」になれと言われて出撃を承諾した事実を執筆活動の中でどのように受け止め、叙述していたのでしょうか。

戦後、旧海軍軍人たちがみな吉田のように「一億総特攻」の史実を忘れたり、無視したのではありません。後の一九八五年、三上作夫元連合艦隊参謀・中佐は、大和艦上の伊藤長官へ「心ならずも大和の「特攻作戦」を告げに行」き、「伊藤に、これは「死にに行け」という意味であることを、ずばりと伝え」た際の軍人としての心理状態を次のように回想しています。

一億総特攻が唱えられ、戦争に負ければ何もなくなるという〝オール・オア・ナッシング〟の状況だったわけです。戦後、日本人は朝鮮戦争やベトナム戦争によって、戦争の終結の仕方を知りますが、これはそういう体験があって初めてわかることです。それが、戦後日本人の学んだ処世観、地球観であるわけなんですが、それを大東亜戦争の段階で論じても仕方がない。当時は、戦争とは最後の一人までしゃにむに戦って死ぬもんだ、と考えられていたわけです。(29)

これを文字通りに解釈すれば、命令を伝えた三上参謀らも後に続き「最後の一人までしゃにむに戦って死ぬ」と誓ったからこそ、それまでなかなか納得しなかった伊藤長官も一転「実に爽やかな面持ちで」出撃を承諾したことになります。三上は、あの時「一億総特攻」などと言ってしまったのは「戦争の終結の仕方」を知らなかったからであり、よって止むを得なかった、と四〇年後になって悔悟の念を吐露し弁明しているのです。

しかし、吉田満は伊藤長官の心中について三上とは違う見方をしています。彼は、一九七七年に著した評伝『提督伊藤整一の生涯』中、特攻出撃決定時の伊藤の「意図」について、次のような「忖度」をしています。

長官の意図を忖度すれば、次のようなことになるであろうか。――この作戦は、初めからあまりにも難点が多すぎる。援護機なしの艦隊出撃は自殺行為だと主張し続けてきた連合艦隊司令部が、自分の手で臆面もなくその自殺行為を厳命してきている。それでもなお何か作戦目的を達成せよというのであれば、燃料の不足、突入進路の疑問、艦隊編成など、中央に抗議して修正すべき問題が多いが、「ただ立派に死んでこい」というのであれば、今さら出撃の目的、作戦の細目を論じる余地もない。(30)

草鹿らが「後に続く」かどうかはもはや関心の外、ただ死んでこいと言われたからそのように決意した、というような書きぶりです。吉田としては、伊藤長官や臼淵大尉らの死が三上の言うような「一億総特攻のさきがけ」としての死――他の者も当然「後に続く」ことになっていた――のでは困るのです。それはあくまでも日本が「敗レテ目覚メ」、生き残った者たちの手で「進歩」するための死でなくてはならないのです。そうでないと死者は無駄死にとなり、吉田たち戦後日本人は「総特攻」しなかった単なる卑怯者となってしまい、どちらも立つ瀬がなくなってしまうからです。

三上とともに伊藤の説得に行った草鹿龍之介・連合艦隊参謀長は戦後（一九五二年）に出版した回想録中、伊藤との会談について「伊藤長官はニコニコして聞いていた」と書いています。この回想では、伊藤が「ゆこうと思ってもダメだというときになったらどうすればよいか」、つまり作戦が失敗したら引き返してよいかと尋ねたのに対し、草鹿が「かくのごときことは自ら決することで、一つにこれは長官たるあなたの心にあることではないか」と応じたところ、「喜色満面、いささかの陰影も止めず《ママ》。「ありがとう、よく判った。安心してくれ、気もせいせいした」と、いって暫し雑談に時を消して名残りを惜んだ」(31)ことになっています。伊藤長官は最初から喜んで特攻命令を受け容れたように描かれており、三上参謀の回想する緊迫した会談状況とはかなり違います。

草鹿は無謀な命令を出したにもかかわらず生き残った後ろめたさゆえに、伊藤が自ら喜び納得して死地に旅立ったかのように史実を曲げたのだと私は思います。このような草鹿の〝史実改変〟について、吉田は「死地に追い立てられる第一線部隊と、中央の安全地帯にいる幕僚とのあいだの、埋め難い違和感」とのみ評しています。草鹿の回想が史実を大いに曲げていることぐらいは吉田も気づいていたはずですが、「一億総特攻」せず生き残った後ろめたさを抱えているのは吉田も同じですから、草鹿の作為に対しては態度を甘くせざるを得ないのです。

この大和出撃と「一億総特攻」の関係について、吉田より後に伊藤長官の心中を論じた人はいささか異なる見方をしています。中田整一は「伊藤はこの瞬間に「生死」を超越して大悟したのである」「沖縄戦を最後に全海軍が玉砕する、連合艦隊の花道を飾ると思えば心も定まった」(32)と想像しています。伊藤の「大悟」なるものは、中田が推測した通り、草鹿参謀長や三上参謀たち「全海軍」が「後に続」いて総特攻してくれると信じたればこそ得られたのではないでしょうか。その「大悟」を海軍も国民も裏切ったのです。

『戦艦大和ノ最期』の受け止められ方

その後、文学作品としての『戦艦大和ノ最期』がどのように日本社会へ受け入れられていったかを見ていきましょう。同作は文語版刊行の翌年・一九五三年には『戦艦大和』のタイトルで新東宝より映画化されました（監督・阿部豊）。この映画のラストシーンは、『戦艦大和ノ最期』という物語がなぜ日本人に受け入れられていったかを探るうえで大変興味深いものです。以下はそのプロットです。

「海ゆかば」をBGMに、大軍艦旗につかまりながらともに眠るがごとく沈みゆく兵士

↓

それをみる主人公・吉村少尉（舟橋元）の独白「死にたいのか、楽になりたいのか。これまで生きてきた、今ここで死んでいいと思うか。しっかりしろ、生きるんだ、生き抜くんだ」

図2 『戦艦大和』映画パンフ①

図3 『戦艦大和』映画パンフ②

字幕「徳之島西方／二十ママ浬の洋上　こゝに／〝戦艦大和〟轟沈／巨体四裂す／水深　四百三十米」

波穏やかな洋上をバックにナレーション「今は波も静かである。戦争に生き抜いた者こそ、真実次の戦争を欲しない。太平洋よ、その名のごとくとこしえに静かなれ」

　字幕中、吉田の原作にあった「彼等終焉ノ胸中果シテ如何」のみがカットされています。その理由は、この映画が死者の「胸中」を慮るためではなく、ひたすら自分たちは「生き抜くんだ」という戦後日本人の決意表明、言い聞かせのため作られたからに他なりません。映画のパンフレット（図2）もまた死者ではなく、生き抜こうとする海中の兵士たちを描いています。一番下の二本の腕は沈みゆく死者のそれとも解釈できますが、その顔、表情はあえて描かれません。死者たちは新生日本の「目覚メ」のための犠牲と祀り上げるに止めて不可視化し事実上「なかったこと」にする、そこから真の〈戦後日本〉がはじまったのです。『戦艦大和』は一部の映画館で英国エリザベス女王の戴冠式を記録した映画『女王戴冠』と同時上映されました。戴冠式には日英和解の意味を込めて明仁皇太子（現天皇）が出席しました。そのため別のパンフ（図3）も大和と女王と皇太子、そして生還した能村次郎《のむらじろう》元大和副長・大佐（藤田進）を並べたものになっています。戦死者の顔は描かない、つまり「なかったこと」にすることで、日本国民のみならず天皇制もまた生きのびようとしていたのです。

なお、他の大和乗組員にも、映画と同じように戦死者から「お前は生きろ」と言われた旨の記述があります。前出の元少年兵・八杉康夫は大和の沈没時に海へ飛び込んだ時、先に脱出していた上官の高射長からつかまるための丸太を流してもらい「お前は若いんだから、頑張って生きろ」と言われたのですが、高射長自身は救助を拒否して海中へと消えていきます。八杉は「ほんの少し前に「頑張って生きろ」と言ってくれた人が目の前で生きることを拒否したのです。このことが十七歳の少年にとってどんなに衝撃だったか、それだけはお分かりにならないと思います(33)」と述べています。彼にとって、自らの体験を語ることは、かつて自分に「生きろ」と言ってくれた死者から、さらなる赦しを得るための行為であるように思われてなりません。

『戦艦大和』は、一部の大和生還者が「戦艦大和の映画は結構だが、これが迎合した反戦映画になっては困る」といい、監督の了解のもとシナリオの改定を行ったといいます(34)。そういう一見旧軍的・戦前的価値観に基づく改定を経たにもかかわらず、完成した映画は戦時中の価値観とは正反対、つまり死ぬことではなく生きることを讃え、かつ誓うものでありました。それは、こののち多数作られていく大和物語がいずれも戦前との完全な断絶の上に成立し、ひたすら「生き抜く」ことの尊さのみを訴えるものになっていくことを予告しています。

では、戦時中の価値観が全否定される中で、吉田満以外の大和生還者たちは戦死者たちの死の意義（とその裏返しとしての自己の生の意義）についてどう考え、戦後社会に向かって語ったのでしょうか。能村次郎・元副長は「今ここで、この無謀とも見える作戦によつて、強い意志を示すことはすぐ効果がないにしても何代かの後必ずその収穫があり決して無意義のことではないと考えた[35]」と、沖縄出撃時の伊藤長官の内心を忖度してみせることで、彼らの死の「意義」を説明しようとしています。彼もまた吉田と同じく、沖縄出撃は次「代」のための死であった、と主張することで、かつて彼らの世「代」が次「代」の存続を全否定する「一億総特攻」に邁進した事実は「なかったこと」にされています。

また、別の海軍軍人は映画に関連して行われた旧海軍軍人の座談会で、「現在、呉で世界の油槽船をそれも十万トンもの大船を造れるというのも、かつて大和を造つたあとの遺産だろうと思いますね[36]」と述べています。こういう造船技術の面から大和の歴史的意義を説明する思考法は今後も出てきますが、それはモノとしての戦艦大和の意義ではあっても、乗組員たちの死のそれとはおよそ無関係です。

実は実現した？「一億総特攻」

なぜ戦後日本では「一億総特攻」を「なかったこと」にしたいという心理が働いたのでしょう。第一の理由は、今まで述べてきた死者への後ろめたさでしょうが、前出の大和特集を組んだ雑誌『旬刊タイムス』の第一号（一九五六年四月）の別特集「血の神風特攻隊」は、今一つの理由を考える手がかりとなります。この特集は男たちの特攻戦記のあとに、「終戦秘話　神風特攻　娘子軍秘聞」（宮崎広造執筆）と題する戦争回顧の記事を載せています。敗戦直後、日本政府が占領軍に売春するため作った「特殊慰安協会」とそこに集められた「進駐軍用慰安婦」の話です。著者宮崎は彼女たちが米兵相手に売春した理由を、

「君らこそ畏くも皇族の姫宮方をはじめ、日本全国の良家の女性たちの操を守る防波堤であり、軍艦も飛行機も失つた日本が最後にくり出した栄誉ある特攻隊である」という政府と業者のまことしやかな宣伝を信じ切り、〔中略〕神風特攻隊が身を以て敵艦を爆撃した壮挙には比すべくもないが、女性には女性としてつきつめた考えのもとに、彼女等の貞操を、特攻隊の悲壮な決意を真似ながら、アメリカ兵の一人々々にぶつつけて行つたわけであつた。

と説明します。しかし彼女たちの多くは性病に罹って「弊履同様に捨てられてしま」い、代わりに街に現れた「パンパン」（娼婦の別称）たちには「「特攻隊」意識は露ほどもな」く、「泥沼のような深い堕落への淵が大きな口を開けて待つていただけ」でした。

今や完全に忘れ去られたことですが、大和など「軍艦」を失った日本の男たちは、「姫宮方」を守る最後の手段（！）として女たちにも「特攻」をさせていたというのです。つまり敗戦直後の日本では「一億総特攻」に近い状態が（皇族や「良家の子女」を除いて）実現していたことになるのですが、それにも敗れ、国全体が最終的にかつての敵兵に靡《なび》くという「深い堕落」へと陥ってしまいました。[37] 男たちにとって「一億総特攻」は自分だけの愚かな空想だったから忘れたいのではなく、女たちをなかば騙《だま》すかたちで実行してしまった嫌な事実だからこそ忘れたいのです。敵に女を奪われた男たちがその屈辱感

を忘れて生きるには「一億総特攻」の記憶を封印し、男たちだけが大和や飛行機に乗って勇敢に特攻したことにする物語を作り続けるしかありません。敗戦から一〇年以上も経って書かれたこの記事は、彼らが「特攻」や「敗戦」について抱えこんだ心の傷《トラウマ》がごく稀に、不意に社会の表面に浮上した痕跡といえます。戦後における大和物語の量産は、そのトラウマ解消の一手段であったかもしれません。

〈神〉として再生した戦艦三笠

吉田の著作などで戦艦大和が日本人の心の中へしだいに浸透していったのに前後して、かつて「霊艦」と称する記念艦として国民の崇敬を集めた日露戦争時の戦艦三笠もまた〝復活〟を遂げました。

三笠は敗戦後、ダンスホールなど娯楽施設に改造されて無残な姿と化しましたが、占領終結直後の一九五八年、有志の手で三笠保存会が再設立されて復元・保存運動がはじまりました。運動の主旨は「端的に云って敗戦によって失われかけている民族の誇りと、自信を、この運動を通じて発揚しようとするものにほかなりません(38)」と説明されていました。

戦艦大和が戦後の人々に向かって「お前は(かつての歴史を忘れ)生きてよい」といってくれる存在だったとするならば、三笠は「お前は(かつての歴史を取り戻し)誇ってよい」といってくれたことになります。両者は一見矛盾するようですが、私は、戦後日本人はそれらを心の中で時勢に応じ都合よく使い分けることで、はじめて敗北後の長い生を生きられたのだと思います。前者により戦死者に対する良心の呵責から、後者により敗戦への屈辱感からそれぞれ逃れることができるのです。

興味深いことに、この運動の過程で三笠は再び擬人化され、身の上話をします。穴吹良博『三笠艦ものがたり』（刀江書院、一九五八年）の主人公・三笠は英国での誕生から今日までの生涯を回顧し「日本人だって、きっと誰もかれもがすっかりぼくを忘れてしまったのではないだろう。いまにきっと誰かが思いだしてくれる」（一七三頁）とポツリというので泣けます。戦前に護国の神であった三笠が戦後の廃墟から復活し、日本人よ、今こそ「民族の誇り」を取り戻そうとその口で宣言したのですね。復元工事はこのような思いに支えられて六一年に完了し、今でも横須賀で〝拝観〟することができます。

（1）小峰保榮（会計検査院会計第三局長）『国の決算と不当経理』（全国会計職員協会、一九六二年）第二編第二「旧陸海軍の財産と兵器軍艦はどうなったか」。
（2）深安地平「軍艦解体」（『週刊朝日』第五五巻第一・二号、一九五〇年一月一日）五〇頁。
（3）同。
（4）田中宏巳『消されたマッカーサーの戦い　日本人に刷り込まれた〈太平洋戦争史〉』（吉川弘文館、二〇一四年）。
（5）戦後大量に創刊された、興味本位の暴露的記事を載せた雑誌の総称。カストリとは度数の強い安酒で、「三号（＝三合）でつぶれる」というシャレでこの名が付きました。
（6）阿部安雄・戸高一成編『福井静夫著作集　軍艦七十五年回想記　第二巻　日本戦艦物語Ⅱ』（光人社、二〇〇八年）三八九頁。
（7）岡野前掲「謎の大戦艦「大和」の全貌」一六頁。
（8）艦首の水線下部を前方へ丸く突き出す形状にすることで水の抵抗を軽減し、速度を向上させるもの。
（9）岡野前掲「謎の大戦艦「大和」の全貌」二八頁。
（10）池田正好『文化国家の再生　忘却された理念の復権を求めて』（自治体研究社、二〇一〇年）。

(11) 深谷甫「過去の遺物　日本戦艦を語る」七六頁。
(12) これより一〇年ほど後のことですが、吉田俊雄・元海軍中佐は『軍艦十二隻の悲劇　日本海軍の栄光と運命』（オリオン出版社、一九六六年）で、戦艦大和・武蔵は「軍機」（軍機密）扱いにせず公表して「攻めていくと返り討ちにされる」とアメリカに思わせた方がよかったのではないか、という趣旨のことを述べています（二九五・二九六頁）。
(13) 吉田満『戦艦大和ノ最期』（北洋社、一九七四年）四三頁。この北洋社版を吉田は自ら「決定稿」と称しました。
(14) 八杉康夫（一五歳で海軍入隊、上等水兵として大和に乗艦、天一号作戦に参加）『戦艦大和　最後の乗組員の証言』（ワック、二〇〇五年）一七〇～一七四頁。
(15) それぞれ鮎川信夫・吉本隆明『対談　文学の戦後』（講談社文芸文庫、二〇〇九年〈初刊一九七九年〉）四一・四二頁、吉村前掲『戦艦武蔵ノート』二〇五頁。
(16) 吉田「『戦艦大和ノ最期』初出テクスト」（『吉田満著作集（上巻）』文藝春秋、一九八六年）六六九頁。
(17) 八杉前掲『戦艦大和　最後の乗組員の証言』一〇一、一八一頁。
(18) 上等水兵鶴見直市の証言、栗原俊雄『戦艦大和　生還者たちの証言から』（岩波新書、二〇〇七年）一一八頁。
(19) 八杉前掲『戦艦大和　最後の乗組員の証言』一三四頁。
(20) 栗原前掲『戦艦大和　生還者たちの証言から』一一九頁。
(21) 吉田裕『現代歴史学と戦争責任』（青木書店、一九九七年）四六頁。
(22) 吉田満「臼淵大尉の場合　進歩への願い」（『吉田満著作集（上巻）』、初出一九七三年）二〇七頁。同文は臼淵の遺族にも取材して書かれた評伝ですが、臼淵が生前「進歩への願い」を持つに至った具体的な契機や兆候を文中から読み取ることは私にはできませんでした。

(23) 栗原前掲『戦艦大和　生還者たちの証言から』一一七頁。
(24) 吉田前掲『戦艦大和ノ最期』一六五頁。
(25)『吉田満著作集（上巻）』六九六頁。
(26) 加藤典洋『戦後的思考』（講談社、一九九九年）一七八頁。
(27)『昭和天皇独白録』（文藝春秋、一九九一年）一一四頁。同書は一九四六年三〜四月、戦争責任者裁判の開始に先だって天皇の「戦争責任」がないことを立証するため作られた聞き書きで、勝者たる連合国に対する天皇の「弁明の書」と指摘されています。
(28)『木戸幸一日記　東京裁判期』（東京大学出版会、一九八〇年）四二七頁。
(29) 門田隆将『太平洋戦争　最後の証言　第三部　大和沈没編』（小学館、二〇一二年）二九頁。
(30) 吉田満『提督伊藤整一の生涯』（『吉田満著作集（上巻）』初出一九七七年一一月）五六一頁。
(31) 草鹿龍之介『連合艦隊　草鹿元参謀長の回想』（毎日新聞社、一九五二年）二五七・二五八頁。
(32) 中田整一『四月七日の桜　戦艦「大和」と伊藤整一の最期』（講談社、二〇一三年）一九三・一九四頁。
(32) 八杉前掲『戦艦大和　最後の乗組員の遺言』九四頁。
(34)「座談会　戦艦大和と共に」（『旬刊タイムス』第一〇号（特集・大和かく戦えり！）一九五六年）三三頁。
(35) 能村次郎「不沈戦艦大和ノ生涯」（同）二二頁。
(36) 前掲「座談会　戦艦大和と共に」三三頁における黛治夫元海軍大佐（初代大和副長）の発言。
(37) 占領後の日米関係を男女の性的関係になぞらえる議論は、袖井林二郎『占領した者された者　日米関係の原点を考える』（サイマル出版会、一九八六年）などを参照。袖井は日本人は「占領と「寝た」」という端的な表現（同書九一頁）をしています。
(38)『日本民族の足跡　記念館三笠展』図録（一九五七年一一月三〜八日、会場東京・日本橋三越）に掲載された主催・産経新聞社の「趣旨」説明。

人文書院
刊行案内

2025.10　渋紙色

食権力の現代史
――ナチス「飢餓計画」とその水脈

藤原辰史著

なぜ、権力は飢えさせるのか？

史上最大の殺人計画「飢餓計画（フンガープラン）」ソ連の住民3000万人の餓死を目標としたこのナチスの計画は、どこから来てどこへ向かったのか。飢餓を終えられない現代社会の根源を探る画期的歴史論考。

購入はこちら

四六判並製322頁　定価2970円

リプロダクティブ・ジャスティス
――交差性から読み解く性と生殖・再生産の歴史

ロレッタ・ロス／リッキー・ソリンジャー著
申琪榮／高橋麻美 監訳

不正義が交差する現代社会にあらがう

生殖と家族形成を取り巻く構造的抑圧から生まれたこの社会運動は、いかにして不平等を可視化し是正することができるのか。待望の解説書。

購入はこちら

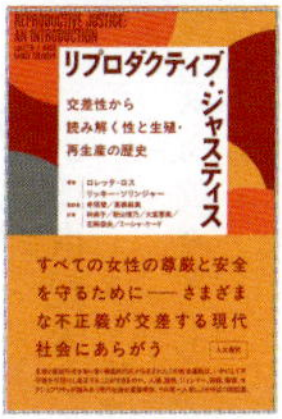

四六判並製324頁　定価3960円

人文書院ホームページで直接ご注文が可能です。スマートフォンで各QRコードを読み込んでください。注文方法は右記QRコードでご確認ください。決済可能方法：クレジットカード／PayPay／楽天ペイ／代金引換

〒612-8447 京都市伏見区竹田西内畑町 9　TEL 075-603-1344
http://www.jimbunshoin.co.jp/　【X】@jimbunshoin

（価格は 10％税込）

新　刊

マルクス哲学入門

――動乱の時代の批判的社会哲学

ミヒャエル・クヴァンテ著
桐原隆弘／後藤弘志／硲智樹訳

重鎮による本格的入門書

マルクスの思想を「善き生」への一貫した哲学的倫理構想として読む。複雑なマルクス主義論争をくぐり抜け、社会への批判性と革命性を保持しつつマルクスの著作の深部に到達する画期的読解。

購入はこちら

四六判並製240頁　定価3080円

顔を失った兵士たち

――第一次世界大戦中のある形成外科医の闘い

リンジー・フィッツハリス著
西川美樹訳　北村陽子解説

戦闘で顔が壊れた兵士たち

手足を失った兵士は英雄となったが、顔を失った兵士は、醜い外見に寛容でなかった社会にとって怪物となった。塹壕の殺戮からの長くつらい回復過程と形成外科の創生期に奮闘した医師の実話。

購入はこちら

四六判並製324頁　定価4180円

お土産の文化人類学

――地域性と真正性をめぐって

鈴木美香子著

身近な謎に丹念な調査で挑む

「東京ばな奈」は、なぜ東京土産の定番になれたのか？　そして、なぜ菓子土産は日本中にあふれかえるようになったのか？　調査点数1073点、身近な謎に丹念な調査で挑む画期的研究。

購入はこちら

四六判並製200頁　定価2640円

人文書院
刊行案内

2025.7　紅緋色

映画が恋したフロイト

岡田温司著

精神分析と映画の屈折した運命

精神分析とほぼ同時に産声をあげた映画は、精神分析の影響を常に受けていた。ドッペルゲンガー、パラノイア、シェルショック……。映画のなかに登場する精神分析的なモチーフやテーマに注目し、それらが分かち合ってきたパラレルな運命に照準をあわせその多彩な局面を考察する。

購入はこちら

四六判上製246頁　定価2860円

ネオリベラル・フェミニズムの誕生

キャサリン・ロッテンバーグ著
河野真太郎訳

女性たちの選択肢と隘路

すべてが女性の肩にのしかかる「自己責任化」を促す、新自由主義的なフェミニズムの出現とは？果たしてそれはフェミニズムと呼べるのか？アメリカ・フェミニズムのいまを映し出す待望の邦訳。

購入はこちら

四六判並製270頁　定価3080円

人文書院ホームページで直接ご注文が可能です。スマートフォンで各QRコードを読み込んでください。注文方法は右記QRコードでご確認ください。決済可能方法：クレジットカード／PayPay／楽天ペイ／代金引換

〒612-8447 京都市伏見区竹田西内畑町9　TEL 075-603-1344
http://www.jimbunshoin.co.jp/　【X】@jimbunshoin（価格は10%税込）

新刊

人文学のための計量分析入門
――歴史を数量化する

クレール・ルメルシエ／クレール・ザルク著
長野壮一訳

数量的研究の威力と限界

数量的なアプローチは、テキストの精読に依拠する伝統的な研究方法にいかなる価値を付加することができるのか。歴史的資料を扱う全ての人に向けた恰好の書。

購入はこちら

Now Printing

四六判並製276頁　定価3300円

普通の組織
――ホロコーストの社会学

シュテファン・キュール著　田野大輔訳

「悪の凡庸さ」を超えて

ナチ体制下で普通の人びとがユダヤ人の大量虐殺に進んで参加したのはなぜか。殺戮部隊を駆り立てた様々な要因――イデオロギー、強制力、仲間意識、物欲、残虐性――の働きを組織社会学の視点から解明した、ホロコースト研究の金字塔。

購入はこちら

四六判上製440頁　定価6600円

公共内芸術
――民主主義の基盤としてのアート

ランバート・ザイダーヴァアート著
篠木涼訳

国家は芸術になぜ
お金を出すべきなのか

国家による芸術への助成について理論的な正当化を試みるとともに、芸術が民主主義と市民社会に対して果たす重要な貢献を丹念に論じる。壮大で精密な考察に基づく提起の書。

購入はこちら

四六判並製476頁　定価5940円

新刊

英雄の旅
―ジョーゼフ・キャンベルの世界

ジョーゼフ・キャンベル著
斎藤伸治／斎藤珠代訳

偉大なる思想の集大成

神話という時を超えたつながりによって、人類共通の心理的根源に迫ったキャンベル。ジョージ・ルーカスをはじめ数多の映画製作者・作家・作品に計り知れない影響を与えた大いなる旅路の終着点。

購入はこちら

四六判上製396頁　定価4950円

共産党の戦後八〇年
―「大衆的前衛党」の矛盾を問う

富田武著

党史はどう書き換えられたのか？

スターリニズム研究の第一人者である著者が、日本共産党の「公式党史」はどう書き換えられたのかを検討し詳細に分析。革命観と組織観の変遷や綱領論争から、戦後共産党の理論と運動の軌跡を辿る。

購入はこちら

四六判上製300頁　定価4950円

性理論のための三論文（一九〇五年版）

フロイト著　光末紀子訳　石﨑美侑解題
松本卓也解説

初版に基づく日本語訳

本書は20世紀のセクシュアリティをめぐる議論に決定的な影響を与えたが、その後の度重なる加筆により、性器を中心に欲動が統合され、当初のラディカルさは影をひそめる。本翻訳はその初版に基づく、はじめての試みである。

購入はこちら

四六判上製300頁　定価3850円

第八講　一九六〇年代、なぜ子どもたちは大和に熱狂し、飽きてしまったのか

一九六〇年代における日本人の大和の描き方　その一
――怒れる戦死者

戦後の戦艦大和物語の主たる受け手は何と言っても、子ども、特に男の子たちでした。大和は男の子文化の中で映画や本、雑誌、プラモデルなどとして消費されていきます。彼らは、なぜ大和を消費の対象として好んだのでしょうか。

唐突ですがちょっとゴジラの話をさせて下さい。私たちのよく知っている『ゴジラ』の第一作は一九五四年、すなわち敗戦から九年後の公開でした。そのゴジラには「太平洋で死んだ兵士たちの魂」という説があります。川本三郎は、「〝海へ消えていった〟ゴジラは、戦没兵士たちの象徴ではないか。ゆっくりと海へ沈んでゆくゴジラは、沈んでゆく戦艦大和の姿さえ思い出させないか(1)」と言います。

赤坂憲雄も「ゴジラは、なぜ皇居を踏めないか？」と題する論考の中で、「『ゴジラ』の基層には、おそらく無意識の構図として、戦争末期に南の海に散っていった若き兵士たちの、ゆき場もなく彷徨する数も知れぬ霊魂の群れと、かつてかれらを南の海に送りだし、いま死せる者らの魂鎮めの霊力すら失っ

てただの人間にかえった、この国の最高祭祀者とが、声もなく、遠く対峙しあう光景が沈められているはずだ[2]」と述べています。ゴジラは一億総特攻しなかった天皇や同胞に怒って日本、その繁栄の象徴たる銀座を襲い破壊の限りを尽くしたというのです。なお、ゴジラには原水爆の恐怖という解釈もあることは承知しています。優れた作品の条件の一つは、多様な解釈を相互の矛盾なく許すことです。

川本が「ゆっくりと海へ沈んでゆくゴジラ」と書いたのは、先の戦争で片眼を失った芹沢博士という科学者の発明したオキシジェン・デストロイヤーなる超兵器によって、溶けて骨となり海へ還っていくことを指します。芹沢は超兵器の秘密を守るため、みずから海中へ身を投じてゴジラと運命を共にします。川本は「ゴジラは、死者を代表して芹沢博士を死者の国へと迎えに来た戦死者の霊かもしれない[3]」というのですが、問題はなぜ戦死者たちがわざわざ芹沢を「迎えに来た」のか、ということです。ゴジラ＝戦死者の霊は、芹沢が戦後日本人を代表して「一億総特攻」の後に続いてくれたからこそ、ようやく納得して「死者の国」へと戻っていったのかもしれません。

『ゴジラ』劇中には、戦争未亡人——戦争で夫を失った女性を当時そう呼びました——とおぼしき女性が子どもたちに「もうすぐ、お父ちゃまのところへ行くのよ」と恐怖に震えながら話しかける有名な場面がありますが、これは死んだ夫が生き延びた妻子に「一億総特攻」の完遂を強要しに来たとも解釈できます。もとより〝正解〟のある話ではありません。

同じように戦艦大和も怪獣と化し、六〇年代の男の子向け空想特撮番組に登場しました。これは、ゴジラ＝戦艦大和（とその戦死者）という川本の指摘に倣うならば、戦死者の象徴たる大和に対する日本人の怖れを表しています。

皆さんご存知の特撮テレビ番組『ウルトラセブン』（円谷プロ、一九六七〜六八年放映）の「セブン」

は、アメリカ海軍第七艦隊の七に由来するという説があります。呉智英はウルトラセブンを日米安全保障条約体制における第七艦隊とみなしています。切通理作もウルトラマンのデザインと当時の米軍最新鋭ジェット機がともに銀色の流線型で丸みを帯びていたことを挙げ、「実際、多くの人は、ウルトラマンとアメリカと結び付けて考える」と述べます。(4)

ウルトラの戦士たちと科学特捜隊やウルトラ警備隊など日本人の防衛組織はそれぞれ米軍、日本人を表象しており、したがって日本人もごくまれに、特に最終回で怪獣を倒すことでその自尊心が保たれる仕組みになっています。しかしウルトラ警備隊の上部組織・地球防衛軍極東支部にはお目付役としてワシントンから派遣されてきたアメリカ人の参謀がついています。戦後日本の〝国防〟は物語世界のなかでさえアメリカ頼りなのですね。

『ウルトラマン』の後続番組『ウルトラセブン』の第二一話（六八年二月二五日放映）にアイアンロックスという名のロボットが登場します。宇宙人が大和の残骸を改造して日本に向かわせ、自爆させるというあらすじですが、これは実は大和の死者の魂たちが宇宙人と結託し、(5)かつての祖国と同胞に「特攻」することで復讐を挑んでいるのかもしれません。そう考えれば、なぜ大和が日本を襲うのかが理解可能となります。この場合、かつての日本の守護神を新たな神たるセブン＝在日米軍が迎え撃って撃退することで、日本の平和は守られるという図式がなり立ちます。

後に描かれた漫画版『ウルトラセブン』（桑田次郎作、一九七三年）(6)にもアイアンロックスは登場し、日本を襲います。漫画版のセブンはテレビ版とは異なり、体を小さくしてアイアンロックスの体内にもぐり込み、内側で巨大化することで二度と日本を襲えないよう粉砕します。

ウルトラ警備隊の日本人たちはそのことを何とも思いません。彼／彼女らはかつて国に殉じた戦死

図1　怪獣ヤマトン（『ウルトラマン』472頁）

者たちのことも日本人としての気概も捨て去り、新たな神たるアメリカに何もかも委ねきっているのですから、これはもう自虐的とすらいってよい物語です。

漫画版の『ウルトラマン』（一峰大二《かずみねだいじ》作、一九六七年）[7]にヤマトンという名の怪獣が登場し、日本を襲います。テレビ版には登場しなかった怪獣ですが、オーソドックスな爬虫類型怪獣の背中に戦艦大和がくっついているという、成田亨《なりたとおる》（一九二九年生）の不思議なデザインです（図1）。ヤマトンもゴジラと同じく、怒れる大和の戦死者の魂が具現化したと解釈できます。成田自身が正式にそう設定したわけではありませんが[8]、このように解釈すればなぜ戦後日本を戦艦大和が繰り返し襲い、破壊を試みるのか、辻褄《つじつま》が合います。

きわめて興味深いことに、漫画版のヤマトンはウルトラマンを口から丸呑みしてしまうのですが、ウルトラマンはその体内でスペシウム光線を放ち、これまた粉砕します。日本の新たな守護神が敵（かつての戦死者の魂）を内部から文字通り打ち砕いてしまうところに、戦死者のことを絶対になかったことにしたいという、戦後日本人の隠れた、強い感情がにじんでいるように思います[9]。今さら戦死者たちに戻ってこられても困るのです。彼らや「一億総特攻」の記憶をなかったことにして生き延びるところから〈戦後日本〉は始まるのですから。

興味深いことに、一峰の描くウルトラマンには実写版と違って表情があり、ヤマトンを粉砕すると勝ち誇るかのようにニヤリと笑います。日本の男の子、女の子たちはそんな彼に笑顔で「わーい　ウルトラマンがかったーい　ばんざーい」「よかった　よかったわ……」と賞賛の言葉を送ります。

これは、戦死者たちを切り捨てて勝者のアメリカに屈することで豊かになった生き残り日本人の怖れや後ろめたさが、無意識のうちに異形の怪獣として表出しているのです。戦後日本人は怪獣を殺す（＝戦死者の存在をなかったことにする）ことで安逸な生活を守らねばなりませんが、それすらも自分の手は汚そうとせず他人（ウルトラマン＝米軍）に委ねているのです。これもまた、見ようによっては凄い自虐といえます。

アイアンロックスも成田亨のデザインですが、彼はこのロボットが嫌いだったようで、画集に収録していません。他に嫌っていたのは恐竜戦車（戦車の車体に恐竜が載っている）とスペル星人（全身を放射能に侵されケロイドをつけた「ひばく星人」）でした。[10]三体とも現実の戦争にかかわる怪獣・宇宙人です。

成田は『ウルトラセブン』放映中に円谷プロを退社して番組も降板するのですが、そのきっかけとなったのが「戦艦大和を怪獣にしてくれ」という「企画者」からの注文でした。彼はのちに「そんなもの怪獣になるわけがない。あまりにもマンガ的発想です。私は特撮はマンガとは違うと思っていましたが、〔中略〕今度は恐竜戦車だというのです。〔中略〕さらに困ったのは〔宇宙人の〕全身にケロイドをつけてくれと言う監督が現われ、私が築いた美学は否定されようとしてい[11]」た、とその憤りを語っています。

彼のいう「美学」とは「ウルトラ怪獣は「化けもの」にしないということ」でした。なぜ怪獣が「化けもの」であってはならないのかというと、「化けものというのは、死んだものの変形です。つまり人間の「死」というものに対する恐怖が形になったものだから、これは健康に育つ子供たちのために、決していいものではない[12]」からでした。

以上の成田の発言を踏まえ、深読みを承知でいいますと、彼がアイアンロックスを嫌った一番の理由はデザインの自由度が低く芸術性、作家性を発揮できない――恐竜戦車も同じ――ことでしょうが、「人間の「死」というものに対する恐怖」や怨念に充ちた戦争を、単なる「マンガ」として子どもの世界へ持ち込んでしまうことに我慢がならなかったからではないでしょうか。[13]成田本人は子どもの時から軍艦の絵を描くなど、軍艦好きだったようですが。

成田もまた、本物の戦争を体験した人で、住んでいた神戸の街を空襲で焼かれて死体を目撃し「虚無の絶頂」という感情にかられました。「とにかく、戦争は嫌でしたね[14]」と語っています。成田がアイアンロックスを嫌ったのは、その前身（?）たる戦艦大和と同じく、かつて目撃した現実の「戦争」や大勢の人の「死」の記憶を背負っていたからなのかもしれません。

六〇年代の大和の描き方　その二――日本人の自尊心のよすが

一九六〇～七〇年代の大和をめぐる物語には、戦死者や「一億総特攻」の記憶を消し去り、なかったことにしようとする、積極的な作為が加えられていきます。

六〇年代の日本では大日本帝国の栄光を懐古する戦記マンガが流行りました。『ゲゲゲの鬼太郎』で有名な水木しげるは一九六〇年代、少年戦記の会なる団体を名乗って貸本戦記マンガを書いていました。彼はその巻頭に次のような文章を載せたといいます。

この少年戦記は主として太平洋戦争の戦記を紹介するものです。これによって諸君は戦争がどんなものかを知られるでしょう。日本人は戦争にまけてから自分達の住んでいる『日本』をわすれかけています。日本は強く、そして良く闘ったのです。戦争は二度とすべきではないと誰もが考えています。そういう平和な戦争は一体誰が作るのです。アメリカでもソ連でもありません。我々日本人が作るのです。もう少し『日本人』というものに自信をもちましょう。　少年戦記の会(15)

水木の漫画は、最初は日本が勝つのでよかったのですが、ミッドウェー海戦以降負け戦が込んでくると売れなくなり、そのため描くものが大和や零戦に限られていったそうです。みんな日本が勝つマンガを読んで「自信」を取り戻したかったのであり、大和はそういう物語における、今で言うところのキラーコンテンツとなったのです。

子ども向け貸本マンガの一例として、ヒモトタロウ『戦艦大和』（文華書房、一九六二年(16)）における大和沖縄特攻の描かれ方をみてみましょう。このマンガでは航空特攻六九九機の囮《おとり》という出撃の理由（六四頁）が読者に示され、「将兵はかえって国のために最後の戦いが出できるとよろこび勇み」（六六頁）笑顔で出撃していったことになっています。史実上の沖縄作戦では大和以下第二艦隊と航空特攻部隊の連携が無視されていたことや、「一億総特攻」というスローガンの存在などは、完全に「なかったこと」にされています。

このマンガが出たのと同じ一九六二年、戦艦大和は空を飛びました。何を言ってるんだと思うでしょうが、六〇年代初頭、少年月刊誌『日の丸』（集英社）に連載された絵物語『新戦艦大和』（梶原一騎《かじわらいっき》作、吉田郁也画）は、戦後日本が空を飛んだり海に潜れる超戦艦大和を所有しており、日本を狙う悪の侵略者キラー博士と戦うという、文字通りぶっ飛んだ物語なのです。著者の梶原は『巨人の星』や『あした

図2　『新戦艦大和』表紙（『少年画報』第16巻8号付録頁）

のジョー』、『タイガーマスク』など、いわゆるスポ根漫画の原作者として著名な人物ですが、初期には戦争ものも書いていました。

『新戦艦大和』は私の知る限り単行本化されていないのですが、私が持っている『日の丸』六二年三月号の新戦艦大和は、キラー艦隊の旗艦・戦艦「ブラッディ・ジャイアンツ」号（！）に空中から特攻、沖田艦長自ら日本刀を振りかざして乗り移り、「昔から日本人が世界一つよいといわれる白兵戦」を敢行しみごと捕獲します[17]。興味深いのは作者の梶原（一九三六年生）がこの「悪魔・キラー博士との正義のたたかい」をはっきりと「第二次太平洋戦争」と称していることです。個人で戦艦を作るなどあり得ないので、キラーはアメリカ合衆国の隠喩とみなしてよいでしょう。つまり梶原の頭の中の日本は戦艦大和を擁してもう一つの対米戦争をやり直し、今度こそ勝とうとしているのです。

また、『日の丸』六二年四月号では、キラーとその大艦隊が「沖縄沖の海戦で太平洋の王者・アメリカ第七艦隊さえ全めっさせ」（！）て日本に乗りこみ、自衛隊員を集めて訓辞を行い、降伏を要求します。しかし彼らは「悪魔に降伏するよりは死をえらぶ日本人の伝統のたましいだけは、どうにもできんのだ！」と叫び拒否します。その間、新戦艦大和はキラーの築いた「サタン大要塞」に空中から反攻を開始します……。

『新戦艦大和』は後の六三年、雑誌『少年画報』（少年画報社）で漫画化されました（画・団鉄也）。その第一回（同誌第一六巻第八号〈六三年八月〉別冊　図2）によると、新戦艦大和は現実の大和沈没時、同艦に乗り組んでいた沖田造船大佐をキラーが潜水艦で救い出し、世界征服のため新たに建造させた艦で、協力するふりをしていた沖田が日本へ持って逃げたのだそうです。

かつて「悪魔に降伏するよりは死をえらぶ」とか「一億総特攻」といいながらおめおめとアメリカに降伏し、その「第七艦隊」に国の護りを委ねている屈辱を認めたくない作者梶原の情念が『新戦艦大和』には籠もっています。彼の空想世界の中で大和は「一億総特攻」の記憶を隠蔽し、日本人の傷付いた自尊心を癒すため（かつて飛べなかった）空を飛び無敵の存在となったのです。これは大和や太平洋戦争の歴史を想像の世界で書き換えて〈歴史〉化せんとする、一つの企てといってよいでしょう。

この情念の由来について、詳しいことはわかりませんが、『少年マガジン』元編集長・内田勝が同世代の梶原と自分を評して「時代の被害者というか、きのうまで松の木として生きてきたのに、突然ぶった切られて桜の木を接ぎ木されたという世代なんです。戦前の思想も戦後の思想も、しょせんはどちらもインチキ臭いんですが、はからずもそのブリッジにされてしまったんですね。〔中略〕兄を戦死させていた私は戦後的価値観に比重があり、九州男児だという梶原さんはその反対だった」[18]と語っているのは非常に示唆的です。つまり敗戦でそれまでの正義が全否定され、別の正義を押し付けられたことへの反発が大人になって噴出したのかもしれません。

『新戦艦大和』の漫画化と同じ一九六三年、林房雄（一九〇三年生）「大東亜戦争肯定論」の連載が『中央公論』で始まりました。その要旨は、太平洋戦争は欧米のアジア侵略に対する自衛戦争だった、というものです。日本国内、もしくは物語の中だけでもいいから、アメリカに負けた戦争をなかったこ

図3　女体化した大和（『現代コミック九　手塚治虫集』112頁）

とにしたり、あるいは正当化したいという精神的欲望が日本社会に公然と表れたのです。『新戦艦大和』など一連の子ども向け大和物語は、かかる欲望がいかに広い裾野を有していたかをうかがわせるものです。

六〇年代日本人の対米屈辱感と戦艦大和との関わりをうかがわせる、その他の物語として、手塚治虫（一九二八年生）のマンガ『大日本帝国アメリカ県』（一九六五年）[19]を挙げておきます。主人公の三流週刊誌編集者は日本が太平洋戦争に勝った別の世界に生きていて、日本の一県となったアメリカ・ニューヨーク市に移住します。そこは低劣なエロが蔓延し、日本軍憲兵や特高が絶えず威張り散らしていました。嫌気が差した主人公はある日、ハドソン河口の神武天皇像から流されている「玉音放送」なる催眠テープによって、人々は日本が勝ったという嘘を信じ込まされているとの秘密を知り、「玉音放送」の盗み出しに成功したところで目を覚まします。そこは東京の病院のベッドの上で、医者は彼に「きょうは日本がまけて二十年目じゃ」と言います。喜んで街へ飛び出した彼の目に飛び込んできたのは、アメリカ県よりもいっそう低劣なエロの数々でした……。

このマンガは幾重にもひねりが利いていて安易な解釈を許さないところがあるのですが、あの戦争に勝ちたかった、でも軍人が威張るの世の中はごめんだ、でも負けたせいで下らないエロのはびこる世の中になってしまった、でも……という戦中派ならではの堂々巡りの思考と、日本人が天皇の「玉音放送」一つであたかも催眠術にかけられたかのように、かつて信奉していた「大日本帝国」をあっさり捨てアメリカ的価値観に奔ったことへの批判、割り切れなさが込められているのは間違いないと思います。

主人公は夢の世界で偉い作家先生のところへ原稿取り立てに行くのですが、先生は大勢の白人女性を侍らせながら執筆していて、出てきた原稿用紙の中の戦艦大和は半分女体（！）でした（図3）。それをみた主人公は「二十年もたちゃあ戦記作家のふでもにぶるさ」と独りごちます。手塚は敗戦二〇年後の日本で語られる戦艦大和物語はエロ小説と大して変わらない、とみたのです。どちらも読み手を気持ちよくさせることが唯一無二の目的です。今日の日本における戦艦女体化の起源と言えます。

ちなみに一九五七年、「一億総白痴化」という流行語が生まれていました。テレビ番組の低俗ぶりに対する評論家・大宅壮一（一九〇〇年生）の批判です[20]。「一億総特攻」の記憶こそ残っているものの、六〇年代日本社会は戦時中とその様相を一変させていたのです。

児童向け図鑑のなかの大和

かくしてアメリカへの追従意識と屈辱感をともにはらんだ戦記マンガを通じ、戦艦大和は人気を獲得していきました。その中で、同じく児童を対象とした大和の読み物や図鑑も出版されました。児童向けの学習書は、その時代の平凡ではあるが一般的な価値観・歴史認識、大人の本音を学べる好史料といえます。六〇～七〇年代の日本人にとって、大和とはいったい何だったのでしょうか。

このジャンルの図書において、大和などの軍艦は時に擬人化されます。高城《たか》肇《ぎはじめ》（一九二六年生）は軍事雑誌『丸』の編集長、戦記作家として著名な人ですが、彼は一九六二年の子ども向け文庫シリーズ『少年文庫一　軍艦』（少年画報社）において、軍艦への愛をこう語ります。「軍艦にも、顔や心や一生がある」「わたしは軍艦が好きだ。軍艦は私をだまさない。いつも正直で、戦争をしようとする悪い人たちにこういっている。「きみたちは口がきけるんだ。戦争なんかしないで、話しあってくれ。」」（一頁）と。

今は亡き軍艦たちに対する彼の愛情が、犬や猫などの心を持った愛玩動物に対するような語り口で示されています。愛が深まるとその対象物に人格を認めるようになるのです。かくして、同書に登場する日本の軍艦たちは、「悪い」戦争のなか、〈人〉として恨み言をつぶやきながら死んで（沈んで）ゆきます。戦後、米軍の水爆実験に使われた戦艦長門は「ぼくだけがのこって、なんの役にたつんだ」「ぼくの役目はおわった。みんな、いつまでも平和でいてください」（三〇・三一頁）などというので心が痛みます。なんだか戦争が「悪い」のは、軍艦がかくも悲しく死ぬからであるかのような印象を受けます。

高城は大和もまた〈人〉であるかのように描きます。『軍艦』中、一九四五年四月七日・九州坊ノ岬沖におけるその死に様は次のように描かれます。

「大和をしずめさせるな。」／矢矧は、爆弾と魚雷の中に、からだをなげ出して大和をまもった。／だが、それも、おそいかかる数百機の敵機の前にはむだだった。／一二本の魚雷が、大和の横腹につきささり、爆弾が大和のからだをうちのめした。〔中略〕「大和のさいごは、日本海軍のさいごをつげる鐘のようでした。」と、生きのこった乗組員のひとりが、あとでそう話していた。

大和たち軍艦が〈人〉としてその「からだ」を引き裂かれ壮絶に死にゆくことにより、あたかももう一方の〈人〉である「乗組員」たちは「生きのこっ」てその生を全うできたとも読める、曖昧な書き方になっています。つまり、軍艦を擬人化することで、（本物の）人間たちの悲惨な死や敗北を後景化、もしくは「なかったこと」のように隠すことができるのです。人間は誰しも、本当に悲惨な、救いのない出来事からはできたら目を逸らしたいものです。(21)私は、ここにこそ、かつての軍艦が戦後日本で繰り返し擬人化されたことの重大な意味があると思います。

ただ、高城の『軍艦』の面白いところは、軍艦は確かに哀悼すべき〈人〉であるけれど、あくまで単なる〈モノ〉に過ぎないことです。大和は軍艦の中でも別格なので、巻末に特集のページがあるのですが、そこで大和の〈すごさ〉の一つは、建造に「いまのお金になおすと、だいたい一千億円」かかり、「これで一戸八〇万円の住宅が一万二五〇〇戸できる」（二一九頁）ことに求められています。大和はお金さえあれば作れる〈モノ〉に過ぎません。

高城は、これに続いて同書の記述を次のように締めくくります。

日本は、太平洋戦争のために、こんな高い戦艦二隻と、空母一隻のほか、たくさんの軍艦と、ぜんぶで七万機以上にもなる零戦や、そのほかの飛行機をつくって、みんななくしてしまった。／戦争なんて、ほんとうにむだづかいの横綱だ。（二一九頁）

これは、ある意味で、同書における太平洋戦争それ自体の〈総括〉といえるでしょう。戦争美化という批判への予防や言い訳であるかもしれないにせよ、「戦争」は単なるお金の「むだづかい」とされる

図4　大和マンダラ？（『図解戦艦大和　誕生からなぞのさいごまで』136・137頁）

ばかりで、そんなことのために死んだ人たちへの配慮は一切ありません。六〇年代初頭という、精神ではなく「お金」やモノが大事とされた時代にあっては、戦艦大和の描き方もそうなるのです。この意味でも、戦争で死んだ人たちは存在を丸ごと「なかったこと」扱いされているのです。

梅沢庄亮《うめざわしょうすけ》・副田護『図解戦艦大和　誕生からなぞのさいごまで』（少年少女講談社文庫、一九七三年）は戦艦大和について、その技術があったからこそ、戦後日本は超巨大タンカーや優秀なカメラを作ることができ、結果として高度成長を達成（六八年にGNP自由世界第二位を達成）できたのだ、と子どもたちに語りかけます。「現代に生きる〈大和〉――平和への遺産」と題するページ（図4）には、次のような文章があります。

〈大和〉には昭和十年代最高の科学技術が結晶されていた。／たしかに、〈大和〉は航空機決戦時代にそなえていたわけではないから、大戦中じゅうぶん活躍することはできなかった。／だが、〈大和〉建造に利用されたいろいろな技術は、戦後世界一の造艦《ママ》技術やカメラなど多くの人々に役に立って生き続けている。

つまり大和の記憶は、高度成長が奇蹟でも偶然でもなく、かつて大和を作った日本人だからこそ出来た偉業であり、石油ショック程度では決して揺るがないと日本人が自ら信じ、誇るべく動員されているのです。もはや大和は、科学技術立国日本の安寧を保障する一人の神扱いとなっていることが、カメラ、巨大タンカー、新幹線の写真の背後に富士山と並んでぼんやり浮かぶ大和の図よりわかります。私にはなんだか宗教画というかマンダラのようにみえます。大和という〈神〉を戴くことで日本人は豊かで平和な「経済大国」国民としての自尊心を満足させ、自らを鼓舞していたのです。

時代の変化に応じて、大和の存在意義もまたアップデートされているのです。かつての、敗戦直後の大和は「文化国家」の象徴であったり、「敗戦国民のプライド／アイデンティティの拠り所」として「欲望」されていました[22]。占領期の日本人は貧しいから、負けたから大和を必要としたのですが、豊かになって経済という戦争に勝ってもなお、というより勝って豊かになったからこそ、その永続を願うべき〈神〉、心の拠り所としての大和を必要としたのです[23]。

では、『図解戦艦大和』において、大和がその短い生涯を終える原因となった太平洋戦争自体はどのように総括——意味付けをされているでしょうか。

三年八か月にわたる太平洋戦争中、〈大和〉をはじめほとんどの戦艦が沈んでいった。／軍艦にかぎらず、父や兄が戦場で、また母や子どもまでが空襲で、あわせて二百《ママ》万人以上のとうとい命がうしなわれた。／

戦争は悲惨だ。個人的には何のうらみもない人々が、敵・味方にわかれて殺しあうのだから。／もともと美しい日本の国土に育ったぼくたち日本人は、二度とこのような悲惨な戦争をくりかえしてはいけないのだ。（一二七頁）

「戦争は悲惨だ」から繰り返すなというばかりで、なぜその悲惨な戦争が起こったのかは特に考えられていないことがわかります。軍艦、ついで日本人の犠牲ばかりが強調され、戦場となったアジアの人たちや米英豪軍の戦死者たちが無視されているという批判もあるでしょう。現在四〇～五〇歳代の日本人男性の多くがこのような本を読んで過ごしたことは、現在の日本社会の戦争観にも影響しています。

かくして戦艦大和は〈人〉あるいは〈神〉として六〇年代日本に生まれ変わったのですが、別の図鑑でも大和は〈人〉扱いされています。元大本営海軍部参謀・海軍中佐富永謙吾の監修した図鑑『ゼロ戦と戦艦大和』（秋田書店、一九六三年、私が持っているのは一九七一年一月発行の第二七版で、当時相応によく売れていたことがわかります）は大和の沖縄出撃について「軍首脳部の中には、大和は終戦まで大事にとっておいて、日本民族の科学のすべてを集めて作った傑作として、寄付し展示してもらおうという声もあった」ものの、「多くの僚艦が、国のために戦って犠牲になったことを知っている大和は、あえて片道分（生きて帰ることを考えない）だけの燃料と多くの若い将兵たちをのせて、決死の門出をしたのだ」と説明しています（一二三頁）。

大和を「寄付」（！）して「展示」（!!）するなど戦時中の日本海軍には絶対にあり得なかった発想ですから、これはもはや歴然たる歴史の偽造といえますが、面白いのは物語中の大和がもう鋼鉄の艦《フネ》ではなく、人格を持った〈人〉扱いされていることです。第二艦隊が命令で出撃したのではなく、大和が自らの意志で僚艦の後を追い、死出の旅へ出たことになっています。そのとき「一億総特攻」を命じたはずの「軍首脳部」――富永もその一人――や無謀な作戦で死んだ人たちの姿は描かれず隠蔽されているのです。

子ども向け図鑑の中でも、戦死者たちは日本人が「敗レテ目覚メ」るために進んで死んだのだ、と祀り上げられてその怨念は「なかったこと」にされ、その上に高度成長と豊かな生活がなり立っていきました。かくして大和のみが〈人〉ないしは〈神〉として残り、日本とその繁栄を見守ることになります。

一九七〇年代に飽きられた？　大和と戦争

その後、ウルトラシリーズに大和や太平洋戦争の話は出てこなくなります。一九七一～七二年放映の『帰ってきたウルトラマン』では、毒ガス怪獣モグネズン（旧日本軍の遺棄した毒ガスを口から吐く）などにわずかに戦争の影が残りますが、次作『ウルトラマンA《エース》』（七二～七三年）ではほぼ皆無となり、以後のウルトラシリーズは完全な〝子ども向け〟番組に徹することになります。

戦記マンガも衰退し、七〇年代にはギャグマンガにとってかわられます。この変化は、六〇年代から七〇年代にかけての日本社会の大きな精神的変化と直接連動しています。

一九六〇年代の日本は政治の季節でした。一九六〇年、七〇年の二度にわたって学生などによる安保条約改定反対運動が激化しましたが、結局条約は廃止できませんでした。左翼運動はしだいに先鋭化、一九七二年二月のあさま山荘事件で人々の支持を決定的に失いました。

政治における敗北の結果、人々は政治から目を逸らして目の前の物質的豊かさに没入していきます。

六〇年代のまじめな「政治」から目前の刹那的な「面白さ」へと没入していくのですね。そこへ高度成長が終わり、日本社会を不安が覆います。いくら努力して働いても豊かになれるとは限らなくなり、梶原一騎原作のスポ根的な「努力」や「根性」といった言葉の価値が暴落します。伊藤公雄は六〇年代後半から七〇年代に至って「第二次大戦を描いたマンガは、反戦メッセージをはっきり打ち出したごく少数のマンガを除いて、ほとんど消滅することになった」社会的背景を次のようにまとめています。

七〇年代前後の反乱の時代の終焉と、モラトリアム時代・シラケ時代と呼ばれる若者のアパシーの広がりは、男の子たちを取り巻く文化にも根本的な変化を作り出した。／もっとも顕著な変化は、七〇年代のマンガ・シーンにおいては、いわゆるギャグ・マンガのヘゲモニーとでもいっていい状況が作り出されたということである。戦争であれ革命であれ、「まじめ」であることは忌避され始める。情念や力で現状を破壊するのではなく、現状を笑い飛ばすことで、新奇性をもった非日常体験を味わうことが、多くの男の子の楽しみの中軸を形成することになるのだ。[24]

かくして辛気くさくて「笑い」のない戦記マンガもウケなくなり、悲惨な戦争や死者の記憶もまた、若者たちの脳裏から退場していきます。

その退場の直前、高度成長末期の一九六八年に放映された石ノ森章太郎原作のＴＶアニメ『サイボーグ００９』第一六話「太平洋の亡霊」（七月一九日放映、モノクロ）に、戦艦大和が登場します。息子を特攻隊で死なせた老科学者が人間の思念を実体化する機械を造り、大和――ただし、シナリオでは「大戦艦」と呼ばれます[25]――や長門、零戦など日本軍の兵器を海底から復活させて米軍や自衛隊の飛行機、そして米本土を襲わせます。博士は「世界の各国は軍備の拡張に、兵器の力を強める競争にしのぎをけずっている」という現状に怒ってそのような攻撃をはじめたのですが、驚くべきは博士の台詞にあわせて広島の平和記念公園内の「安らかに眠って下さい　過ちは繰返しませぬから」の慰霊碑や原爆ドーム、長崎の平和祈念像、そして憲法第九条の条文が画面を流れることです。この回は、戦艦大和が――といっても大和だけではありませんが――六〇年代の男の子文化の中で、積極的な反戦平和のメッセージを伝えるためのシンボルとして使われた、数少ない事例となります。

この「太平洋の亡霊」の脚本を書いた辻真先《つじまさき》（一九三二年生）は「反戦をテーマに打ち出したものだ」と明言し、「三十分という放映時間の枠で、精一杯自分なりのメッセージを送り出した。まだアニメというメディアの影響力に、大人たちが気づいていない時代だったから、ああしたストレートな発言ができたのだと思う」[26]と回想します。確かにそうなのでしょうが、以後「ストレートな発言」ができなくなった背景には、政治の季節たる六〇年代からマジメさを嫌う七〇年代へという時代の、あるいは客の嗜好の変化もあったように思います。かくして、その後一九七九～八〇年に再リメイクされた『サイボーグ００９』に大和だの憲法第九条だのといった〝重い〟話題が出てくることはありませんでした。

ただし、「太平洋の亡霊」を単純な反戦平和アニメとみなすことはできません。旧日本軍の兵器が米軍の艦艇や飛行機を徹底的に破壊していく描写からは、戦死者たちに成り代わってアメリカに復讐したいという、まさに『新戦艦大和』などと同一の敗戦国民としての欲望[27]を感じるからです。その戦死者たちは「太平洋の亡霊」劇中では亡霊となって出現、生き残った戦友に向かい、俺たちは明日の平和を信じて死んだのに、お前たちはそれを無駄にするのかという意味の台詞を吐きます。彼らもまた、戦後日本人の平和な生それ自体は全肯定してくれていて、なぜ「総特攻」し我々の後に続かなかったのかと生

図５　左・『少年マガジン』76年12号〈３月21日〉表紙、右・「軍艦大海戦史」の一頁

者をなじることは絶対にありません。

その後はただ、カッコイイ大和像のみが子どもたちによる消費の対象となってゆきます。図5は一九七六年三月の『週刊少年マガジン』表紙と特集「軍艦大海戦史」の一頁です。大和は男の子文化のなかで一定の地位を持ち続けていきますが、それはあくまでも「世界無敵」「大艦巨砲時代の最後の傑作艦」としての大和であり、描かれるのは「世界一を誇った不沈艦の、悲壮な最期」でした。ここでも大和は何かそれ自体意思を持った〈人〉であるかのように扱われ、もう一方の〈人〉すなわち乗組員の姿や声は全く出てきません。

なお、こうした大和最強神話とでもいうべきものが「実は大和は世界最強ではないのではないか」という六〇年代の子どもたちの疑念に応えるかたちで強化されていったことも見逃せません。フリーライターの平野克己（一九五三年生）は次のように少年時代を回顧します。

戦後の戦記ブームのただなかに育った'60年代プラモ小僧たちにとって、戦艦大和こそ何人たりとて犯してはならぬ世界最大にして世界最強の戦艦の象徴であった。いや、そうでなくてはならなかった。しかし米戦艦ミズーリこそ大和より全長で七mばかりも長い、世界最大級の戦艦であった〔と〕の少年雑誌の記述は、戦艦大和に対する盲目的な信仰を一瞬にして崩壊させるに充分であった。〔中略、それでも戦艦の大きさの基準は全長ではなく排水量すなわち質量にある、戦艦の強さの象徴たる主砲も大和のほうが大きい、といった事実を「雑誌などのメディア情報」より入手し〕少年たちはやはり大和こそ世界最強の戦艦であることに疑う余地なし、と改めて自らに言い聞かせ安堵のため息をついたのであった。(28)

「大和を凌ぐ最新鋭戦艦の存在なぞ認めたくない」との思いに駆られた少年たちが六〇年代に急成長した雑誌メディアで「大和こそ世界最強の戦艦」との証拠を貪欲に求め続けたからこそ、大和最強神話はメディアにより拡大再生産、再消費され続けていったのです。

この大和最強問題については、より大人向けの軍艦図鑑の解説でも、大和と同世代の米戦艦アイオワ級（ミズーリはその一艦）を評するに「本級の出現により米国は一応、日本海軍の大和に対抗しうる戦艦を保有できたのである」(29)とされ、何となく歯切れが悪いです。純技術的な視点に立つと、大和＝世界一とは実は断言できないのですね。今さら実証することができませんから。大和最強神話は、そういう戦後日本人の「世界一」を渇望する心情に支えられていました。どこかでそれが壊れれば、日本人の心の芯もまた折れてしまうかもしれません。この後の大和最強神話は、必ずしもそれを実証せずともよいアニメ物語や仮想戦記の中で展開していくことを、次回以降で述べていきます。

それはともかく、日本人は「悲惨な戦争の記憶を風化させるな」と二〇一五年――「戦後七〇周年」の現在でもいいますが、戦艦大和の歴史に即していうならば、戦争は一九六〇年代から七〇年代にかけてとっくに「風化」し、無害でカッコイイものになっていたのです。

（1）川本三郎『今ひとたびの戦後日本映画』（岩波現代文庫、二〇〇七年）八七頁。
（2）『映画宝島　怪獣学・入門！』（JICC出版局、一九九二年）一四頁。
（3）川本前掲『今ひとたびの戦後日本映画』八七頁。
（4）切通理作『怪獣使いと少年　ウルトラマンの作家たち』（増補改訂版、宝島社文庫、二〇〇〇年〈初刊一九九三年〉）三九頁。
（5）『ウルトラセブン』には死者たちの霊魂を宇宙人が使役して地球侵略を試みる話がある（TV版第三三話「侵略する死者たち」）ので、できないことではありません。
（6）桑田次郎『ウルトラセブン　中』（パンローリング、二〇〇四年）所収。
（7）一峰大二『ウルトラマン』（秋田文庫、二〇〇一年）所収。
（8）成田が一九六七年に描いたヤマトンのスケッチ（成田亨『成田亨作品集』羽島書店、二〇一四年、一〇九頁）には、「鋼鉄原人ヤマトン」との添え書きがあります。彼もまた、戦艦大和の化身たるヤマトンを「獣」ではなく「人」と見なしていたのです。
（9）戦後日本人は大和＝戦死者のことを忘れ去ったわけではなく、むしろ強く覚えています。それは、自衛隊とおぼしき防衛組織の隊員たちが上陸してきたヤマトンを一目見て「ああー　か　怪獣だ　大和の怪獣……」「怪獣ヤマトンだ！」と言うことからわかります。
（10）成田は自著『成田亨画集　ウルトラ怪獣デザイン編』（朝日ソノラマ、一九八三年）の「索引」解説中、恐竜戦車について「突飛なアイデアですが、こういったものをデザインするのは、個人的にはあまり好きではありません」「、スペル星人について「ウルトラ怪獣に対する私の姿勢に反するのでやりたくありませんでした」と書いています。前出の『成田亨作品集』にも、この二体とアイアンロックスは収録されていません。

(11) ひし美ゆり子『アンヌとゆり子』(同文書院、二〇〇〇年)二五四頁。

(12) 成田亨『特撮と怪獣』(フィルムアート社、一九九六年)一四六頁。

(13) そうは言いながらも、成田は同じ大和をモチーフとしたヤマトンを『ウルトラマン』放映終了後、まさしく「マンガ」用にデザインしている(前掲『成田亨画集』索引)のがこの説の苦しいところです。成田には、特撮こそが自分の名前も出て作家的信念を込めるべき「仕事」という思いがあったのではないでしょうか。それゆえ、本来似たもの同士のヤマトンと恐竜戦車なのに、前者は許せても後者は許せなかったのかもしれません。

(14) 成田前掲『特撮と怪獣』六〇頁。

(15) 水木しげる『ああ玉砕　水木しげる戦記選集』(宙出版、二〇〇七年)四〇五・四〇六頁。

(16) 同書奥付に発行年は未記載ですが、国立国会図書館データベースでは一九六二年となっています。

(17) 沖田艦長の子にして主人公の光一はこのとき「やっぱり、大和は世界一の戦艦なんだ悪魔の天才キラー博士の科学の力でさえ七万三千トンの戦艦は作れないんだ」とおどりあがりました(『新戦艦大和』八四頁)。梶原にとって、大和と白兵戦は今でも日本が「世界一」であることの証でした。そのくせ光一が白兵戦で手にとったのはアメリカ製の「なんと一分間に六百発もぶっぱなせる」「M60軽機関銃」でした。現実世界では日本がアメリカにとうてい敵わないことくらい、梶原も先刻承知しているのです。

(18) 斎藤貴男『梶原一騎伝』(新潮文庫、二〇〇一年〈初刊一九九五年〉)八〇頁。内田は「私と梶原さんは同世代で、ともに小学校に入った頃戦争が始まり、高学年になる頃に終わりました」と言っています。

(19) 手塚治虫『現代コミック九　手塚治虫集』(双葉社、一九七〇年)所収。

(20) 北村充史『テレビは日本人を「バカ」にしたか? 大宅壮一と「一億総白痴化」の時代』(平凡社新書、二〇〇七年）一一八頁。

（21）ただ、『軍艦』には戦艦武蔵のようにその最期を「機銃員は、ばたばたとたおれていく。甲板は、血の海だ。ばらばらになった手や、足や、顔が、甲板にごろごろところがっている」（一二五頁）と描写される艦もあるので、完全に人間の死を無視しているとまでは言えません。その武蔵の最期については、元乗組員の少年兵・渡辺清（一九二五年生）の『戦艦武蔵の最期』（朝日新聞社、一九七一年）、『戦艦武蔵のさいご』（童心社、一九七四年）などがあります。渡辺の作品は、爆弾の破片で腹を切り裂かれ、はみ出た腸を自分で押し込めようとした少年兵はじめ、戦友たちの悲惨な死に様を兵の視点から余すところなく描いており必読ですが、大和に比べ武蔵が戦後日本でメジャーになれなかったのは、その〈一生〉を誰がどう描いたかにもよります。渡辺は「戦争というのはいくらりっぱな口実をつけても、けっきょく人間と人間のむだな殺し合いですが、軍艦はその人殺しの兵器を積んだ船です」（『戦艦武蔵のさいご』「あとがき」一八八頁）とはいっても、士官吉田満のように「敗レテ目覚メル」などとは絶対に言いませんでした。渡辺と吉田の作品は〈反戦〉と〈非戦〉の視点にそれぞれ立っていますが、大向こうにウケたのは後者です。多くの人は今さら昔の残酷な出来事など正視したくないからです。

（22）塚田修一「文化ナショナリズムとしての戦艦「大和」言説　大和・ヤマト・やまと」（『三田社会学』一八、二〇一三年七月）一二三頁。

（23）塚田前掲論文は六〇年代後半になると「現実に技術大国化・経済大国化する中で、人々は自信を回復」した結果、「「大和」を召喚してナショナル・アイデンティティを維持・強化する必要など、もはや無かった」（一二五頁）としますが、私はこの見方に賛同できません。その後も戦艦大和は六〇年代前半のように爆発的とまでは言えないまでも、今なお日本社会に国の誇りとして一定の人気を保ち続けているからです。

（24）伊藤公雄「戦後男の子文化のなかの「戦争」」（中久郎編『戦後日本のなかの「戦争」』世界思想社、二〇〇四年）一七一頁。

(25) 具体的な艦名が出ないのは、筆者の辻が戦時中、バスに同乗した海軍の水兵から「海軍は大戦艦を温存しとるのです。時がきたら、一気に勝負をつける。軍はその時を待っておる最中です」と聞かされた実体験(辻『長編海戦史　悲憤の「大和」、栄光の「雪風」』光文社、一九九六年、九頁)の反映だと思います。
(26) 辻真先『TVアニメ青春記』(実業之日本社、一九九六年)一八七・一八八頁。
(27) 憲法第九条テロップの前後に、空襲で焼かれたり平和を祈ったりする日本人乙女たちの姿が挿入されるのは、実は自分たち日本人こそ犠牲者でありアメリカは残虐なる悪と信じたい、せめて道義的には上に立ちたいという敗戦国民ならではの欲望ゆえでしょう。奥田博子は、戦後の日本政府が唱えた「唯一の被爆国」「唯一の被爆国民」というもの言いについて、国民にあたかも自分たちが過去の戦争の加害者ではなく被害者、そして今日の平和と繁栄の担い手であるかのような印象を持たせ、〈われわれ日本国民〉という「ナショナルな共同体」の立ち上げに寄与したという、興味深い指摘をしています(奥田『原爆の記憶　ヒロシマ/ナガサキの思想』慶應義塾大学出版会、二〇一〇年)。奇妙なことに、被爆経験という屈辱が誇りの源か何かのように倒錯して考えられているのであり、辻の「太平洋の亡霊」もこうした倒錯にもとづき作られた物語と言えます。
(28) 平野克己『20世紀のプラモデル物語』大日本絵画、二〇〇八年、七四・七五頁)。坂田謙司「プラモデルと戦争の「知」「死の不在」とかっこよさ」(高井昌吏編『「反戦」と「好戦」のポピュラー・カルチャー　メディア/ジェンダー/ツーリズム』人文書院、二〇一一年)は、プラモデルをはじめとする一九六〇年代男の子文化のなかの「死の不在」を強調しますが、いやしくも戦争で人が死なないはずはないのであり、もう一人の〈人〉である軍艦が死ぬことではじめて、人間の「死の不在」が可能になったと私は考えています。
(29) 『東西名軍艦写真集』(『丸　薫風四月特大号』〈通巻二〇三号〉別冊付録、一九六四年四月)七二頁。

第九講　一九七四年、なぜ宇宙戦艦ヤマトはイスカンダルを目指して飛び立ったのか

一九七〇年代とテレビアニメ『宇宙戦艦ヤマト』

前回述べたように、一九七〇年代は、青年たちが安保闘争に敗北して社会変革の夢破れ、世に「シラケ」た空気が拡がってゆく時代でした。そのうえ一九七一年のドルショック、すなわちベトナム戦争で疲弊したアメリカがドルと金の交換を突如停止したことで、円とドルは変動相場制へ移行しました。ここに、日本にとって対米輸出上有利だった一ドル＝三六〇円の固定相場制は終わりました。高度成長もまた終わって七四年には戦後初のマイナス成長を記録、消費者物価指数は前年比で実に二三・二パーセントも上昇しました。さらに成長のツケとしての公害の恐怖が社会を蔽います。これらの状況は社会に深刻な不安感をもたらします。一九九九年七月の人類滅亡を予言して一世を風靡した五島勉《ごとうべん》『ノストラダムスの大予言』が七三年に刊行されたのも、こうした空気と無関係ではありません。

七一年、ニクソン米大統領は日本に事前相談することなく、それまで国交のなかった中華人民共和国訪問を発表、翌年実行して関係改善を進めました。アメリカはソ連とも核兵器削減交渉を行い、緊張緩

和が進みます。これらの動きをみた日本は、アメリカから見捨てられ東アジアで孤立してしまうのではないか、と危機感を強めざるを得ませんでした。

そのうえ、日本は国際的な批判にも直面していました。七四年一月、田中角栄首相が東南アジアを歴訪すると、タイ・バンコクで反日デモが、インドネシア・ジャカルタでは反日暴動が起こります。強引な経済進出により現地の人々の反感を買ったことが原因とされます。「エコノミック・アニマル」という言葉が人口に膾炙し、自分たちは経済大国になったが世界からはけっして尊敬されていないのだ、という失望や自虐的な意識が広まります。

当時の日本は戦争責任問題でも海外から批判を浴びました。七一年九～一〇月、昭和天皇・皇后は欧州七か国を訪問しましたが、日本軍による戦時中の捕虜虐待を糾弾する活動がイギリス・オランダで繰り広げられました。敗戦国民としてのトラウマが豊かさを手に入れた日本人に甦ることになります。こうしてみると、日本にとって七〇年代前半は先行きへの不安と閉塞感に充ちた時代でした。

そのとき日本人はどうしたのでしょうか。滅亡に瀕した地球を戦艦大和と日本人が救う感動物語を作り、自己を慰めることにしました。それが一九七四～七五年放映のTVアニメ『宇宙戦艦ヤマト』（以下『ヤマト』）です。一九四五年四月、坊ノ岬沖に没した戦艦大和が西暦二一九九年に宇宙船に改造されて復活、空を飛ぶという、見ようによっては何とも奇怪な物語です。

旧日本軍の超軍艦が空を飛行し活躍する空想作品は前出の『新戦艦大和』以外にも、六〇年代から存在します。例えば特撮映画『海底軍艦』（東宝、一九六三年）は、旧日本海軍が極秘裏に建造した潜水艦轟天号《ごうてんごう》が空を飛び、世界支配をたくらむムウ帝国と戦うという物語です。まさに時と場所を変えた大日本帝国の復活物語です。

『ヤマト』は、日本人が異星人ガミラス帝国に侵略され放射性物質に汚染された地球を救うべく、生き残った日本人たち戦艦大和を宇宙戦艦に改造し、宇宙の彼方のイスカンダル星に放射能除去装置（コスモ・クリーナーD）を取りに行く物語です。かつての戦艦大和の秘密兵器は四六センチ主砲でした。宇宙戦艦ヤマトも主砲自体は装備していますが、新たに艦首波動砲という超兵器を備えています。これはヤマトの動力源たる波動エネルギーを放射して大陸一つを粉砕するほどの威力を持つもので、おそらく核兵器の暗喩でしょう。つまり、『ヤマト』は日本人が（かつて自分たちを敗北に追いこんだ）核兵器を使って世界を救うという物語なのです。

なぜ戦艦大和が復活してヤマトになったのか

『ヤマト』は最初から戦艦大和が空を飛ぶ話ではありませんでした。当初の構想案では、日露戦争時の戦艦三笠の形をした船で、そのまわりに岩石をとりつけて宇宙を飛ぶという、どう見てもカッコイイものではありませんでした(1)。このあたりにかつての「霊艦三笠」の記憶がわずかに残っていたと言えます。それがなぜ岩でも三笠でもない、スタイリッシュな戦艦ヤマトが宇宙に向かって飛び立つことになったのでしょうか。

一つの理由は、前回述べたように、戦艦大和が七〇年代以降も子どもたちに一定の人気を保っていたからです。彼らにとって大和は人殺しの道具などではなく、あくまでも「カッコイイ」軍艦でした。これを商売に利用しない手はなかったでしょう。

もう一つは、物語の作り手たちに、戦勝国アメリカに対するなにがしかの反感や、〈戦後日本〉への違和感が残っていたからです。

漫画家で『ヤマト』監督を務めた松本零士《まつもとれいじ》（一九三八年生）の父は陸軍の戦闘機乗りでした。父子は敗戦後も勝者アメリカへの屈辱感をもって生きてきました。父は「いまさら、アメリカの飛行機なんかに乗れるか」とパイロットとしての再就職を断り、松本も占領軍米兵からの「施しだけはうけまいと固く誓ってい」ました。(2)

続編映画『さらば宇宙戦艦ヤマト』の監督舛田利雄《ますだとしお》（一九二七年生）も「人間ってのは善悪正邪〔く?〕って、理屈ぬきに、強くありたいという大きな願望があるからね。敗戦以来、武力を取り除かれ、悪うございましたと反省ばかりさせられてきて、いい加減ウンザリしている時に、正しく、ヤマトつまり日本であるものが地球のヒーローとして登場、人類を救うんだからね。これは嬉しい夢だよね」(3)と語っています。対米戦争の敗北というトラウマをはねのけるためには、かつての日本の誇りであった戦艦大和が空想世界の中だけとはいえ、活躍することが必要だったのです。ヤマト＝太平洋戦争のやり直しという認識は、ヤマトという作品に関して行われた評論群(4)の共有するところです。

プロデューサーの西崎義展《にしざきよしのぶ》（一九三四年生）は続編映画『ヤマトよ永遠に』（一九八〇年）のパンフレットで「ヤマト」物語に込めた意図を次のように語っています。

太平洋戦争が終わったとき、私は小学校の五年生でした。子ども心にも、その大きな変化をまのあたりにし、ひじょうに〔戸〕惑ったことを、今でもはっきりとおぼえています。また、西欧民主主義の流入で、日本人は、日本人のあるべき姿が、皇国史観だけではなかったのだと知りました。／しかし、その後、日本はアメリカに占領され、敗戦後の日本にアメリカの豊かな物質文明がとうとうと流れこんできたせいもあって、今度は、アメリカの物質文明こそすばらしいという価値観が圧倒的になってしまいました。アメリカ的合理生活が叫ばれ、高度成長〔政策?〕がとられ、そして今、私たち日本人は、心というものをどこかへ失なってしまったのではないかと、反省するようになっています。／幸い、日本人は、お金持ちになりましたので、海外へもどんどん旅行するようになりました。そこで私たちが発見したことは、世界には、さまざまな人が、さまざまな価値観をもって生きているということです。人間が幸せになれる行き方は、けっしてひとつではないという、事実です。／私たちは明治維新以後、西欧文明こそ、日本人が幸せになれる唯一の道だとして、夢中になってこれをとり入れてきました。その結果、日本人は幸せになった面もありますが、性急な植民地主義に走り、侵略戦争に手を出し、近隣の国の人を苦しめ、日本人自身も悲惨な思いをいやというほどなめました。皇国史観やアメリカ的物質文明崇拝も、こうしたすう勢のなかで、特に強く現われた風潮だったのです。私たちは今、世界を見た目で、西欧文明だけが人間を幸せにする道なのだという、日本の現代を形成した選択には、誤りがあったと批判しなければなりません。〔中略〕ここで私は、いくつかの提言をしておきたいと思います。かつて日本人は、外国の人から、黄色い猿とかジャップとかいわれ、あなどられてきました。しかし今は、そんなことはほとんどありません。逆に日本人の勤勉さや、緻密さや、複雑さに、民族としての長所を認め、世界全体がもっと幸せになれるように指導性を発揮してほしいと要望されています。／私は、日本人が、このすぐれたところを、もう一度再認識し、それが国際性へとつながるように育ってほしい、と心から願います。「宇宙戦艦ヤマト」は、そういう私の強い念願がフィーリングとなって形成された作品だとも言えるのです。

かなり長文の引用となりましたが、西崎には日本の近現代史への強いこだわりがあること、アメリカに代表される「西欧物質文明」になにがしかの違和、反感をいだいており、『ヤマト』はそれとは「別の道」もあり得ることを「日本人」として叫び、確認するために創られた作品であることがうかがえます。[5]「侵略戦争」云々は当時の日本におけるポリティカル・コレクトネスの見地から理解すべきでしょう。また、「お金持ち」「日本人の勤勉さ」「黄色い猿とかジャップ」といった箇所からは、高度成長を遂げた日本人の自尊心と、その裏返しとしての劣等感を感じざるを得ません。西崎の「お金持ち」発言を裏書きする事実として、一九三五年を一〇〇とする日本の実質賃金指数（消費者物価上昇を勘案した実質の数字）が六五年に一七一・九、七五年に三四六・九へと跳ね上がった[6]ことを挙げておきます。

ヤマトを作る西崎の脳裏には、かつての大日本帝国がありました。彼は七七年『キネマ旬報』誌における黒井和男編集長との対談で「いい悪いは別にしまして、私たちの少年時代の世界地図には赤く塗ってあるところ、つまり日本の領土がたくさんありましたね。南にも北にも。ナショナリズムとかミニ〔リ〕タリズムとは違った形での、そうした状況の上に立った広がりのあるロマンがあったわけですよね。ところが今は、世界地図で日本をみると大変小さい。そうすると、前も後もだめ、左も右もだめなら、もはや上、つまり宇宙しかないんじゃないか、ということですよね。（笑）[7]」と語っていました。西崎にとってヤマト制作は日本の近現代史を書き直して〈歴史〉化し、かつての大日本帝国の夢と「ロマン」を今一度呼び覚ますための手段でもありました。

この対談には「作品を見た人の感想を集めてみると、不思議なことに二〇代の人間は、まあまあですね、みたいな話しかしない。それに反して、一〇代と四〇代以上が圧倒的におもしろいと支持しているという、ゼネレーションの差が出てくる」（黒井）、「作品を全体的に受け容れているのは、おっしゃるとうり《ママ》一〇代と四〇代以上の人々です」（西崎）、「私も同じ年配ですから、分かるんですが、この映画の発想そのものが、私たちの世代のものですね」（黒井）というやりとり[8]があります。二〇〜三〇代の人間は安保反対、反戦平和の空気を吸いながら育っているので、四〇代の西崎の紡ぐ大日本帝国夢物語には共感できません。それを知らない一〇代がなぜヤマトを「支持」したのかは次回で述べます。

ただし、大和が西暦二一九九年という未来世界に甦って活躍する『ヤマト』物語とその後年に書かれた評論群において、ほぼ完全になかったことにされている存在が一つあります。それは、一九四五年、史実上の戦艦大和の戦死者たちです。松本によれば、当初案ではヤマト改造時に船体内から戦死者たちの遺骨が出てくるコンテも描かれましたが、[9]西崎またはスポンサーの意向により実現しませんでした。戦争の残酷さを想起させるから、とも考えられますが、ここは先に述べた西崎の思想傾向からして戦争を勇ましく描きたかったから、とみた方がつじつまがあうでしょう。松本は『ヤマト』を「戦死者の鎮魂歌」としたかったそうですが、遺骨すなわち戦死者の影は物語から排除されました。

そもそも、大和がヤマトとして復活し、戦うべきはかつての敵国アメリカだったはずです。しかしアメリカとは日米安保体制の関係上、公共の電波を使った正面切ってのケンカなどできません。そこで、ヤマトの敵はかつての同盟国・ナチスドイツのパロディとしてのガミラス帝国と総統デスラーになりました。ドイツ人が怒らなかったのかという質問を昔受けたことがありますが、戦後のドイツは戦争や大量虐殺の罪はナチスに転嫁するという方法をとってきましたので、[10]表立って文句を言われることはなかったでしょう。かくして、戦死者たちになりかわっての対米〝復讐戦〟は行われないことになりました。

さりとて戦死者の復権や美化もまたできませんでした。最初のテレビ放送第二話において、史実上の戦艦大和出撃場面が物語の世界観を説明するため入れられたのですが、そのＢＧＭには当初、[11]軍艦マーチが使われました。西崎が入れたのです。これに松本や若手アニメーターが猛反発、激論のすえ、本放送で軍艦マーチは差し替えが間に合わなかった新潟を除きカットされました。再放送および映画版では軍艦マーチは入りましたが、現在市販されている『ヤマト』DVD－BOXでは、軍艦マーチ入り第二話は「特典」扱いです。したがってヤマト世界の〈正史〉とはいえません。

軍艦マーチカットの理由が先の戦争賛美につながる、というものだったことは容易に想像できますが、重要なのは、ある戦争の賛美とは、そこでの戦死者の賛美に他ならないということです。つまり、西崎はかつての大和戦死者たちのため軍艦マーチを盛大に演奏し、彼らの出撃と死は勇壮であったと賛美して完全復権させることには失敗したのです。

さらにいえば、太平洋戦争や戦死者の美化・復権が忌避されたのは、同じ日本人の左翼やPTAの人々とともに、かつての敵にして現在の国の守護神・アメリカを刺激することを恐れたからでは、とも想像できます。この当時、日本はアメリカ軍が東アジアから手を引くことを恐れ、七八年にいわゆる日米ガイドライン、つまり日本有事時の米軍と自衛隊との具体的な役割分担を定めたり、思いやり予算という形で在日米軍駐留経費の負担を始めるなど、米軍に留まり続けてもらうための諸策を実行していました。そのような時代の空気が、作り手たちにも何らかの対米配慮や自制をうながしたかもしれません。(12)

かくして、『ヤマト』は復讐、慰霊・鎮魂、賛美・復権、いずれの意味でも現実の大和戦死者たちに捧げるための物語ではなくなりました。彼らの位置づけは相変わらず宙ぶらりんというか、存在自体を抹消され、『ヤマト』は日本人が日本人だけの手で世界を救うという、いわば生者の鬱憤晴らしのための物語に過ぎなくなりました。映画が客商売である以上、そうならざるを得ないのです。

波動砲も、対人使用は最初の木星ガミラス前線基地に対する試射の一回のみ（第五話）で、あとは人間以外の目標にのみ使われました。人間に撃たなかったのではなく、撃てなかったのです。たとえアニメの世界であっても、日本人が核兵器を使うなどとんでもないことだったからです。国内では反核平和世論が（日米安保でアメリカの核の傘に守られているにもかかわらず）根強かったし、アメリカも日本の離反——核武装を警戒していました。アメリカにとって在日米軍は「瓶のふた」である、つまり日本という瓶の中身の噴き上がり——独自路線の核保有・軍事大国化を抑えこむためのふたとして置いているという論があるくらいです。そういう国内外の諸事情に配慮した結果、結局波動砲は人以外の目標にのみ「自衛」策として放たれたのです。

「一億総中流」と「一億総特攻」

宇宙戦艦ヤマトは沖田艦長以下多くの犠牲を払い、ミッドウェー海戦の再演・復讐劇としての七色星団艦隊決戦[13]にも、ガミラス本土（本星）における最終決戦にも勝利を収めてイスカンダルにたどり着き、放射能除去装置を地球に持ち帰って世界を救いました。テレビ番組としては裏番組『アルプスの少女ハイジ』などに押されて視聴率は振るいませんでしたが、再編集した映画版（一九七七年公開）が大ヒットしました。このことで、西崎たち作り手の〈歴史〉にまつわる自尊心も満たされたことでしょう。

しかし、『ヤマト』には残された課題がひとつありました。現実の戦艦大和は沖縄に特攻して失敗し、日本を救えませんでした。したがって、その後身たるヤマトは今度こそ「一億総特攻」を完遂し、日本を栄えある戦勝国とすることがどうしても必要でした。一九六七年に日本の人口が一億人を突破（戦前の「一億」は朝鮮・台湾人など異民族も含めた数字）し、七三年の政府調査では自分の生活程度を「中」と考える人が九〇パーセントを超え、「「一億総中流化」が、少なくとも意識では実現してしまってい[14]」

ました。「お金持ち」になって「一億総中流」となった以上は「一億総特攻」も今度こそ実現してその内なる誇りを取り戻さねばなりません。

その機会は、続編の映画において訪れることになります。

一九七八年、『ヤマト』の続編は映画『さらば宇宙戦艦ヤマト　愛の戦士たち』と題して公開されました。新たな敵は白色彗星帝国（ガトランティス）という、球形の星の上半分を宇宙都市に改造した悪の帝国です。ヤマトは彗星帝国に反対するテレザート星の美女テレサの知らせによりその出現を察知、『新戦艦大和』よろしく伝統の（？）白兵戦に持ち込み、多くの犠牲を払って彗星帝国の爆散に成功します。ところがその爆煙の中から超巨大戦艦が出現、ヤマトをあざ笑いつつ巨大な主砲で月を撃ち、破壊します。一方、ヤマトに戦う力はもはや残っていません。

ここで主人公のヤマト乗組員・古代進《こだいすすむ》は生き残った乗員を全員退艦させ、戦いのなかで先に逝ったヒロイン森雪《もりゆき》の遺体と二人で体当たりの特攻を決意します。雪と一緒に行く（逝く）のが重要です。なぜなら日本人の男女が並んで突撃することこそ、かつて未発に終わった「一億総特攻」のやり直しに他ならないからです(15)。そこへテレサが出現、三人はヤマトとともに特攻して最終勝利を収めます。画面には「西暦二二〇一年、ヤマトは永遠の旅に旅立っていった」とのテロップが流れ、当時これを観た多くの男女が感動して泣いたといいます。映画は観客動員数四〇〇万人、興行収入四三億円、配給収入二一億二〇〇〇万円を記録、「一九七八年邦画配給収入第二位の超ヒット映画作品とな」りました(16)。

『さらば～』で西崎プロデューサーのアイディアを具体化するのが役目だったという監督の舛田利雄は、古代と雪の乗ったヤマトを特攻させ、沈めた理由を次のように述べます。

シリーズのなかでは『さらば宇宙戦艦ヤマト』が一番好きだね。悲壮感だけでなく、古代進たちヤマトに乗っている若者たちに、僕らの世代の想いみたいなものを託したからね。それを全体主義だとか、右傾化だとか言う人はあったけど、もっと純粋にロマンとして作ったわけですから。ヤマト自身が自らを犠牲にしてまで地球や銀河を守るというのは、身を以て国を守る軍国主義ではなくて、「WE ARE NOT ALONE」の発想なんです。[17]

舛田監督は一九二七年一〇月五日生まれです。敗戦直前の四五年七月、在学していた新居浜工業専門学校で軍事教練に反発して教官を殴り、退学になりました。威張っていた軍人が大嫌いで「しみじみ、負けたのは嬉しかった」といいますが、それは「俺たちの命はこれで助かったんだ」という実感があった」からです。「その頃、監督は、将来への希望とか、青年が持つ漠然とした思いはありましたか」という問いに、「うん。完全に断たれている。死ぬかもしれないっていうんじゃなくて、確実に死ぬもんだと思っていたから」と答えています。[18]「一億総特攻」という言葉こそ使いませんが、いずれそういうかたちの戦いで死ぬと覚悟していた「世代」の人です。

舛田が古代と雪を死なせたのは「僕らの世代の想い」の表現だと言っているのは、ひとつの世代論としてたいへん興味深いことです。舛田や西崎が、古代と雪を「一億総特攻」のやり直しとして死なせたのは、先の戦争で「悠久の大義に生きる」という自己犠牲の美学を自ら実行して死んだ上の「世代」の人たちに対する、一種の倒錯したあこがれゆえではないでしょうか。それなのに、古代らの死は「純粋にロマンとして」であり「身を以て国を守る軍国主義」ではない、とわざわざ付け加えているのは、「右傾化」という批判への言い訳の面もあるでしょうが、同時に「身を以て国を守」るでもなく生き残ってしまった自己の「世代」の甘さや、国家観の欠如を無意識のうちに認めてしまっているからです。

舛田の心の中に、日本というゆるいまとまり（「WE ARE NOT ALONE」）はあっても、日本「国」という、そのためには命も捧げて当然というような確固たる帰属意識や情熱はもはやありません。それはかつて日本を占領した戦勝国アメリカによって否定され、戦後日本人は徴兵制で自ら「国」軍に入らずとも、アメリカの軍隊――第七艦隊と核兵器に守られて生きていけたからであり、そもそも戦争は放棄する、二度としないと憲法で決まっていたからです。

一九八一年一二月に政府が行った「自衛隊・防衛問題に関する世論調査(19)」によると、「自衛隊はあった方がよいと思うか」という質問に「よい」と答えた人は八二パーセントを超えました。「日本が戦争をしかけられたり、戦争にまき込まれたりする危険があると思うか」という質問にも、「危険がある」二八パーセント、「ないことはない」三二パーセントと「不安感を抱く者」が六割に達し、「そのような危険はない」の二一パーセントを大きく超えました。

しかし、日本が外国から侵略された時どうするかという質問に「自衛隊に志願して戦う」と答えたのは六パーセントに過ぎず、「何らかの方法で自衛隊を支援する」三五パーセント、「ゲリラ的な抵抗をする」二パーセント、「武力によらない抵抗をする」一六パーセント、「一切抵抗をしない」一二パーセントでした。確かに六割が「抵抗」の意志を示しましたが、それが「身を以て」であるかは微妙です。

仮に、一番多い「何らかの方法で自衛隊を支援する」と答えた人に、「何らかの方法」「支援」とは具体的に何かと聞いたら答えられる人は多くなかったのではないでしょうか。また、望ましい「日本の防衛のあり方」の質問については、「安保条約をやめ、自衛力を強化して、わが国の力だけで日本の安全を守る」「安保条約をやめて自衛隊も縮小または廃止する」はそれぞれ六、七パーセントに過ぎず、「現状どおり、日米の安全保障体制と自衛隊で日本の安全を守る」が六五パーセントと大半を占めました。ヤマト時代の日本人は総じて、戦争の危険性や国防の必要性は感じているものの、受け身で他人任せというか、「身を以て国を守る」的な気概は薄いといえます。これは現在も基本的には同じです。

「国」に思い入れを持たない世代

舛田が「国」やその守りに何ら思い入れを持たないのは、彼らの「世代」が厳しい戦争の時代を通じて「国」の当てにならなさと、その反面としての「私」の大切さを痛感したことも大きいでしょう。吉田裕は、戦時下の日本人の多くが闇《ヤミ》（政府の定める公定価格を無視した違法な品物の売買）生活を強いられて「生活防衛のための個人のエゴイズムが国家の公的タテマエを下から掘り崩し」たことが「戦後民主主義」の歴史的前提」になったと述べています[20]。お国の言うことを素直に聞いていたら飢死しかねないのが戦時日本社会だったのです。

また、有馬学は同じく戦時下日本の各工場における時間給導入を「戦後的な〈私益〉意識の成立」とみています[21]。戦時下、各工場が熟練工不足に直面して従来の出来高給を非熟練工に有利な時間給に改めた結果、労働者側からするとお国の「滅私奉公」というかけ声とは裏腹に、適当にサボっていてもお金がもらえることになったというのです。両者の指摘とも、戦後日本人の「国」軽視、「私」優先主義がけっしてアメリカの占領改革で魂を抜かれたからなどではなく、戦争遂行のため自ら築いた戦時体制と、それがもたらした巨大な社会変動の帰結であることを示します。

話が『ヤマト』から少し脇にそれました。『さらば〜』と太平洋戦争中の特攻の関係について、もう

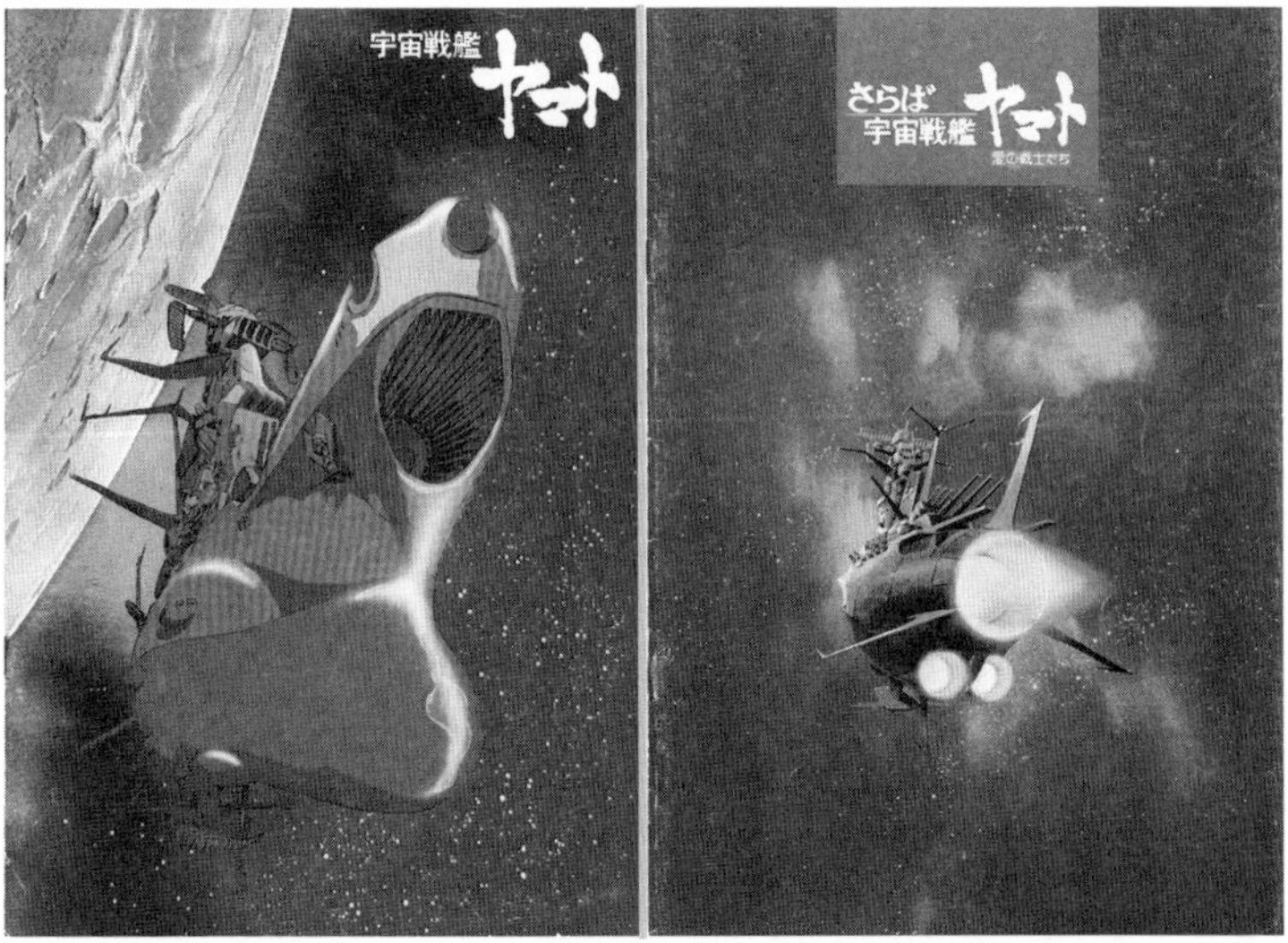

図1　左・映画『ヤマト』（77年）、右・『さらば〜』（78年）の映画パンフ

少し述べましょう。中村秀之は「特攻隊表象論」と題する論文[22]にて、戦時中のニュース映画が大空へ飛び去る特攻機を後ろから映し出すという定式を踏んでいたことが、観覧者に特攻隊＝〈昇天〉する神という、戦後にも続くイメージ作りに寄与したと指摘しています。佐野明子は中村の指摘を踏まえ、大宇宙の彼方へヤマトが消え去り、閃光とともに終わるという『さらば〜』の結末は、「特攻隊という現実の記憶と、その慣習的な表象に重ね合わされた意図的な演出であった[23]」と指摘しています。『さらば〜』は戦前からの歴史的流れに立つ紛う方なき「特攻映画」であり（図1）、作り手にとっては宇宙戦艦ヤマト＝沖縄へ向かう戦艦大和だったのですね。

ちなみに前出の松本零士は『さらば〜』において舛田と共同で監督を務めました。西崎が決めた特攻という結末にはきわめて批判的でしたが、それは、松本自身が特攻の時代を生きたからに他ならないでしょう。日本が戦争に負けた時、松本の祖母は先祖伝来の日本刀を抜いて刀身を凝視、決死の形相で「アメリカ兵が来たら刺し違えて死ぬ」と言っていたそうです。彼は後になってこの言葉の意味が「辱めを受ける前に、家族全員で刺し違えて死ぬ」ことであると気付き、恐怖を覚えたといいます。(24) 本土決戦、「一億総特攻」開始の際にはみんなで死ぬ覚悟を固めていたのですね。『ヤマト』の作り手たちの心に、したがってその物語の中に、かつての「一億総特攻」の記憶は大きな影を落としていました。

一億総特攻、完遂されず

ところが、結果から言いますと、映画『さらば宇宙戦艦ヤマト』でまがりなりにも完遂されたはずの「一億総特攻」はヤマト世界ですら実現しませんでした。映画『さらば〜』は七八年、全二六話のテレビアニメ『宇宙戦艦ヤマト2』に再編集のうえ放映されましたが、皆が感動した結末は変更され、なんとテレサ一人が特攻して古代や雪、そしてヤマトは生還したのです。

理由はいうまでもなく、さらなる続編作りのため、ここでヤマトを沈めるわけにはいかなかったからです。(25) お金のために物語世界の史実（?）や精神を曲げたわけで、この辺から「要は金儲けか」との批判が高まっていきます。事実、こののちヤマトの続編は繰り返し作られます。八三年に『完結編』が作られてヤマトが今度こそ（⁉）沈没したにもかかわらず、二〇〇九年にはまたしても新作『復活編』が作られました。舛田はこの二本では「総監修」なる役割を務めています。

日本人は、お金のために、自らの命と生のために、ヤマト（＝日本人）が特攻せず生きながら地球を救ったことにしてしまったのです。これは一種の歴史改変であり、アニメですら「一億総特攻」せず生に固執する日本人の姿が露わになりました。

『ヤマト2』（テレビ版）の最終回で、テレサは古代と雪に「勝って帰るより、負けてなお帰ることの方が勇気がいること」と語りかけ、二人はこれに従い地球へ還ります。これは、吉田満『戦艦大和ノ最期』の「敗レテ目覚メル」とも通底する、太平洋戦争の敗残者たる戦後日本人に贈られた「生きていてもよい、いやむしろ生きろ」という赦しのメッセージの繰り返しに他なりません。

いったいなぜ『ヤマト2』でそんな改編がなされたのでしょうか。私は、悲惨な大和特攻や戦死者のことは忘れ、豊かで心地よい夢の世界にひたりたいという七〇年的〝時代〟の気分の表出ではないかと思います。もちろんテレサの言う通り「負けて帰」ったら侵略してくる敵はどうするんだということになりますが、それは本来地球と何の関係もない異星人、赤の他人のはずのテレサが体を張って撃破してくれるわけです。古代をはじめ、『ヤマト』世界の日本人は誰もそのことに疑念を呈したりはしませんでした。その意味で、テレサは在日米軍の暗喩《メタファー》かもしれません。金髪、白人という当時の「アメリカ」イメージそのものですから。もっとも、日本人のヒロイン雪も似たような風貌ですが、こちらはアメリカかぶれというべきでしょう。

まことに、『ヤマト2』に至るまでの『ヤマト』物語は、敗北を「目覚メ」と合理化・正当化して豊かな生をむさぼらんとした七〇年代日本人による、自己肯定の戯画物語にほかなりません。私の考えでは、『ヤマト』物語の真髄というか本質は七四年TV版でもその映画版でも『さらば～』でもなく、『ヤマト2』にこそあります。

敗北と引き替えの豊かな生、ということで付け加えると、『ヤマト』と同じ七〇年代初頭、岡本喜八《おかもときはち》監督（一九二四年生）作の映画『沖縄決戦　激動の昭和史』（東宝、一九七一年）に興味深い事実があります。この作品は沖縄戦の始まりから玉砕に至る経緯を、上は軍司令官から下は沖縄の民間人まで複眼的な視点に立って描いた一四九分もの大作です。劇中には大和撃沈の場面もあり、そこで吉田満『戦艦大和ノ最期』も引用こそされるのですが、なぜか例の「敗レテ目覚メル」の台詞は出てこないのです。どうしてないのか、公式な説明があるわけではありませんが、私は岡本が意図的に引用を控えたと思っています。日本が「敗レテ目覚メ」た結果、平和と豊かさを享受できたのは本土だけで、沖縄は米軍による占領が継続されたからです。思えば日本の民間人で「一億総特攻」を実行して多大の犠牲を払ったのは沖縄県民だけです。沖縄の本土復帰は翌七二年で、公開当時はいまだ占領中でした。その沖縄の戦いが主題の映画で、いや私たち本土は実は「一億総特攻」なんかする気がなく「負ケテ目覚メ」たのですよ、などとは恥ずかしくて言えなかったのではないでしょうか。岡本は、戦死者と沖縄の切捨ての上に〈戦後日本〉があったことに自覚的だったのです[26]。

さらにいうと、戦後日本における戦艦大和賛美・顕彰の語りのなかで、世界一の戦艦だから凄い、日本の科学技術の礎になったから素晴らしいといわれたことはあっても、米軍に蹂躙されつつある同胞の沖縄県民を身を挺して助けに行ったから偉いといわれたことは、ほとんどないように思います。

そのわずかな例外として、戦前から少年向け海洋画・航空画を多数描いていた画家の飯塚羚児《いいづかれいじ》（一九〇四年生）が『さらば宇宙戦艦ヤマト』公開と同じ一九七八年、「戦艦大和を沖縄に入港させる会」を作って「戦後三十二年目にして大和戦没乗組員三千名の悲願を達成[27]」させるべく「大和南進」の油絵（二〇〇号）をものし、海上自衛隊機で「空路入港」させたことがあります。彼らの目的は「沖縄県民と共に国土防衛に殉じた艦と人があったことを永く伝え[28]」ることでした。こうしたごく一部の顕彰の動きを除き、戦後日本における大和の物語において最終目的地のはずの沖縄は関心の外です。沖縄の言葉で本土のことをヤマトといいますが、大和物語の展開過程をふり返ると、亡くなった沖縄県民十数万人と戦後沖縄、そして大和乗組員たちに対する本土人《ヤマト》の冷たさが浮かび上がります。

大和と沖縄県民との関係については、大和が沖縄県民用の歯磨、歯ブラシ、美顔クリーム、メンスバンド（生理帯）を大量に積んで出撃したという元海軍医療関係者の証言が紹介された例(29)もあります。その真否については今のところ何ともいえませんが（なぜ弾薬や糧食ではなく女性用品なのかとは思います）、論者のなかにはこれを史実と認め、本土の米軍基地押し付けに反発する現代沖縄への批判材料にしている向きもあります(30)。

（1） 松本零士監修『宇宙戦艦ヤマト　大クロニクル』（グライドメディア、二〇一〇年）四・五頁。
（2） 松本零士『遠く時の輪の接する処』（東京書籍、二〇〇二年）一〇〇頁。ただし、松本が中学生になったころ住んでいた小倉は朝鮮戦争の影響でディズニーの長編アニメーションなどのアメリカ映画が立て続けに上映され、「アメリカン一〇セントコミックス」も豊富に手に入れることができたといいます（同書一〇五頁）。このことが松本の漫画家・アニメーターへの道を決定づけたことは間違いありません。彼にとってアメリカは愛憎半ばする存在だったと言えます。
（3） インタビュー「青春は戦いの連続だ「さらば宇宙戦艦ヤマト」舛田利雄監督語る」（『キネマ旬報』七四三、一九七八年九月下旬号）一〇三、一〇五頁。
（4） 佐藤健志『ゴジラとヤマトとぼくらの民主主義』（文藝春秋、一九九二年）、アライ＝ヒロユキ『宇宙戦艦ヤマトと70年代ニッポン』（社会評論社、二〇一〇年）、井上静『宇宙戦艦ヤマトの時代』（世論時報社、二〇一二年）、千田洋幸『ポップカルチャーの思想圏　文学との接続可能性あるいは不可能性』（おうふう、二〇一三年）「大和からヤマトへ　現代アニメの始発をめぐって」など。

（5）一九七八年の映画『さらば宇宙戦艦ヤマト』パンフレットでも「今、多くの人びとは、人間の「いのち」がこの世かぎりのものであり、死ねばあとは物質に帰って終わりだという考えを持っている。これは明治以来、日本へ流れこんできた西洋的な思考の所産で在り、戦後、特に私たちは強い影響を受けてきた。しかし古来、日本人や東洋人は「いのち」を永遠不滅のものと信じ、死ぬというのは肉体のみという考えで生きてきたはずだ。「さらば宇宙戦艦ヤマト」は、これらの思想を具現化した象徴として、人間の真の生きかたとは何か、それを日本全国の若い人々の心に問おうとしているのである」とその「企画意図」が説明されています。西崎の意向でしょう。この文章は、どうしても戦時中の特攻隊に使われた「悠久の大義に生きる」という言い回しを連想させずにはおきません。

（6）三和良一・原朗編『近現代日本経済史要覧　補訂版』（東京大学出版会、二〇一〇年）一五頁。

（7）黒井和男との対談「「宇宙戦艦ヤマト」は現代に愛とロマンを求め翔び立った」（『キネマ旬報』七一七、一九七七年九月）一三二頁。

（8）同一三三頁。

（9）松本は「一、二、三話はコンテを自分で描いたんですが、その中で大和の外板を外すと中から戦死者の遺骨がたくさん出てくるシーンを描いておいたんです。それが誰の指示なのかカットされていた。西崎氏に言わせるとスポンサーがと、スポンサーに言わせると西崎氏が、とね」（安斎レオ編『宇宙戦艦ヤマト伝説』フットワーク出版、一九九九年、五六頁）と回想しています。

（10）木佐芳男『〈戦争責任〉とは何か　清算されなかったドイツの過去』（中公新書、二〇〇一年）。

（11）松本は「一回目の放映では、あそこで誤解を招きたくなかったんです。軍国主義の権化の戦記物という誤解をね。〔中略〕西崎氏と徹夜でどなり合いになりましたよ。〔中略〕『ヤマト』は戦死者の鎮魂歌なんだってしつこくいったのに、入れたんですね」と当時を語ります（安斎編前掲『宇宙戦艦ヤマト伝説』五七頁）。

(12) 私個人の経験ですが、七〇年代後半~八〇年代にかけてソ連海軍の空母ミンスクがたびたび日本近海に出没し、その動向が報じられるたびに、ソ連が攻めてくるのではというそこはかとない恐怖を覚えたものです。これも日本人と「軍艦」の関係史上の一コマです。

(13) ガミラスはヤマトとの艦隊決戦に空母四隻を投入し、死闘のすえヤマトに全滅させられました。これが史実上のミッドウェー海戦(一九四二年)の攻守所を変えた再演であることは言を俟ちません。

(14) 吉見俊哉『シリーズ日本近現代史⑨ ポスト戦後社会』(岩波新書、二〇〇九年)一八五頁。

(15) 舛田は「大和なんだから、沖縄の艦隊特攻に出掛けて散華した艦だから、アニメーションでも、地球の危機を救うために、巨大白色彗星へぶつかるという結末は、最初は西崎が言い出したんだ。でも、結局脚本から、何から、全部僕がやりました」(舛田利雄、佐藤利明・高護編『映画監督 舛田利雄 アクション映画の巨星 舛田利雄のすべて』ウルトラ・ヴァイヴ、二〇〇七年、二九四頁)といいます。まさに時と場を二五六年後の未来(西暦二二〇一年)の宇宙に移した「一億総特攻」の再演です。

(16) 松本零士監修『宇宙戦艦ヤマト大クロニクル』(グライドメディア、二〇一〇年)一〇六頁。

(17) 舛田ほか前掲『映画監督 舛田利雄 アクション映画の巨星 舛田利雄のすべて』二九四・二九五頁。

(18) 同二五・二六頁。

(19) 内閣総理大臣官房広報室編『自衛隊・防衛問題に関する世論調査』(同室、一九八二年)。調査対象は全国二〇歳以上の男女合計三〇〇〇人、うち有効回収数二三九三人。

(20) 吉田裕『シリーズ日本近現代史⑥ アジア・太平洋戦争』(岩波新書、二〇〇七年)二〇二頁。

(21) 有馬学『日本の歴史23 帝国の昭和』(講談社文庫、二〇一〇年〈初刊二〇〇二年〉)三五六頁。

(22) 『岩波講座アジア・太平洋戦争5 戦場の諸相』(岩波書店、二〇〇六年)所収。

(23) 佐野明子「戦艦大和イメージの転回」(奥村賢編『日本映画史叢書⑩ 映画と戦争 撮る欲望/見る欲望』森話社、二〇〇九年)二九二頁。なお、ここで言う「転回」とは、それまで世界最大で鈍重だった戦艦大和が、小さいが柔よく剛を制する宇宙戦艦ヤマトへとイメージを「転回」し、それが今日まで「ヒーロー」としての大和イメージとして残っている、というものですが、その後も戦艦大和は「世界最大」であることが賞賛の的となっている（たとえば広島県呉市の大和ミュージアム）ので、あまり賛同できません。

(24) 松本前掲『遠く時の輪の接する処』一〇〇頁。

(25) 舛田は、『さらば〜』のラストに自分の反対を押し切って「『ヤマトは二度と戻ってくることはない』という字幕まで入れた」はずのヤマトが「華々しく散華したのに、また西崎がやりたいって言い出して、次が作られたんです」と苦笑ぎみに述べています（舛田ほか前掲『映画監督　舛田利雄　アクション映画の巨星　舛田利雄のすべて』二九六頁）。

(26) ただ、岡本の『沖縄決戦』には、戦時中に日本軍が沖縄県民に加えた虐待行為を米軍へ象徴的に責任転嫁するという歴史改変の疑いも指摘せざるをえません。劇中に狂って踊る沖縄の老女が米軍の戦車に蹂躙される場面がありますが、これはおそらく、八原博通（沖縄守備軍高級参謀）『沖縄決戦　高級参謀の手記』（読売新聞社、一九七二年）に出てくる「呪文を唱えながら、両手を大きく振り、天を仰ぎ、舞いの仕草を続け」る「一人の琉装の狂女」がモチーフです。八原は沖縄戦開始後、日本軍にスパイ容疑をかけられ竹槍で処刑された女性がいると聞き、彼女ではないかと推測しています（同書一八六・一八七頁）。

(27) 飯塚羚児刊行委員会編『怪物画人「飯塚羚児」』（大和花の画房、二〇〇七年）一六五・一六六頁。

(28) 同二五頁。

(29) 歴史群像編集部編『歴史群像シリーズ　決定版大和型戦艦　太平洋戦史スペシャル1』（学研パブリッシング、二〇〇九年）最終頁のコラム「「大和」沖縄水上特攻出撃余話」。

(30) 平間洋一「「大和の心」を踏みにじる「沖縄」」（『歴史通』八、二〇一〇年）。この文章の要旨は、米軍基地に反対する沖縄はかつて戦艦大和（＝本土《ヤマト》）が身を挺して救援に向かった「心」を忘れたのか、というものです。そこで本土が沖縄と大和の「一億総特攻」に続くことなく降伏した史実は無視されています。

第一〇講　そのとき、なぜ青少年はヤマトに熱狂したのか

『ヤマト』の受け手たる若者たちはどう反応したのか

前回、『宇宙戦艦ヤマト』とその続編群とは、日本人が遅ればせながら「一億総特攻」を完遂してあの戦争に精神的に勝利しようとしたが、結局金に目がくらんで失敗、敗者であり続けることを選んだ物語であった、と述べました。

実は、映画『さらば宇宙戦艦ヤマト』の時点ですでに、日本人が総特攻せず生き残ったことへの「言い訳」はなされていました。というのは、古代や雪は特攻で死んだのに、他の乗組員たちはヤマトを退艦して生還しているからです。古代は彼らに向かって「死ぬよりも、生き延びる方が大変」なのだと説得し、乗組員たちもそれを易々と受け入れて脱出しています。この台詞は非常に興味深い。潔く散華できずに生き残った日本人がみずからを慰めるため、あえて入れたと解釈できるからです。

これに似た台詞は『さらば〜』の舛田利雄監督が作った戦争映画『零戦黒雲一家』（日活、一九六二年）にも出てきます。戦闘機パイロットの谷村海軍中尉（石原裕次郎）は、ならず者ばかり集められた

架空の孤島バルテ島の航空隊の隊長として敵と戦いますが、物量に勝る米軍の上陸が近くなります。最後の最後に友軍の潜水艦が島へ迎えに来るのですが、谷村はこれを敵機から護るため、部下の八雲上飛曹（二谷英明）と島に残ります。

そのとき谷村は部下たちに「貴様たちは員数外のクズかもしれんが、〔中略〕これからの日本はその馬車馬みたいながむしゃらな力《リキ》がいる。だがいいか甘ったれるんじゃねえぞ、これから先、生きることは死ぬより難しいんだ。〔中略〕貴様たちにやることは山ほどある、わかってるな」と訓示し、自分は八雲とともに零戦に乗って敵機の大編隊に突入します。八雲は「隊長、お互い今度は戦争のない世の中に生まれ変わりましょうや」と言うので、二人とも死ぬことが暗示されて映画は終わります。谷村の台詞は「がむしゃら」に働くことが日本のためとされた高度成長初期の時代と重なってみえますし、すぐれた人たちはみな勇敢に戦って死に、「員数外のクズ」だけが生き残ったのだという自嘲ともとれます。

戦死者の代表たる谷村中尉もまた、生き残って「戦争のない世の中」を享受する舛田たち戦後日本人に向かい「生きることは死ぬより難しい」がとにかく生きろ、生きてよいと赦しの言葉をおくったのです。それは、生者が感じているやましさの表れに他ならないでしょう。

舛田はこの『零戦黒雲一家』など自らの戦争映画について、後年次のように語っています。

> 僕の戦争映画について、いろいろ言う人もいたけど、そのなかで描いているのは「生きることとの大切さ」。どんな極限状況であろうとも、あきらめずに、最後の最後まで生きること。〔中略〕むしろ僕自身の思いは、何が何でも生き延びること、それが大事だと思います。だから裕次郎は、最後の最後に潜水艦が迎えに来たときに、「お国のために戦え」とは言わずに、「生き延びろ」と部下たちに命令をするでしょう。[1]

なぜ舛田はかくも執拗に「生きる」「生き延びる」ことへのこだわりをみせるのでしょう。それは、同じ「世代」に特攻隊を含む大勢の死者を出し、自らもいずれ死ぬはずだったのに幸運にも「生き延び」たことへの屈折、すなわち後ろめたさを内心抱え込んでいたからではないでしょうか。[2] 劇中、谷村中尉ら死んだ人たちがひたすら美化されるのも、そういう屈折の反映といえます。

「生き延びる」のは勇気が要ることであり、従って正義なのです。戦後日本で単に反戦平和を叫びたいのであれば、過去の戦争や軍隊を全否定する映画を撮ればいいし、ヤマトを特攻させる必要もなかったはずですが、舛田はそういう映画作りはしませんでした。彼のなかには戦いや特攻死へのあこがれと、生への固執という分裂・屈折した思いが同居しており、それが『ヤマト』シリーズでの特攻をめぐる分裂――死にゆく者が「生きるのは勇気がいる」と矛盾したことを言う――につながっています。

ちなみに、この「生きることの方が勇気がいる」という台詞は、岡本喜八監督(一九二四年生)の映画『日本のいちばん長い日』(一九六七年)にも出てきます。自決しようとする阿南惟幾《あなみこれちか》陸軍大臣(三船敏郎)が自分も死ぬという部下に「死ぬのは俺一人、死ぬよりは生き残る方がずっと勇気が要るのだぞ」と諭して思いとどまらせ、自らは介錯なしの壮絶な切腹を遂げます。

映画の元となった大宅壮一編のノンフィクション『日本のいちばん長い日　運命の八月十五日』でも部下に「将来の日本を頼むぞ。死ぬより、その方がずっと勇気のいることなのだ[3]」と言いますが、さらに元となった下村海南(終戦時の内閣情報局総裁)の著作『終戦秘史』にそのような台詞はありません。近いのは「お前たちこそあとへ残って時局を収拾し、日本の再建に力をいたさねばならぬ[4]」です。

舛田と岡本、ほぼ同世代の監督二人が揃ってこの台詞を死にゆく者に吐かせたのは、彼らの「世代」

が抱え込んだ、戦争を生き残ったことへの後ろめたさにあると考えます。

岡本の戦争映画の代表作は喜劇仕立ての『独立愚連隊』（一九五九年）ですが、そもそもなぜ彼は戦争映画を撮り続けたのでしょうか。岡本は陸軍予備士官学校在学中に敗戦を迎えますが、入営した友人の過半数は死にましたし、予備士官学校の校友も空襲で同じく死にました。岡本自身、いずれは死ぬと覚悟を固めていました。死の恐怖から逃れる唯一の方法が、それを笑いとばすことでした。しかし戦争は終わり、かろうじて生き残った岡本は次のように独白します。

バカバカシイコトは終った。終ったから早いとこ忘れちまえよと肩を叩かれてもそうはいかない。砲煙弾雨とドコマデツヅクヌカルミゾの中に居た兵士たちはなおさらだ。彼等に比べれば我々ははるかにハイソサイエテイたった。エエトコノボンだった。エエトコノボンのまま生き永らえたからせめて彼等と一緒くたになってヒトコト叫びたかった。(5)

岡本は喜劇としての戦争映画を複数作りましたが、それは戦争が喜劇でもあり悲劇でもあり、「だから喜劇に仕立て、バカバカシサを笑いとばす事に意義を感じた」からでした。「ちいちゃなニンゲンであった兵士たちにとって、バカバカシサへの反抗は切迫した願望でもあった」のであり、岡本はそれを死んだ人に代わって行ったのです。岡本と舛田では作風も性格も違いますが、ともに戦争で死ぬはずだったのに生き残ったこと、それに対する負い目や屈折を感じ続けていたからこそ、「生きる方が勇気がいる」と映画の登場人物に繰り返し言わせることで、自らの内なる良心を奮い立たせる必要があったのではないでしょうか。

『ヤマト』で泣きたかった子どもたち

この負い目や屈折は、舛田や岡本たち物語の作り手側の、いわば心の問題に過ぎません。では、彼らの物語を受け取る側だった子どもたちはなぜ、『ヤマト』を受け容れたのでしょう。

『宇宙戦艦ヤマト』とその続編は一種の社会現象化し、当時マスコミでもさかんに取りあげられました。映画の観客となった子どもたちの様子については高山英男（子ども調査研究所代表、一九三〇年生）の七八年の報告(6)がありますので、そこから彼・彼女らの『ヤマト』観をみていきたいと思います。

結論から言いますと、確かに子どもたちは『さらば〜』で泣きましたが、それだけでした。舛田や西崎たち作り手が込めたナショナリズムには「無関心」だったというのです。

高山の「好奇心の出発点」は、「かくも安手の自己犠牲の美学にストレートに反応して涙ボロボロ、とは近ごろの若者のくせしてそりゃないよ、という若い観客たちのへ違和感」だったと言います。舛田や西崎の特攻精神への思い入れは、彼らと同世代の筈の高山の眼には「安手」としか映りませんでした。このへんに「世代」という枠で人々の思想や行動を決めつけがちになる、世代論の難しさがあります。

ところが、高山が実際に子どもたちを詳しく観察してみると、「劇場の中であんなに「ヤマト」に熱中し、涙をぬぐっていたかれらが、帰りの電車の中では〝愛の戦士たちの死〟への感動を一言も語ることなく、夏休みの宿題の進み具合や新しいファッションの流行について、あまりにもさりげなくおしゃべりしてい」ました。彼は「どういうことなのだろう」と疑問を持ちます。答えは次のようなものです。

ティーンズたちは、それ〔映画〕を適当に遊びこなすことで、受験体制や大人の教育的管理からのつかの間の縄抜けの快感を味わいたかったのかもしれない。〈ヤマト現象〉にも、そのような縄抜けの論理が鮮明にあらわれている。

つまり、子どもたちは泣いてスッキリすることで重苦しい日常から逃避したかったのであって、ヤマトの物語に「トチ狂う」ほどの感銘を受けていたのではない、というのです。高山のみたヤマトとは「真に狂うことを触発しない、安全性の高い〝スナック性お楽しみパック〟」に過ぎませんでした。

では、子どもたちはどうして泣きたかったのでしょうか。この疑問を解く鍵は、当時の彼・彼女らが置かれていた人生上の苦しい立場にあります。

一つは、「受験戦争」の激化です。一九六〇年代の高度成長の結果、日本社会では高学歴の人材の需要が高まり、大卒でなければ、という空気が広まりました。一九六五年に一七・〇パーセントだった大学・短大への進学率（男女合計）は、七五年には三七・八パーセントへと倍増しました。[7]

高山は「全体としてかれらにのしかかる受験戦争の圧力。帰宅して、模型を作ったり、ギターをかきならしていると、「いい加減に勉強したら。期末テストもうすぐでしょ」の母親の声。かれらは、勉強部屋としての個室に閉じこもらざるをえない」、「大人たちは、若者たちの〝いま〟をせいいっぱい充実させることよりも、〝あした〟の準備の為に〝いま〟をほどほどに生きることを強制し続けている」と彼らの苦境を観察しています。もっとも、高山がこう言ったからといって、それまでの日本に「大人たち」が「若者たち」の希望や可能性を認めたり、大いに伸ばそうとした時代があったわけでは決してないでしょうが。

彼のいう「受験戦争」の特徴は、進学先の決定に偏差値なるものが重用されたことです。これによって全国の高校、大学が現在と同じように数字で序列化され、子どもたちもそこに投げ込まれて業者テストと三者面談により〝輪切り〟されることになります。これは、きわめて息苦しいことです。

もう一つは、では苦労して大学に入ればみな偉くなれたのかというと、そうではなかった、ということです。高度成長下で社会が豊かになって学歴インフレが進み、大卒の学歴が希少価値ではなくなってきたからです。

『ヤマト』の時代より前の一九六〇年代後半、日本全国でいわゆる大学紛争が起こります。〝革命〟の理想を抱いた学生たちが大学解体を叫んで権威・権力の象徴たる教授連をつるし上げる、つまり罵倒するという光景がみられたのですが、教育学者の竹内洋は、そういう学生たちの行動の背後に、ある怨恨《ルサンチマン》を見いだしています。

戦前の大学生たちは「学歴貴族」として〈身分〉としてのサラリーマン（幹部候補生）になり、優雅な生活を送れたのですが、紛争当時の学生たちは学歴インフレの中でせっかく大学へ入っても〈大衆〉としての「ただのサラリーマン」にしかなれないことに気づき、その不安や怨恨を旧来の「学歴貴族文化」の体現者たる教授にぶつけたというのです(8)。大学紛争自体はは七〇年安保敗北で終息し、つるし上げもなくなりました（今あったら嫌です）が、学生たちの境遇が戦前のそれに戻ったわけではありません。

一九七一年には大学・短大卒の新規学卒就職者が中学卒のそれを数と率の両方で上回り（前者は三〇万人＝二二・〇パーセント、後者は二八万人＝二〇・七パーセント）、『さらば宇宙戦艦ヤマト』が上映された一九七八年の週刊誌には「新入社員自殺　長期不況で崩壊する〝学歴社会〟——大学卒は投げ売り使い捨て時代だ!!」といったどぎつい見出し（『週刊朝日』五月五日号）が躍っていました(9)。せっかく親の言う通りに勉強して大学に入っても「使い捨て」にされるのでは報われませんね。

現代の大学生も、大学に行ったところで将来の安定が保障されているわけではない、でも大学には行っておかないと、とおうちの方から尻をひっぱたかれてここまで来ている人も多いでしょうから、『ヤマト』の時代と今日の状況はあまり変わらないかもしれません。

このように、『ヤマト』時代の子どもたちは、息苦しい状況の中で、何かカタルシスを得たい、泣いてスッキリしたいという内なる欲求を抱えていました。『ヤマト』はその手ごろな材料として大勢の子どもたちに〝消費〟されたに過ぎなかったのです。

ヤマト文化を支えた子ども部屋

高山は『ヤマト』を受容した子どもたちの日常生活について、「個室文化」という言葉を使いながら次のように述べています。

ティーンズたちは、自分の個室に閉じこもったまま、実に多くの「ヤマト」情報と接触している。『アニメージュ』（アニメ専門情報誌）、『ロードショー』（映画情報誌の「ヤマト」特集）などの情報誌で、ヤマトの戦闘メカの構造から映画の製作過程の実録までの多様な情報を仕込み、ラジオのＤＪ番組では早くから「ヤマト」に関する同世代からの投書や映画音楽、主題歌のリクエストを耳にし、それをラジカセで録音して保存したりしているのである。

まことに、子どもたちのヤマト文化、そして今日に連なる日本のアニメ文化の起点・温床となったのが「個室」、すなわち子ども部屋といえるでしょう。なぜ子どもたちは自分専用の部屋を持っているのでしょうか。激化する受験戦争のなかで、豊かになった親たちが愛する我が子の将来を思って勉強のために――決してアニメ趣味のためにではなく――部屋を与えたのです。

住居学者の外山知徳は一九八五年、「少くとも二十年程前まではも子ども部屋をつくるということは決して当たり前の事ではなかった」、しかし「今日では住宅産業や住宅ローンのお蔭で、相当の年齢に達せずとも人々は比較的気楽に家作をする。〔中略〕家々に子ども部屋がゆきわたり、人は子どもが居れば子ども部屋を与えるのが当然と思い、また子ども達も自分の部屋を欲しがる世の中となった」、「子ども部屋普及の背景として、やはり受験戦争という社会事情も無視するわけにはいかない」と指摘しています(10)。一九八二年、「首都圏に居住し、中高校生の子供を持つ一般家庭五〇〇」を対象に第百生命が行った調査では、全体の実に九〇・二パーセントが子ども部屋を持っていたとされます(11)。

子ども部屋は、受験戦争と並ぶ、高度経済成長の副産物の一つと言えます。『ヤマト』とは直接関係ありませんが、当時子ども部屋が家庭内暴力の温床だという批判や不要論が起こり、それが「西洋流の個の自立とそのためのしつけが日本の家庭と社会になじまないからである(12)」といった日本特殊論の一環として語られていたのは、興味深いことです。

ヤマト時代の子どもたちは勉強を強いられましたが、同時にアニメ文化にひとり没入できる場所を手に入れてもいたのです。高山によると、個室に加えて電話まで与えられた彼／彼女らは、友だちとアニメ談義をとめどもなく続けます。以下は「中学二年生の女の子たち」の会話。

「もしもし、わたし。いま何してる? きょう神谷明さん(ティーンズにトップ人気の声優)、文化放送のオレンジ通りに出るよ」「ほーんとォ、聞く聞く。ねえ、ヤマト・パートⅡでサ、神谷さんの役、ちょっとしか出ないじゃない、アタマきちゃった」
「わたし、ガミラス星のデスラー総統が一番好き! 悪だけど、強くって、すごみがあって、ステキ!」
「あなた、そうとうナリキッチャッテルね。デスラー・ファンクラブ作ったら」「わたしは、沖田艦長、大好き。あんな人、お父さんだといいな」「ネエネエ、沖田さんの声やったの納谷悟朗でしょ。あれルパン三世の銭形警部もやってるのね」「ほーんと。いやーだ、イメージ狂っちゃう」

まさに今日でいうところの「キャラ萌え」「声優萌え」的文化の芽生えといえるでしょう。ちなみに今日隆盛を誇るコミックマーケット(コミケ)の第一回が開催されたのは一九七五年のことです。

高山は、このような彼女たちの会話を聞いて「既成文化の乗っ取り!「生命とは死を超えるもの。君は愛のために死ねるか」という「ヤマト」プロデューサー・西崎義展氏の思い入れたっぷりのメッセージも、ティーンズたちによって軽くいなされ、彼らの遊び道具としてのっとられてしまった」と結論します。子どもたちは、大人文化を仲間内のコミュニケーションの道具として利用していたにすぎないというのです。[13] 彼の観察に従うなら、約三〇年も昔の「一億総特攻」話など、彼・彼女らの一顧だにするところではありませんでした。もはや〝先の戦争〟とは完全に縁が切れていたのです。

『ヤマト』は現在でも盛んな同人誌、ファンクラブ文化興隆の契機ともなりました。そこでいわゆる〝キャラ萌え〟の対象となったのが、ヒロインである森雪です。七四年『ヤマト』には雪以外にも女性が乗艦していますが、レギュラーメンバーとして画面に頻出するのは彼女一人です。彼女はアナライザーというロボットにセクハラされたり、自ら下着を見せてしまうこともあります（彼女のまとう制服自体、体のラインを強調したきわめて性的なものです）。森雪は今日に至る二次元美少女消費の先駆けといえますが、この時代、なぜ彼女は男性による消費対象として人気を博することになったのでしょうか。

ササキバラ・ゴウはその背景に、一九六〇～七〇年代にかけての男の子文化の変容を指摘します。すなわち、六〇年代の「思想」、スポ根ものにみられる「努力」といった大きな物語が終焉を迎えた——前者は安保闘争敗北でついえ、努力は高度成長下でこそリアリティを発揮しましたが、低成長下では陳腐化しました——結果、若者たちの新しくすがるべき対象として「愛」や「美少女」が発見され、七〇年代のラブコメブームに至った、というのです(14)。雪もまた、そうした男性の嗜好の変化のなかで崇拝と消費の対象とされました。したがって、『ヤマト』をはじめとする日本の男の子向けにアニメに対しては「セクハラ天国」という厳しい評価が下されている(15)ことも指摘しておかねばなりません。

図1　左・雑誌『ＯＵＴ』77年６月号表紙、右・森雪グラビア

当時のアニメ雑誌『ＯＵＴ』は森雪のパンチラやヌードを含むグラビア（図１）を巻頭に掲載したことで大人気となりました。考えてみれば、このようなエロの消費は親の目前では難しく、「個室」があってはじめて可能となったことでしょう。七〇年代日本の社会経済的変動

が『ヤマト』およびアニメ文化を今日的なそれへと方向づけたのです。

社会学者の小谷敏は、七〇年代の若者文化について、受験戦争のような「競争社会からの防衛機制からうまれた」若者なりの「やさしさ」「遊戯性」は八〇年代に入って「自己中心的、ナルシシズム的に働く自他を傷つけない、小市民意識としてのやさしさ」に収束していった、と指摘しています。小谷は「ソフトで母性的な豊かな社会のムード」のなかで育った若者たちから「受け身のやさしさをミリタント〔闘争的〕な「やさしさ」へと鍛え上げる連帯の基盤」や「文化的批判力」が失われたことを左派的な視点から批判します(16)。

たしかにそれは正しいのですが、同時にそれは国家あるいは「身を以て国を守る」といった右派的な、大きな共同体の物語を拒否するか、あるいは「笑いのめ」してしまうような「小市民意識」でもあったのではないでしょうか。国家のための死などという戦前的〈大義〉を拒否するという一点で、舛田利雄ら『ヤマト』の作り手と、子ども部屋で電話の向こうの友だちと声優談話にふける受け手の子どもたちは実は一致していたのです。

吉田満のみた「ヤマト現象」

『ヤマト』に熱狂する子どもたちを観察した高山以外の同時代人を一人挙げましょう。『戦艦大和ノ最期』の作者・吉田満です。彼は戦争を生き残った者として、戦後の日本人が「敗レテ目覚メ」真に「進歩」したか否かをひたすら問い続けていました。

そんな吉田の眼に、ヤマトに熱狂する子どもたちはどう映ったのでしょうか。吉田が一九七八年、雑誌『文藝春秋』に書いた文章[17]によると、『さらば〜』を自ら映画館へ観に行ったようです。

彼の感想は、「映画「ヤマト」のスリルと感動が、特攻隊精神を思い起こさせはしないかという心配ももっともだが、結論的にいえば、それはご無用であろう」、なぜなら「「大和」と「ヤマト」は決定的に異質であり、子供たちの胸に高鳴る鼓動、ほほを伝わる涙は、特攻隊員の空しい死とは何のかかわりもない、無邪気な透明な感傷なのである」からだ、という当時の親世代の危惧とは異なるものでした。

子どもたちはいずれ厳しい、「不確実性」に充ちた世の中へ出ていくのであるから、「「ヤマト」の画面に見入る束の間の憩いの時くらいは、彼らを甘い「確実性」の安堵感にひたらせてやるのが、あるいは大人の分別というものであろうか」とも吉田は言います。ヤマトは現実とは似ても似つかない虚構だから子どもたちの戦争賛美にはつながらない、せいぜい今のうちに美しい夢をみればよいというのが彼の結論でした。戦前的ナショナリズムの鼓吹では一切ないという点で、高山の見方と共通します。

こうした吉田の『ヤマト』評価は、彼が戦後常に抱え込んでいた、ある心配の種とつながっているかもしれません。それは、戦後の日本社会が死者たちにとって真に満足できるものになったか否か、ということです。それは吉田の「戦没学徒の遺産」（一九六九年）と題する文章からよくわかります。

私は今でも、ときおり奇妙な幻覚にとらわれることがある。それは、彼ら戦没学徒の亡霊が、戦後二十四年をへた日本の上を、いま繁栄の頂点にある日本の街を、さ迷い歩いている光景である。〔中略〕戦争で死んだ時の自分と同じ年頃の青年男女を見た時、亡霊は何をかんがえるだろうか。初めは、余りに自分との隔たりが大きいので、目がくらんで何も見えないかもしれない。〔中略〕しかし、やがて目が馴れて見えはじめたとき、彼らはまず何よりも狂喜するであろう。この氾濫する自由と平和とを見て、これでこそ死んだ甲斐があったと、歓声をあげるであろう。そして、戦火によごされた自分たちの青春に引き比べ、今の青年たちが無限の可能性を与えられ、しかもその恵まれた力を、戦争のためでなく、社会の発展のために、協力のために、建設のために役立てうることをしんから羨み、自分たちの分まで頑張ってほしいと、精一杯の声援を送るであろう。(18)

彼にとっては『ヤマト』に感動して泣く子どもたちの姿もまた「氾濫する自由と平和」の証であり、戦死者たちの死の意義を保証するものであった以上、ことさらに批判したり否定する必要を認めなかったのでしょう。

しかし、吉田は『ヤマト』に涙する子どもたちをけっして全面的に肯定していたのではありません。彼の「「宇宙戦艦ヤマト」の時代」は、次のいささか気になる一文で結ばれているからです。

この映画の成功の一因は、地球人をすべて日本人として描き、民族主義を率直に打ち出した勇気にあるという評もあるが、民族主義戦争のような非合理な、あまりにも政治的な行動を、ロマン調で描くことが可能であろうか。地球人は、なぜ全宇宙の中で最優先の生存権を認められるのか。ほかの遊星の住民は、なぜ青色の劣等人種なのか。その根拠を明らかにすることに悩まないですむなら、民族主義の核心にふれる困難な問題は、生まれてこない。少年たちが、地球人、すなわち日本民族の自信あふれるヒロイズムの発揚に快く酔ったとしても、その限りでは危険ではない。彼らはただ、いつの日かナショナリズムの飽くなき闘争をみずから体験することを、覚悟してさえいればよいのである。

ちょっとわかりづらいので、どういうことか説明しましょう。『ヤマト』は日本人が自らのために作った虚構の物語ですから、日本人の特権的地位は最初から保障されています。しかし、現実の世界とは日本だけではなく多様な国家・民族が存在する「政治」すなわち優勝劣敗の世界です。『ヤマト』に感動して泣く「少年たち」は、日本人を日本人たらしめる確かな「根拠」、世界と互していくための目標をどこに求めるべきか、そこに悩もうとしない彼らは「ナショナリズムの飽くなき闘争」の中でほんとうに生き残ってゆけるのか。この一文はそういう危機感にみちた警告と読むべきです。

日本および日本人の将来に対する吉田の危機感は、「「宇宙戦艦ヤマト」の時代」と同じ七八年に著した文章「戦後日本に欠落したもの」にも表れています。

日本人、あるいは日本という国の形骸を神聖視することを強要された、息苦しい生活への反動から、八月一五日以降はそういう一切のものに拘束されない、「私」の自由な追求が、なにものにも優先する目標となった。日本人としてのアイデンティティーの中身を吟味し直して、とるものはとり、捨てるものは捨て、その実体を一新させる好機であったのに、性急な国民性から、それだけの余裕ではなく、アイデンティティーのあること自体が悪の根源であると、結論を飛躍させた。／戦後の世界は新しい国際協調時代を迎え、有力な国家間の連合を土台にして和平が推進されると期待する見方もあったが、ナショナリズムの自己主張は、戦後逆にますます強まりつつあるのが実情である。オイルの争奪、通貨戦争は、その一端に過ぎない。ナショナリズムのそして国家観のないところには、正しい外交も、安定した国民世論の形成もないことは、いうまでもない。(19)

吉田は、経済とは別に日本および日本人が「アイデンティティー」、つまり自国の良さや目標（「国家観」）を見定めない限り、厳しい国際社会の中を生き抜くことはできない、と考えていました。それは、「日本および日本人は、世界のなかで歓迎される存在となりうるか、なりうるとすれば、具体的にどの分野で、どのようなバランスの上で実現されるのか」「資源らしい資源を持たず、花のように「かよわい」日本が、世界の孤児とならないために、日本を孤立化させてはならないとする世界の世論を、何を手がかりとして引き出すのか[20]」という心の叫びのような一文からも明らかです。ヤマト論をはじめ、表現者としての吉田の思考の立脚点は常に「国家」「国民」とその未来にありました。

吉田は翌一九七九年に病気で亡くなります。その後の日本人、とくに当時『ヤマト』に涙して現在四〇～五〇代となった世代の日本人は、吉田の「国家」に関する警告をまじめに聞くことなく、その結果経済でも凋落し、中韓米露その他の国々との資源、経済、領土をめぐるナショナリズムの「闘争」にさらされています。現在の我々は否応なく「国家」との距離感を問われています[21]。吉田の『ヤマト』論は、ひとつの予言の書であったといえるでしょう。

なお、『宇宙戦艦ヤマト』がテレビ放映された一九七四年は、吉田の『戦艦大和ノ最期』の「決定稿」、すなわち一九五二年の文語体版に一部字句などの修正を加えた決定版が刊行された年でもあります。吉田本人にいわせると、『戦艦大和ノ最期』は文語体版の刊行後、「多くの読者から、いたずらに戦争の悪夢をよびさますものとして指弾を受け」てきました。それが私たちのイメージとは異なり「指弾」だったのは「戦争にかかわる一切のものを否定し、自分を戦争の被害者、あるいはひそかな反戦家の立場に仕立てることによって、戦争との絶縁をはかる風潮」が「戦後の長い期間、われわれの周囲には支配的であった」からです。

吉田は「しヽたヽがヽっヽてヽ戦後ほぼ三十年を経た今、決定稿発刊の気運を見るのは、望外のことである以上に、今日の日本の状況がそこまで立ち至ったかとの感なきをえない」との感慨を述べます。かつて批判された自著の決定版を刊行できたのは、戦争に対する日本社会の「指弾」や「絶縁をはかる風潮」がそれこそ「決定」的に後退したからだというのです[22]。

一九七四年に二つの「大和」物語――『戦艦大和ノ最期』「決定稿」と『宇宙戦艦ヤマト』――が同時に世に出現しえたのは、戦争に対する人々の怨念の風化と、その反面としての無関心の台頭という社会状況あってのことであり、それゆえ偶然ではなく必然であったといえます。

二一世紀の今日、日本人は戦後民主主義下でひたすら戦争や国家を「悪」と厳しく指弾するばかりだった、冷静にその意義を考えたり教育したりしてこなかったから平和ボケしているのだと批判されることがありますが、少なくとも前半は間違っています。戦争も国家も、すでに一九七〇年代前半の時点で、多くの日本人にとっては確固たる「悪」ではなく、曖昧な、一種のロマンの拠り所のようなものになり果てていたからです。もしそれらが依然「悪」として「否定」「指弾」され続けていたのなら、どちらの「大和」物語も世に出ることはできなかったはずですから。

（1）舛田利雄・佐藤利明・高護『映画監督　舛田利雄　アクション映画の巨星　舛田利雄のすべて』（ウルトラ・ヴァイヴ、二〇〇七年）一二四頁。

（2）舛田は一九八〇年に「アニメは人間がやるんじゃないから登場人物に自己を仮託できるという特質があると思うんです」「時代が変わっても国民の集団深層心理は〝ヤマト〟に対して何か感じるものがあるのではな

いでしょうか。〝ヤマト〟というのは大和、つまり日本なんですね」と述べ、ヤマト人気と日本人の深層心理の関係に言及しています（「インタビュー　明治と未来をみつめたエンタテインメント作家・舛田利雄の力業「二百三高地」「ヤマトよ永遠に」について」〈『キネマ旬報』七九一、一九八〇年八月〉八五頁）。

(3) 大宅壮一編『日本のいちばん長い日　運命の八月十五日』（文藝春秋新社、一九六五年）一七三頁。

(4) 下村海南『終戦秘史』（講談社学術文庫、一九八五年〈初刊一九五〇年〉）二二二頁。

(5) 岡本喜八「愚連隊小史・マジメとフマジメの間」（同『マジメとフマジメの間』ちくま文庫、二〇一一年〈初出一九六三年〉）五二頁。

(6) 高山英男「一〇代文化としての〈ヤマト現象〉を探る」（『朝日ジャーナル』一九七八年一〇月二七日）。

(7) 三和・原編前掲『近現代日本経済史要覧　補訂版』二〇二頁。

(8) 竹内洋『日本の近代12　学歴貴族の栄光と挫折』（中央公論新社、一九九九年）は一九六九年の大学進学率は四年制大学一五・四パーセント、短期大学六・三パーセントであわせて二一・七パーセントに達していたことから、「大学生の数が増加し、大学生の地位自体も大幅に低下していた」と述べています（三二八頁）。

(9) 難波功士『「就活」の社会史』（祥伝社新書、二〇一四年）第四章「オイルショックからバブル前夜まで」。

(10) 外山知徳「子ども部屋をめぐる問題」（『現代のエスプリ№二一〇　子ども部屋』至文堂、一九八五年）八・九頁。

(11) 同一五頁。

(12) 同二〇頁。

(13) 高山は「しかし「ヤマト」に乗っ取られやすいしかけを用意したのが当の西崎氏であることも、また確かなことなのである」と文章を締めくくります。彼はプロデューサーたる西崎が本当に目指していたのは商売、つまり客を泣かせてウケることだと看破していたのです。

(14) ササキバラ・ゴウ『〈美少女〉の現代史　「萌え」とキャラクター』（講談社現代新書、二〇〇四年）五四・

五五、七二・七三頁。
(15) 斎藤美奈子『紅一点論　アニメ・特撮・伝記のヒロイン像』(ちくま文庫、二〇〇一年〈初刊一九九八年〉)二四頁。「「ヤマト」の女性キャラクターは、異性愛の体現者としての役割を分担しているにすぎない。(中略)こんな女を戦艦のクルーに加えるとは、地球もよほど人材不足だったに違いない。しかしまあ、この程度の単純な女性観が、当時の単細胞なアニメファンのレベルにはぴったりだったのであろう」(同一六三頁)。斎藤にとって、雪はひたすら男性に(性的)奉仕をするだけの主体性のない愚かな女です。
(16) 小谷敏「モラトリアム・若者・社会　エリクソンと青年論・若者論」(小谷編『若者論を読む』世界思想社、一九九三年)六八〜七一頁。
(17) 吉田満「「宇宙戦艦ヤマト」の時代」(『文藝春秋』一九七八年一一月号)。
(18) 吉田満「戦没学徒の遺産」(保阪正康編『「戦艦大和」と戦後　吉田満文集』(ちくま学芸文庫、二〇〇五年〈初出一九六九年〉)四二七〜四二九頁。
(19) 吉田満「戦後日本に欠落したもの」(保阪編前掲『「戦艦大和」と戦後　吉田満文集』〈初出一九七八年〉)四九四・五〇三頁。
(20) 同五〇四頁。
(21) 吉田は、「祖国と敵国の間」(一九七四年)において、大熊信行の「平和の問題に直面するものは、国家の問題に直面せざるをえない。戦争は人間の運命ではないにしても、国家はわれわれにとって運命だからである」(「絶後の「平和思想」」一九五七年、傍点原文)という文章を肯定的に引用しています(『吉田満著作集(上巻)』四一五〜四一七頁)。「国家」が逃れられない「運命」だった時代に生まれ、その国家に死を強いられた彼らと、国家を知らないヤマト世代の子どもたち以降の日本人との間には、決定的な断絶があります。
(22) 吉田満『戦艦大和ノ最期』(北洋社、一九七四年)「決定稿に寄せて」一七二頁。

第一一講　一九八〇年代、戦艦大和はなぜ繰り返し映像化されたのか

映画『連合艦隊』（東宝、一九八一年）から考えてみる

一九八〇年代における大和物語展開（転回）の皮切りとなったのが、八一年の映画『連合艦隊』です。その主人公は実は人間ではなく、戦艦大和です。もちろん人間の主役として永島敏行や中井貴一がいるのですが、脇役に山本五十六役の小林桂樹《こばやしけいじゅ》なども含め大物俳優が複数いるためか、その影はいささか薄くなっています。パンフレットの表紙に選ばれているのは炎上する大和の写真で、どうみてもこちらが主役扱いです。なぜ一九八一年の日本人はそのような映画を作ったのでしょうか。

この物語は、作り手と観客の双方が持っている三つの欲求に応えるため作られています。

一つめは、死んだ人のことを想い出し、次代に引き継ぎたいという欲求です。一九八五年は戦後四〇周年です。戦争当時二〇代だった人が老境に入り、体験の継承を考えはじめる時期にあたります。

映画を作った松林宗恵《まつばやししゅうえ》監督（一九二〇年生）自身も吉田満と同じ学徒出陣の海軍少尉として太平洋戦争に従軍、四五年に中鉢《ちゅうばち》という部下の少年兵を米軍機の空襲で死なせてしまいました。彼は「あこがれ

の予科練にもはいれず、せめてもの夢を海軍に託して、私の部下になった中鉢一水」のことが忘れられず、その夢をせめて映画でかなえようとしてか、劇中に同名の少年飛行兵として登場させます。しかし、中鉢飛行兵はレイテ沖海戦で空母瑞鶴から発艦はできても着艦はできないという未熟な技量のまま米艦隊に出撃させられ、当初から体当たりを決意して発進するも、なんら戦果を挙げず撃墜されるという無残な最期を遂げます。(1)

しかし、連合艦隊は戦死者慰霊や追悼のためだけの映画とは言えません。結局は戦死者をネタにして客を泣かせ金をとる「お涙頂戴」の娯楽作品であったとも言えるからです。この矛盾は松林も自覚していました。彼は「「連合艦隊」という映画を作る時、三日間、この仕事を引き受けるかどうかを考えたのです。〔中略〕映画「連合艦隊」をつくってお金を儲けようとするのが、東宝株式会社の考えであります、ただそれに私が同乗便乗してよいものであろうかということです」「「連合艦隊」という映画を作って、金儲けに私が便乗して、いい気持ちになっては申し訳ないということです」と煩悶します。

結局この煩悶は、松林が夢枕で「我々がどういう気持ちで国を護るため戦争で戦ったかを、後の世の日本人に見せてやってくれ。そのために生きて還らせたのだぞ。だからこの映画はお前が監督しろ、お前がやるのだ(2)」という山本五十六や予科練の若い兵隊たち死者の許し（?）を得て「そうだ、これは私がやらねばいけないのだ。生きて還ったからには、死にもの狂いでやらなければいけない仕事だ」と「決意」したことにより解決します。死んだ人を「金儲け」の材料に使うことへの後ろめたさを感じており、戦死者の後世への伝承という大義名分を得てようやく納得できたのでしょう。

しかし、監督としての危惧は的中したというべきか、実際に映画館で作品が上映されると中鉢飛行兵がかろうじて、半泣きで最後の発艦を果たす場面で大笑いする若者たちがいました。『連合艦隊』の特技監督中野昭慶《なかのてるよし》（一九三五年生）へのインタビューの中で、インタビュアーは「あれは秀逸なシーンで私も泣いてしまったんですが、有楽座で観てたら滑稽に見えたのか、傍にいた若い女の子のグループがケラケラ笑ってるんですよ。あの反応には参ったというか、ガッカリしましたね(3)」と述べています。

女の子たち——彼女たちも「ヤマト世代」なのでしょう——の振る舞いは確かに不謹慎かもしれません。中野はこれに応えて「戦争のことを知らない、今の若い人達から見たら喜劇なのかもしれないね」「観る方も知識がない」と彼女たちの無知のせいにするのですが、本当にそうだったと言い切れるでしょうか。彼女たちは、この物語ににじむ不純さ——所詮は「金儲け」の作り話——を見抜いたからこそ、笑ったのではないでしょうか？

「若い女の子」たちがこの『連合艦隊』を観に来た背景について補足します。前講で述べた通り、『宇宙戦艦ヤマト』に作り手が込めた戦前的ナショナリズムは、受け手の青少年層の興味を引かなかったようです。しかし同作が八一年度の邦画配給収入第一位のヒット作となるにあたっては「ヤング観客」が貢献したといいます。佐野明子は「『宇宙戦艦ヤマト』を入り口としてオリジナルの戦艦大和にも魅力を感じるようになった青少年層を、『連合艦隊』が吸引した結果とみなせるだろう(4)」と指摘しています。『ヤマト』が若い世代と過去の〈日本〉をゆるやかにつなぎ、まとめる役割を果たしたのです。

二つめは、戦艦大和という〝物体〟を公然と拝物愛《フェティシズム》の対象にしたいという作り手側の欲求です。

特技監督の中野昭慶には、戦争や戦死者への思い入れはあまりなさそうで、その証拠に大和（の模型）が大爆発して沈むその瞬間、ミニチュアの人間を載せませんでした。彼はその理由を「僕は乗せない。これは大和が主役なんだから」と述べ、「監督自身も擬人化と話されてましたが、つまり大和を擬人化として撮ってるということですね」という問いに「そういうことになるね」と応えています(5)。彼に

図1 「伝説の大和大爆発シーン」(『別冊映画秘宝　戦艦大和映画大全』47頁)

とっての大和はまぎれもなく「人」にして「主役」であり、それゆえ本物の人たる乗組員の出る幕はなかったのです。

中野は大和を「あの艦影は最早、筆舌に尽くしがたい。華麗にして勇壮、身震いがしてくる」「人はそれを、第一級の美術品として現存する日本刀に喩える」「私は完全に「大和」に魅せられたのである」[6]と美の化身のようなものとみなし、賞賛を惜しみませんでした。そして、映画で大爆発――轟沈という壮絶な最期を遂げさせる(図1)ことにひたすら職人技術の限りを尽したのです。[7]

彼は「大和かわいそう……と思うよ。と同時に、思想云々の前に「こんな素晴らしいものを無くす戦争って何?」と問題提起をしたかった。戦争って嫌だねと」[8]と思い入れを語ります。私は本当に「かわいそう」なのは乗っていた人だと思いますが、中野にそういう発想はなく、「「大和は美術品である」。これは僕が強く言いたいことだし、『連合艦隊』を撮る目的だったとさえ言える」[9]と断言します。彼が大和や戦争から得ているイメージは「壮絶」「美」です。『連合艦隊』は美を消費するための映画です。

三つめは、海軍や戦争をビジネス上の「教訓」として消費しようとする欲求です。そもそも『連合艦隊』は、一九七〇年代後半〜八〇年代に起こった海軍ブームの一環として作られたものです。その背景には日本の経済的復調と自信の復活、それなのに海外からは戦争責任問題で叩かれていた（八五年八月一五日に中曽根康弘首相が靖国神社を「公式」参拝、中韓の抗議で翌年断念するに至る）ことがあります。[10]そこで日本の良心としての海軍がいわば再発見され、わが日本も決して捨てたものじゃないと思いたがる人、偉大な国の優れた〈歴史〉を学んで自己肯定感をもっと高めたいと感じる人たちが出てきた結果、『連合艦隊』は作られたのです。

かくして大和の沖縄特攻や伊藤整一中将の「決断」は、映画と連動したビジネス上のいわば教材扱いにされました。たとえばビジネス雑誌『プレジデント』一九八一年五月号の特集「連合艦隊の名リーダーたち」において、伊藤は「人間は出処進退を明らかにすべき」という陳腐なビジネス上の「教訓」とされ、おじさんたちの消費の対象となりました。ここでの戦争イメージは「ビジネス」であります。

そもそも『プレジデント』とその読者たるおじさんたちはなぜ一九八〇年代にもなって、惨敗したはずの太平洋戦争と海軍に再注目したのでしょうか。この点について同誌は、

> 文字通りの惨敗である。〔中略〕しかし、惨敗の責任を負うべきは開戦を主張した人々であって、海軍ではない。そして連合艦隊は、世界一の海軍国アメリカを相手に善戦し、最後は圧倒的な国力の差の前に敗れ去ったのである。〔中略〕連合艦隊には優れたリーダーが少なくなかった。そうでなければ、あれほどの善戦はできなかったろう。その代表的人物を紹介したのが本特集である。一つのミスが死を招く極限状態での彼らのリーダーシップは、四〇年の歳月を超えて私たちに教訓を与えてくれる。[11]

と海軍を擁護、今日の「リーダー」たる我々も見習うべしと主張します。確かに戦争自体は愚かであったが、それは開戦を主張した陸軍や政治家が悪いのであり、よく戦った海軍からは「教訓」を引き出して大いに学ぶべきだというのです。そこには、偉大なる経済大国日本とその〈歴史〉の全否定には耐えられない、なにかしらの擁護・賛美できる物語や自信が欲しいという願望がにじんでいます。

では、大和の出撃と伊藤中将からくみ取るべき「教訓」とは何なのでしょうか。作家の小林久三《こばやしきゅうぞう》(一九三五年生)は同誌で次のように述べます。

ここまで戦局を悪化させた責任の一半は、自分にあるというおもいが、伊藤中将の胸を刺しつらぬいたはずである。事ここに至った以上、自分が生涯を託した海軍という組織に殉じねばならぬ。自分の出処進退を明らかにするときがきた[12]。

要するに、伊藤はリーダーとして敗北の「責任」をとり沖縄へ出撃したということのようです。それなら一緒に出撃させられた第二艦隊の将兵たちには何かとるべき「責任」があったのかと思いますが、それについてふれるところはありません。小林には組織のリーダーたる者、結果には責任をとらねばならないという「ビジネス」的結論が先にあって、伊藤の心情をそれに合うよう後から〈解釈〉しているように思います。戦中の日本が「一億総特攻」を絶叫していたのに、結局は後に続かなかったという嫌な事実は「なかったこと」にして、リーダーを自任するおじさんたちは気持ちよくなれたのです。

『連合艦隊』はこれら異なる戦争イメージや欲求を一緒くたにして盛り込み、観客の日本人が各自の好みに応じて消費するための映画であり、戦艦大和や戦死者たちはその道具に過ぎませんでした。ちなみに、アメリカ人の姿は襲い来る飛行機を除き一切出てきません。政治経済、「ビジネス」上の重要パートナーたるべきアメリカを〈敵〉として露骨に描くのはおじさんたちにとってまずいのです。

陳腐な「教訓」としての大和物語

『プレジデント』のように、太平洋戦争を「教訓」の場として娯楽化・消費する発想には、先例があります。ちょっと時間を遡ることになりますが、一九七一年に日本テレビ系列で放映された全二六話のＴＶアニメ『アニメンタリー　決断』（制作・竜の子プロダクション）です。太平洋戦争から敗戦までの日米両軍の戦い、指揮官たちの「決断」から何らかの「教訓」を引き出すことを目的に作られたアニメで、子ども向けではありません。スポンサーのサッポロビールの重役陣に旧陸海軍出身者が多かったことから、「高度成長期を牽引し、当時働き盛りの五十代を迎えつつあった」「ビジネスという戦場の第一線で日々「決断」を迫られる管理職世代の戦中派に向けてアピールする作品作り」(13)が狙いでした。

『アニメンタリー　決断』第二四話「連合艦隊の最期」（九月一一日放送）で大和の沖縄特攻が描かれるのですが、市販のＤＶＤを観ると、連合艦隊司令部（草鹿参謀長）、第二艦隊（伊藤中将）、米海軍の指揮官たちは「リーダー」としてそれぞれ次のような台詞の「決断」をしています。

草鹿参謀長「沖縄は天王山だ。今、沖縄を失うことは日本の敗北を決定するも同じだ。一億が総特攻となら にゃ勝てん。理屈は色々あるだろう。しかし今は今だ。ただ一億総特攻のさきがけになってくれ」という「決断」

伊藤中将「沖縄の海岸に行って沈めたい。つまり浮き砲台にしてもう一度世界最大の四六センチ砲を撃ってやりたいのだよ。何とかしてたどりつこう。何とかして」という「決断」

米海軍機動部隊ミッチャー司令官「日本海軍代表の大和を倒す名誉は、当然アメリカ海軍の代表である空母部隊、我が五八機動部隊に決まっとる」という「決断」

番組はこれらの決断からどのような「教訓」を引き出したのでしょうか。この回最後のナレーションで「見透しのきかなくなった決断がいかに恐ろしいものなのか。そしてアメリカ側の決断からは、決断のあとには果敢な実行力がなければならない、ということを学びとることができる」との「教訓」が提示されます。伊藤は「何とかして」沖縄へたどり着き主砲を撃ちたいと思ったから出撃を承諾したことにされていて、この戦争が「一億総特攻」であり命令を出した側の草鹿たちも当然後に続くはずと考えた可能性や、無謀な作戦に対する内心の憤怒などは描かれず「なかったこと」にされています。伊藤は特攻出撃に目的合理性を認め、だから納得して死んだとのストーリーが後付けされているのですね。

そもそも、『決断』は各回冒頭に「太平洋戦争はわれわれに平和の尊さを教えたが、また生きるための教訓を数多く残している」とのナレーションを入れていることからわかるように、〈戦争〉を生き残った者が「生きるための教訓」を学んで賢くなったと自己満足できるように物語化し、消費するための「番組」に過ぎません。そこで得た「教訓」なるものが真に教訓たり得るのか、死んだ人の胸中や本心がどうだったかなどは、およそ顧慮されないのです。

しかし、アニメ『決断』は商業的に成功した作品とはいえませんでした。戦争がおじさんたちの知的娯楽の対象になるには、七〇年代初頭はまだ早すぎたといえます。なぜ受け入れられなかったのでしょう。『決断』は今でいうメディア・ミックスのはしりのようなところがあって、同じ日本テレビから雑誌『決断』が七一年の間に六冊発行されました。その目的が後年の『プレジデント』と同じく企業勤務のおじさんたちの知的教養の向上であることは、米軍を好敵手扱いする太平洋戦争の関連記事に加え、企業トップの成功談や優良企業のレポートなども掲載されていることからわかります。

その第五号（一〇月号）が、沖縄戦について戦艦大和の図入り解説などの記事を多数載せているのですが、これは非常に興味深い内容です。沖縄戦、ひいては先の戦争自体に対する総括的評価が雑誌本来の趣旨を裏切るネガティブなものであるからです。たとえば元海軍中佐の吉田俊雄が「戦史研究家」の肩書きで「住民犠牲の戦略はいまも生きている」という文章を書いているのですが、これは完全に旧日本軍――より正確にいうと陸軍の賛美どころか糾弾が目的となっています。

吉田はこの文章の最後の「国民対軍隊と企業」と題する節で、陸軍（沖縄守備軍）の「国民を守るという本源の目的から逸脱し、もっぱら自分の利を追求し他の利を顧みない考え方」は今日でも少しも改まっていない、たとえば今の企業は利益優先で公害対策をおろそかにしているではないか、「国民に危害を与えて、なんの軍隊であり、企業であろうか」（四六頁）と述べ、返す刀で戦後の日本企業まで糾弾してしまっています。(14) なんだか吉田が陸軍憎しのあまり娯楽作品たる『決断』の「本源の目的から逸脱」しているような感じで、これでは読者たちは気持ちよくなれも、楽しめもしなかったでしょう。

沖縄戦が陸海軍間の対立をはらみ、多数の住民を巻き込んで遂行された記憶の生々しかった――少なくとも当事者たちにとっては――一九七一年の段階では、それを「決断」へのポジティブな「教訓」材料として安心して受け入れ消費するには、語り手たちの良心の面からもまだ早すぎたのだと思います。

戦艦大和の海中探索

八〇年代は、海底に眠る実際の戦艦大和が探索により発見され、映像記録化された時代でもあります。一九八二年五月、ＮＨＫが潜水艇による調査で海底に眠る大和の撮影に成功しました。それまで正確な沈没地点には諸説があり、実はよくわかっていなかったのです。同局のディレクター三井俊二（一九三八年生）は、大和探索調査を決意した理由を次のように述べます。

〔新聞で『さらば宇宙戦艦ヤマト』の制作方針をめぐる西崎義展と松本零士の対立が報じられたが〕それは、アニメの主人公が、結局最後には、日本ではなく今度は人類の住む地球であるが、その地球を救う「愛の戦士」としてやはり特攻精神で玉砕するという、原作にはないと伝えられている結末を映画には入れるということが争われた由であった。報国のため一身を捧げる精神は、二十年四月七日の「大和」の特攻作戦とちっとも変わっていない。夢幻的な色彩と巧みなストーリー展開のアニメだけに、子どもたちに「刷り込み」がなされる危険は恐しい。テレビ・ディレクターとして今、大和の真の姿を伝える必要があることを、私は痛感した。(15)

先の第九講ですでに述べた通り、『宇宙戦艦ヤマト』のストーリー展開は「巧み」どころか、「玉砕」したはずのヤマトが生き返るなどご都合主義そのものでファンの失望を招きました。それに「報国のため一身を捧げる精神」なるものは作り手の舛田監督自らが明確に否定していましたから、この心配は杞憂であったと言わざるを得ません。しかし、三井が次代を担う子どもたちの行く末を真剣に心配したこと、その使命感が大和発見という大和物語の別の展開につながったことはよく分かります。
一九八五年七・八月、海底の大和に対し、潜水艇による撮影と遺骨・遺品の引き揚げが試みられました。中心となったのは、八三年に小説『男たちの大和』を著した作家・辺見《へんみ》じゅん（一九三九年生）です。彼女は小説を執筆する過程で各地の遺族を自分の足で廻り、「『主人は海の底で、どうして静かに眠っているといえるのですか。私の処に帰りたいと思っているでしょうに……』そういって、絶句した妻たちの声」を聞いたことから、「遺骨を一片でも遺骨、遺品を引き上げて海への鎮魂をしたい」と考えました。角川書店とNHKの協力を引き出し、遺品引き揚げにまで成功した彼女の問題意識は、戦後四〇年が過ぎた今、戦争の記憶を次代にどう継承するか、にありました。たとえば辺見は探索の顛末を『YAMATO!』と題する本にまとめましたが、題名を大和でもヤマトでもなくローマ字書きとしたのはおしゃれとか西洋かぶれということではなく、次の確固たる理由がありました。

書名を『YAMATO!』としたのは、このたびの探索に、御遺族の方々に続いてもっとも反響の大きかったのが、十代の若者たちだったからである。「大和」ではなく宇宙戦艦「ヤマト」の世代である少年少女たちの支援は予想外の喜びでもあった。次代を担う彼らこそが、新しい叙事詩としての「ヤマト」の語り部なのだと、私は信じたい気持ちになっている。(16)

前出の三井と辺見のアニメ『宇宙戦艦ヤマト』に対する評価はおよそ正反対ですが、どちらも戦争・大和体験の次代への継承を意識している点では共通しています。二人とも『宇宙戦艦ヤマト』の名を挙げているのは、それが時代に与えた影響の大きさを物語ります。大和物語の歴史は「大和」から「ヤマト」へ、そして再び「大和」へと、七〇年代から八〇年代へとつながって流れていくのです。

興味深いことに、辺見が実弟の角川書店社長・角川春樹（一九四二年生）に相談すると――遺骨・遺品引き揚げには厖大な資金がいるので――彼は一言「大和の魂を引き上げるのか」と言ったそうです[17]。彼にとっての大和は、「魂」を持つ以上、単なるフネ、戦死者たちの乗り物の残骸などではなく、一種の物神といえます。

彼が大和を一つの神だと考えていたことは「二十九日出航後、海軍旗の形をした夕焼けが西の空に浮かびあがったように、今回の探索行は大和の英霊によって導かれていた。私たちが直面するはずだった台風七号も、探索海域から迂回してしまった[18]」などと、いささか異様な主張をしていたことからもわかります。この場合「大和の英霊」とは乗組員ではなく艦《フネ》そのものの魂を指すように思います。

角川は自ら潜水艇に乗りこみ、海底の大和の舳先《へさき》に取り付けられていた菊花紋章を実見します。「この瞬間、私の全身は鳥肌立ち、言いようのない敬虔な気分になった。潜水艇の窓ガラスに額を強く押しあてながら青い輝きを見つめていた。この時、私は、はらわたから日本人だと理解した[19]」といいます。彼は、天皇をいただく悠久の祖国「日本」の守護神として大和を理解していたのかもしれません。

姉の辺見が「「大和の魂を引き上げるのか」といった事務局長〔角川〕の言葉を、私は終生忘れることは出来ないだろう[20]」と語ったのは、そういう弟の発想に内心異様な感じを覚えたからではないでしょうか。辺見にとっての大和は、あくまで「人」たる戦死者たちの「魂」が眠る場所だったからです。姉弟で戦艦大和とは何かについての理解がまるで違っているのです。このような弟――角川の認識は、前出の七〇年代における大和＝護国の神的扱いの延長線上に位置するともいえます。

潜水艇による探索の結果、遺品のみが引き揚げられ、三年前のNHK撮影時にはあったはずの遺骨はついに見つかりませんでした。その理由は、死者たちが自分たちを忘れ、切り捨てた戦後日本人に怒っており、今さらテレビ番組でさらしものにされるのを拒否したからかもしれません。(21)

『ゴジラ』(東宝、一九八四年)と戦死者たちの怒り

これと時を同じくして、ゴジラが映画の中で復活、ふたたび東京を襲撃します(『ゴジラ』東宝、一九八四年)。この物語もまた、八〇年代の日本社会における戦死者たちの位置づけを示唆するものです。

この作品に求められていたのはゴジラ物語の原点回帰でした。そのため、一九五四年に死んだはずのゴジラが復活、東京を襲います。ゴジラは新宿の超高層ビル街を破壊し、自衛隊がスーパーXなる超兵器で迎撃して失神させます。その間、ソ連が核ミサイルを日本に撃ち、アメリカが沖縄の嘉手納《かでな》基地から迎撃ミサイルを発射、撃墜します(日本は蚊帳の外です)。爆発の衝撃でゴジラは目覚めますが、ある科学者の発案で音波により三原山へ誘導され、その噴火口に転落して最期を遂げます。ゴジラ復活の目的は、ひとつは核戦争への恐怖の飼い慣らしであり、もうひとつは破壊と死の娯楽化でしょう。

興味深いのは、映画の結末で死にゆくゴジラの最期を見て泣きそうな顔になる日本国首相の存在です。この演技は俳優小林桂樹(一九二三年生)のアドリブだったそうですが、彼はなぜ泣いたのでしょうか。彼はゴジラを戦死者の魂と感じ、ゴジラ(=大和のそれをはじめとする戦死者)にはもう日本のどこにも居場所がないことを哀れんで泣いたと、私は考えます。ゴジラの怒りは八〇年代東京ではもはや弱々しいものでしかありませんでした。本作より、ゴジラの身長設定は五〇メートルから八〇メートルへと伸

ばされますが、これは高さ二〇〇メートル超の新宿巨大ビル群への埋没を避けるためでした。『連合艦隊』に続き『ゴジラ』の特技監督も務めた中野昭慶は、この事情を次のように語ります。

七五年以降から八〇年代にかけて、世の中全体のフォルムがえらく変わってしまった、世の中全体が巨大化された。背景になる超高層ビルが林立したでしょ。〔中略〕そんな時代に五〇メートルのゴジラが出てきても、絵になりません。五〇メートルのゴジラが超高層ビルの間に立っても、赤ん坊が大人のそばにいるようなものです。赤ん坊が声高に「俺は強いぞ」って叫んでも、誰が納得しますか。で、しようがないからゴジラを八〇メートルに設定したけど、やはり釣り合いがとれない。とにかくゴジラが弱々しいんです。(22)

中野によると、ゴジラの身長問題は「もはや、ゴジラに何の怖さも感じない。原点、原点って簡単にいうけど、原点って何なんだ、という大問題」にまで発展しました。彼はこの物語上の「大問題」を「文明は巨大化すると必ず滅びる」「今、怖いのは人間」という文明批判論で何となく解決しました。(23)しかしこの問題は、物語の「原点」たるゴジラ——戦死者たちの怒りが高度成長を経て豊かになった八〇年代日本人の心にもはや届かず、彼らは時代から完全に取り残され、単なる娯楽や消費の対象になり果ててしまったことを意味します。五四年『ゴジラ』のように誰かが生き残った日本人を代表して死者たちの後を追い、その命をもって慰めることももはやありません。戦中派たる小林桂樹はそんなゴジラ——戦死者を哀れみ、悲しんで泣いたのです。

本作プロデューサーの田中友幸（一九一〇年生）も「ゴジラを揶揄するような芝居をノリにノッて演

じていく」浮浪者役の武田鉄矢の演技をみて、監督の橋本幸治（一九三六年生）に「ゴジラをあんなふうに侮蔑するような言い方は考えてもらわなければいけない」と「憤然と言った」そうです。橋本はのちに「友幸さんはゴジラの悪口を言われると凄くいやがるんです。その時、そうか、自分がゴジラだと思っているんだなと思ったんですよ(24)」と語っていますが、田中が「侮蔑」されたと感じたのは自分ではなく、戦争で死んだ同世代の人たちではないか、と私は思います(25)。

一方、田中に叱られた橋本幸治監督は小林の演技に「ラスト、僕は演技指導していないんです。でも変に感傷的になって後で公開したんです。評論家の方にも言われたし、僕も失敗したなあと思いました(26)」とはっきり不満を述べていました。特技監督の中野昭慶も「ただ単純に怖いゴジラが出てきた暴《ママ》ればよかったんじゃないかな。〔中略〕ゴジラとはなんぞや？〝あれは神よ〟と言っておけばよかったかもしれないね。今にして思えば(27)」と八四年ゴジラへのどこか突き放したような感想を述べました。敗戦時まだ一〇歳未満の子どもだった彼らには、小林がなぜ泣いたのか、理解も共感もできなかったのです。だから、荒ぶるゴジラに対して自衛隊員の操るスーパーXは核反応を抑制するというカドミウム弾（！）を何の遠慮もなく猛射します。六〇年代のヤマトンやアイアンロックスに真正面から立ち向かい抹殺したのが米軍（＝ウルトラマン）だったのに対し、八四年のゴジラ（＝戦死者）と戦ったのが同じ日本人からなる自衛隊であったことは、日本社会における自衛隊の地位上昇とともに、先の戦争に対する痛覚の風化、というより無化を示すものでしょう。

このように、一九八〇年代とは、日本経済が豊かになるとともに日本人の欲望のたがが外れたかのようになって、太平洋戦争さえもさまざまな形で単なる娯楽や〈消費〉の対象とされた時代でありました。そんな風潮のなかで、戦艦大和や戦死者たち（の化身）は、娯楽映画やＴＶ番組のかっこうの材料として召還され続けたのです。

（1）波で揺れる空母の狭い甲板に着艦するには相当の技量を必要としました。そのため史実上のレイテ沖海戦では攻撃終了後、フィリピンの味方陸上基地へ向かうよう指示されていました。
（2）松林宗恵『私と映画・海軍・仏さま』（大蔵出版、一九八五年）一五〇〜一五二頁。
（3）中野昭慶・染谷勝樹『特技監督中野昭慶』（ワイズ出版、二〇〇七年）二一八頁。
（4）佐野前掲「戦艦大和イメージの転回」二九八頁。
（5）中野・染谷前掲『特技監督中野昭慶』二二一頁。
（6）『連合艦隊　海は歴史を擁し空は記憶をとどめる』（パシフィカ、一九八一年）七五頁。
（7）『連合艦隊』における「伝説の大和大爆発シーン」は「大和の最期に真っ赤なバラが咲いたら似つかわしくない」というので「撮影済みフィルムの赤みの強い炎をマスクで隠し、フィルム濃度を調整して色を薄めた炎を合成した。つまり海の色と空の色は、撮影したフィルムのままだが、爆発の炎の色だけを淡く変えた」という、特技監督こだわりの産物でした（『別冊映画秘宝　戦艦大和映画大全』洋泉社ＭＯＯＫ、一九八一年、四七頁）。
（8）前掲『別冊映画秘宝　戦艦大和映画大全』四四頁。
（9）同。山里裕一「「戦艦大和」と特撮愛　テクノロジーへの高揚感」（高井昌吏編『「反戦」と「好戦」のポピュラー・カルチャー　メディア／ジェンダー／ツーリズム』人文書院、二〇一一年）も中野特技監督の大和「愛」を強調します（二四三・二四四頁）が、重要なのは彼が大和を〈人〉とみなし、もう一方の人である乗組員たちの姿を捨象したことだと思います。
（10）吉田裕『日本人の戦争観』（岩波現代文庫、二〇〇五年〈初刊一九九五年〉）「海軍史観とその問題点」「「経

営書」的戦記と戦争責任論」二〇四〜二一五頁。
(11)『プレジデント』一九八一年五月号、三三頁。
(12)小林久三「伊藤整一　「大和」に死に場所を求めた知性派提督」(『プレジデント』一九八一年五月号)一三三頁。
(13)但馬オサム『世界の子供たちに夢を　タツノコプロ創始者　天才・吉田竜夫の軌跡』(メディアックス、二〇一三年)二一九〜二二三頁。
(14)ただし、吉田は身内たる沖縄の海軍部隊については「なにかと県民たちの安全のために腐心したと伝えられるが、編制上、沖縄軍司令官の下にあり、全般のことについては遺憾ながら影響力は及ばなかった」(四六頁)と弁護を忘れません。彼は一九六四年の時点で『海軍式近代経営学』(文藝春秋新社)と題するビジネス指南書を刊行しており、これはのちの海軍善玉史観とビジネスマン的教養との結合の原点であったといえます。
(15)三井俊二『戦艦大和発見　悲劇の航跡を追って』(日本放送協会、一九八二年)一五頁。
(16)辺見じゅん編『YAMATO!　戦艦大和発見!　極秘誕生から探索までのすべて』(角川書店、一九八五年)二五二・二五三頁。
(17)辺見編前掲『YAMATO!　戦艦大和発見!　極秘誕生から探索までのすべて』一五頁。
(18)角川春樹「青い輝きの菊華《ママ》紋章」(同『「いのち」の思想』富士見書房、一九八六年)六五頁。
(19)同六七頁。
(20)辺見編前掲『YAMATO!　戦艦大和発見!　極秘誕生から探索までのすべて』二五三頁。
(21)のちの一九九九年八月、テレビ朝日が再度の大和潜水艇調査を行い、その様子はテレビ番組として放映されましたが、やはり数々の遺品類は引き揚げられても遺骨は揚がりませんでした(テレビ朝日出版部編『戦艦大和　海底探査全記録』テレビ朝日出版事業部、一九九九年)。
(22)冠木新市構成『ゴジラ・デイズ　ゴジラ映画クロニクル　一九五四〜一九九八』(集英社文庫、一九九八年

〈初刊一九九三年〉）三四二頁。

(23) 同三四三頁。

(24) 白石雅彦編『平成ゴジラ大全　一九八四〜一九九五』（双葉社、二〇〇三年）七〇頁。

(25) 八四年『ゴジラ』公開から一〇年ほど後のことですが、ゴジラのテーマ音楽作曲者として名高い伊《い》福《ふく》部《べ》昭《あきら》（一九一四年生）も「ゴジラは海で死んだ英霊のような存在ではないか。そんなことも考えるような時代だったのです」「徴兵検査でギリギリ合格の第二乙種だった僕も、召集令状が今日来るか明日来るかという不安の中で何年も過ごしたものです。ところが戦争に負けると、民衆はアメリカから持ち込まれた自由を謳歌するのに懸命でした。あのころ熱海や箱根に傷病兵の療養所があり、その横を人々が楽しそうに歩いていく。それを見て、われわれは苦しんでいるのに、という気持ちもあったでしょう。ゴジラが国会議事堂などをつぶすのは、その象徴のような気がします」とゴジラと戦死者、そして生者による戦争の忘却を結びつける発言をしています（産経新聞「戦後史開封」取材班編『戦後史開封　昭和二〇年代編』産経新聞社、一九九九年〈初刊一九九五年〉）五五四頁。

(26) 白石編前掲『平成ゴジラ大全　一九八四〜一九九五』七四頁。

(27) 同。

第三部

現在の私たちにとって太平洋戦争とは何なのだろうか——大和から考える

第一二講　一九九〇年代、なぜ戦艦大和は仮想戦記に蘇ってアメリカに勝ったのか

仮想戦記とは何か──「たられば」の物語

一九八〇〜九〇年代にかけての日本では、前回述べた映画・TVとともに、戦艦大和が活躍する舞台がもう一つ作られます。仮想戦記、すなわち負けた戦争についてあの時ああしていれば、こうしていたらと「シミュレーション」し、空想世界で戦争をやり直すための物語です。

実は、仮想戦記は明治・大正時代からたくさん書かれていました。その多くは『日米戦争未来記』などと題する日米戦争のシミュレーション小説でした。これらの全体像についてはすでに、猪瀬直樹『黒船の世紀』（初刊一九九三年）というすぐれたノンフィクションがあります。猪瀬は、日本人は黒船という〈外圧〉によって強引に開国させられたことのトラウマを抱えていて、戦前の仮想戦記はアメリカからの〈外圧〉をはかる「敏感な震度計」であったと指摘します。(1) 日米対立が高まると仮想戦記もたくさん書かれ、いわば予言の自己成就のようなかたちで一九四一年に本当の戦争がはじまるのです。

ここでは、その一例として海軍大佐・水野広徳（本書第三講で既出、一八七五年生）が一九一四年に

著した小説『次の一戦』を挙げたいと思います。彼は現役の海軍大佐として海軍拡張を国民へ広く訴えるために日米戦争のシミュレーション戦記小説を書きました。海軍予算をけちって艦隊決戦でアメリカに負けたらこうなります、皆さんはそれでもいいんですか、と問いかけるのが執筆の目的なので、日本は対米艦隊決戦に敗れて事実上の敗戦国となります。水野はその惨状を次のように描きます。

台湾、琉球、対馬を始め、我が大小の島嶼は悉《ことごと》く敵の攻撃占領する処となつた。海外貿易は全く途絶した。日本の沿岸は到る処敵艦隊の脅威を受けた。物資の徴発を名とし、各地に上陸したる敵兵は、彼等が常に口にする、黄色人種は国際法の保護に浴する資格なきことを、事実に於いて示した。彼等は日本人の人権なるものを認めなかった。彼等が上陸したる地方に於ては、何故か、若き婦人の自殺者が多かつた。

猪瀬はこれらの日米未来戦記に「黒船の心理的傷痕」を見いだします。白人国家アメリカの軍艦に負けたらこうなるかも、という日本人の恐怖心を、水野らの小説は如実に描き出してみせるのです。日本人の海軍や戦艦に対する強い思い入れも、この傷痕の裏返しなのでしょう。

とはいえ、水野はこののちヨーロッパへ私費留学し、第一次大戦の惨状を実見したことで平和主義者に転向して海軍の現役も退き、一九三二年に新たな未来戦記小説『打開か破滅か　興亡の此一戦』を著します。これも前作『次の一戦』と同じ日米艦隊の決戦シミュレーションですが、大きく異なっているのは、それが航空機主体の戦いであって、戦艦の出番はほぼないことです。

軍事史家の藤原彰が高く評価したように、水野はこの作品で日米戦争の経過をかなり正確に予見していました。(2) 具体的には日本の満洲占領が日米戦争の導火線となること、「今度の戦争は、大部分空軍に依つて決するので、軍艦などは唯最後の止めを刺すに過ぎない」こと、海戦は「飛行機と云ふ奴に懸つては、三万噸《トン》の大戦艦も全く手が出ない」ので「先に敵の航空母艦を破壊した方が勝つことになる」ことなどです。同書の「付録」で水野は「布哇《ハワイ》を攻陥する途は唯圧倒的な優勢なる空中攻撃である」「我が飛行機は布哇を爆撃するであろう」と書いていますが、これはのちに真珠湾攻撃として実現します。そして、東京は反攻してきた米空母部隊の空襲で焼け野原となり、日本の敗戦が暗示されます。

さらに水野は作中、アメリカ空母の甲板を破壊して飛行機の発着を不可能にするための『行き切り』飛行」が「一機の飛行機と、二名の飛行将校」の「志望」により決行される様を描いています。これは一九四四・四五年に同じ目的で実行された、片道飛行の体当たり攻撃——特攻に他なりません。真珠湾空襲や特攻は、海軍のエリート参謀たちが切羽詰まってひらめいた天才的な奇策でも何でもなく、実は一老大佐が平時に思いつく程度の平凡な発想でしかなかった、とも言えます。

一九四五年、日米戦争は水野の予言が成就したような形で終わりました。彼はそれを見届け、同年一〇月に亡くなりました。変な言い方ですが、実際に戦争して敗れ、アメリカの支配下に入ることで、日本人はようやく黒船の心理的重圧から解放されたのかもしれません。それなのに、戦後日本では戦艦大和を主人公とした日米シミュレーション戦記が、とくに一九八〇年ごろから多数書かれるようになります。これはなぜなのでしょうか。

初期の仮想戦記

戦後日本初期に書かれた仮想戦記として、SF作家小松左京（一九三一年生）の短編小説『地には平和を』（早川書房、一九六〇年）があります。太平洋戦争での日本本土決戦を紙上で再現した、今でいうところのシミュレーション戦記ですが、彼はなぜそんな小説を書いたのでしょうか。まず小松自身の、もしあの戦争が続いていたら、当時一四歳の中学生だった自分も死んでいたかもしれないという「地面が崩れ落ちるような恐怖(3)」があります。つまり、仮想戦記の内容は、その作者の内なる戦争観を直接反映していることになります。この点は覚えておいて下さい。

ありえたかもしれない未来に対する小松の恐怖は、『地には平和を』の主人公が本土防衛隊「黒桜隊」に志願した中学生とされていることや、「彼〔主人公〕等の上級生があの自殺兵器〔特攻兵器「桜花」〕の中にとじこめられ、うつろな表情で時の来るのを待っているかも知れないのだ(4)」といった記述によく表れています。

この作品の世界はいわばパラレル・ワールドで、主人公は二つの世界を同時併行で生きています。一つは本土決戦で米兵に撃たれて死ぬ世界です。いまわの際にどうやら日本は負けたらしいと聞いたことを思い出し、「お前は、死におよんで日本人と信念をなくしたのか！　そんな事はあり得ないんだ。それでは、すべての日本人の死、俺の死がむだになってしまう……」と心中で絶叫しながら意識を失っていきます。

もう一つは、史実通りに戦争が四五年八月で終わる世界です。彼はやがて幸せな家庭を持ち、幼い息子がどこからか拾ってきた黒桜隊の徽章をみて一瞬だけ「この美しい光景が、家族の行楽が、ここにいる彼自身、いや、彼をふくめて社会や、歴史や、その他一切合切が、この時代全体が、突如として色あせ、腐敗臭をはなち、おぞましく見えた」ものの、すぐに平和な日常へとかえっていきます。

この「腐敗臭」の箇所には、一歩間違えれば「日本人としての信念」なるもののために皆無残な死を

図1　『無条件降伏　「決号作戦」の全貌』（『戦記画報　6』84頁）

遂げていたかもしれないというのに、それを綺麗さっぱり忘れて、あるいは「なかったこと」にして繁栄を謳歌する六〇年代日本への批判や、これではまたいつか「日本人の信念」とか一億総特攻とか叫び出すのではないかという、小松の別の意味での恐怖が込められていたと思います。そうだとすれば『地には平和を』は一つの警世の書です。

図1は『地には平和を』とほぼ同時期の一九五九年に描かれた『無条件降伏　「決号作戦」の全貌』[5]（神戸重司《ごうどしげじ》作）と題するマンガの一コマです。このマンガも本土決戦が起こっていたら「流血の惨事」が繰り広げられたはずとの予想を明記しているにもかかわらず、最後にニキビ面の軽薄そうな青年（作者本人）が出てきて何の衒《てら》いもなく「みなさんこんどは芸術に科学にそして政治経済にとはえある日本をきずこうではありませんか」と言うのです。こういう戦後日本の軽薄さが、小松には「おぞましく見えた」のでしょう。

しかし、仮想戦記は純文学というよりはエンターテインメントなので、しだいにかつての敵・アメリカと戦って勝つ——六〇年代の『新戦艦大和』的な——話に変化していきます。一九七一年、推理作家の高木彬光《たかぎあきみつ》(一九二〇年生)は小説『連合艦隊ついに勝つ』(ベストセラーズ)を著しました。ある戦記マニアの現代人男性が戦争中へタイムスリップし、戦艦大和を中心とする連合艦隊に知恵をつけてミッドウェー海戦やレイテ沖海戦などに連戦連勝するという物語です。大和を旗艦とする艦隊は四四年一〇月のレイテ湾に突入して米上陸船団を撃滅、意気揚々と帰途に就きます。しかし結局のところ、戦争の大勢は覆せません。物語は、大和は史実通り沖縄へ特攻して沈むだろう、それでも「これだけの武勲をたてて沈んで行くなら、その名も『悲劇の英雄』として、世界軍艦史上不滅の存在となるだろう」という主人公の独白とともに結末へと向かいます。

なぜこのような物語が一九七一年に書かれたのでしょうか。管見の限り著者の高木が何も語っていないので残念ながら不明ですが、同書カバー裏の紹介文に「京大冶金科を卒業して(昭和十六年)、すぐ郷里の弘前連隊に入隊したが胸部疾患の疑いで即日帰郷。その後、中島飛行機製作所に入社して、世界の驚異と言われた「零戦」よりも高性能戦闘機の製造に励んだが、ついに実用段階にいたらないうちに終戦。弘前連隊もルソン島で全滅。あの戦闘機が大量生産されていたらと、悔やまれてならないという。本書『連合艦隊ついに勝つ』も、こうした背景から生まれた著者〝必然の書〟といえる」とあります。

この「背景」のさらに背景には、戦争に負けたことや自分だけ生き残ったことについての高木の屈折した感情がありそうです。たとえ一時だけでも大和を活躍させ対米戦勝の栄光にひたることで、この感情を昇華させたいという欲求が、高木をしてこの小説を書かしめたのではないでしょうか。それがなぜ一九七一年だったのか明確にはわかりませんが、当時の日米関係が繊維輸出問題や沖縄返還をめぐり決して良好ではなかったことが、時代背景の一つにあるかもしれません。

『連合艦隊ついに勝つ』は今読んでも実に面白いですが、それは日本海軍が現実離れした連戦連勝を続けるのではなく、一時の勝利もしょせん国力の差を覆すものではない、という史実に立脚した確固たるリアリズムで貫かれているからです。TVアニメ『機動戦士ガンダム』（一九七九〜八〇年）が未だに親しまれる名作である理由の一つが、確かにガンダムは大活躍するけれども、戦争の大勢を決するのはあくまでも主力部隊同士の決戦というリアリズムにあるのと同じです。

一九八〇年代、日本人の脳内〈歴史〉で勝利した大和

一九八二年に、檜山良昭《ひやまよしあき》（一九四三年生）の仮想戦記小説『アメリカ本土決戦 戦艦〝大和〟米艦隊を殲滅す！』（光文社）が書かれました。そのあらすじは戦艦大和以下の連合艦隊が大活躍して米艦隊に連戦連勝、その支援により陸軍は米本土に上陸して西海岸一帯を占領するものの、結局はアメリカの生産力に勝てず戦争は負けるだろうとの暗示で終わる、史実に立脚した常識的なものです。この点では前出の高木彬光『連合艦隊ついに勝つ』と軌を一にしています。

物語の終幕で山本五十六司令長官は「西海岸一帯を占領しても、アメリカの軍事力にはたいした打撃にはならんよ。その効果は国民に対する精神的なものにあると思った。しかし、アメリカ人は戦意を喪失するどころか、ますます戦闘心が旺盛になっているようだ。私の判断が誤っていたのだ」とつぶやきます。このように檜山の作品はあくまで実際の戦史をベースに——史実上の真珠湾攻撃も本書第五講で述べたようにアメリカ「国民に対する精神的なもの」を狙って行われ、失敗しました——想像力を駆使してその改編を試みたものなので面白く読めます。

では、檜山の小説世界内の戦艦大和はなぜ、高木のそれと攻守所を変えて米本土を攻撃できたのでしょうか。それは当時、現実の日本の経済力が今まで頭の上がらなかったアメリカのそれを超えようとしていたからでしょう。エズラ・F・ヴォーゲル『ジャパン・アズ・ナンバーワン　アメリカへの教訓』（TBSブリタニカ、一九七九年）などで、終身雇用や年功序列といった「日本的経営」はアメリカで賞賛の的となる一方、自動車貿易摩擦が発生して日本批判が高まっていました。

日本にとっての一九八〇年代とは、「アメリカが世界最大の債務国となり、日本が世界最大の債権国となった一〇年間」であり、その末期は「後に「バブル経済」と言われるようになる過信と驕慢の時代[6]」でありました。今となっては考えづらいことですが、日本はアメリカを越えたと「過信」した時代がかつてあったのです。檜山の空想世界の中の戦艦大和は、そんな時代の日本人の自尊心を背負い、対米反撃に打って出たのです。

八〇年代後半、日本はバブル経済の時代へと向かいます。金に飽かせてアメリカの不動産を買いまくったことで日米関係が緊張した時代です。そんな八八年、檜山は『大逆転！　戦艦「大和」激闘す』（光文社）を著します。この小説は、沖縄駐留の米海兵隊が撤退し、替わって自衛隊が入った沖縄が一九四五年に丸ごとタイムスリップ、自衛隊装備のハイテク兵器の支援で戦艦大和は米戦艦部隊を撃滅して沖縄まで到着、浅瀬に乗り上げて壮烈な最期を遂げたところで沖縄は現代に帰還する、という筋です。

当時の日本社会は、現実の米海兵隊を沖縄から追い出すことはできませんが、少なくとも檜山の空想世界内ではできるまでには自信を高めていたのです。翌八九年、アメリカとの軍拡競争に敗れたソ連が崩壊して東西冷戦が終結し、もはや米軍の力を借りる必要などない、という安心感もあったのでしょう。ただし、自衛隊が（太平洋戦争時の）米軍の一方的な撃滅に使用したF－15戦闘機などハイテク兵器の多くはアメリカ製で、そこに戦後もしくは近代日本を一貫して続くアメリカへの〝甘え〟もかいま見えるのですが。

仮想戦記のなかの戦艦大和は、そのような「過信と驕慢の時代」の空気を背負いながら、アメリカとさらに戦いを続けます。

一九八八年、講談社『モーニング』誌上でかわぐちかいじの漫画『沈黙の艦隊』がスタートします（九六年まで）。日本の海上自衛官が米原子力潜水艦（核ミサイル搭載）を乗っ取り「やまと」と命名、追ってくる米海軍を翻弄する物語です。夏目房之助が指摘するように、主人公の海江田艦長――ときに（欧米人から見て不気味な）アジア人の表情を意図的につくる――やその他の日本人が世界を相手に堂々と渡り合い、時に米空母艦長相手に「このアジア・モンスーンの生んだ扁平な顔を覚えておけ！」と啖呵を切るのは「日本人が潜在的にもっている劣等感と、それを裏返したい欲求をうまくなぞってくれる」[7]ものでした。盛田昭夫・石原慎太郎『「NO」と言える日本』（一九八九年）が刊行されるなど、日本人がついにアメリカに勝ったと思えた時代の空気を反映した作品です。

続くバブル絶頂期の一九九一年、佐藤大輔の小説『逆転・太平洋戦史〈二〉』において、日本と大和はついに太平洋戦争自体にも（条件付きですが）勝利するに至ります。佐藤は物語の最後に、読者へ次の三つの選択肢を示します。

> 「もう一つの太平洋戦争」において、連合艦隊はついに合衆国太平洋艦隊の撃破に成功した。日本は太平洋において軍事的優位を確立し、その影響力を政治的なレベルで行使できそうな状態を作り出した。／では――日本はどのような選択を行うべきなのであろうか？／――筆者はどれか一つが正しい、と決めるこ

とが出来なかった。よって、この「もう一つの太平洋戦争」の結末を決定する仕事は、読者諸兄姉に任せたいと思う。／つまり、あなたは山本五十六（別に東條英機でもいいが）となり、日本の命運を決定するのである。あなたの前に示された選択肢は次の三つである。

- 圧倒的な空母兵力の支援のもと、ハワイ攻略（HＩ作戦）を行なうべきか？　２５６ページへ
- 〝聖戦〟の遂行——ハワイ攻略及び、合衆国本土西岸攻略——を行なうべきか？　２５９ページへ
- 現状における軍事的優位を政治的に利用し、合衆国に講和を申し込むべきか？　２６３ページへ

三番目の選択肢、すなわち早期講和を選んで指定の頁へ進むと、物語は東南アジアが（アメリカではなく）日本の勢力圏に入り、したがって日本の陸海軍がアメリカの代わりにベトナム戦争を戦い、戦艦大和が陸上の共産軍へ艦砲射撃を加えるという結末となります。「近衛第一師団は、いま「大和」と共にホーチミン率いる赤色勢力から越南の日本権益を守り続けるため、敵のテト攻勢を迎え撃っているのだ。そしてなによりも、この戦闘は、帰国後解体を予定された「大和」にとり、最後の砲撃戦となる戦いでもあった」。この一文は史実上のベトナム戦争でアメリカ軍が第二次大戦時の戦艦ニュージャージーを現役復帰させ、一九六八～六九年にかけて陸上への艦砲射撃を行ったことを〈引用〉したものです(8)。佐藤の夢みた仮想現実世界には、大東亜共栄圏がある̀の̀です。

戦後四十有余年、戦艦大和＝日本は空想世界の中だけ、それも条件付きとはいえ、ついにアメリカに勝って〝戦勝国〟となったのです。バブル経済で得た経済的勝利と自信が、日本人をかつての屈辱の〈歴史〉書き換えへと趨らせたのです。

「第二の敗戦」たる九〇年代だからこそ、大和は日本人に必要とされた

ところが、九一年ごろよりバブル経済は急速に崩壊し、日本は江藤淳によって太平洋戦争に続く「第二の敗戦」[9]と呼ばれるほどの苦境に立ち至ります。若者の就職先はなくなり自殺者は増えました。一九九四年に「就職氷河期」という言葉が新語・流行語大賞をとり[10]、九八年の自殺者数は三万二八六三人と前年の二万四三九一人から一気に増加、以後二〇一二年まで毎年三万人台を維持します[11]。日本社会を不安や不満が蔽いました。また負けたのです。

興味深いことに、そのとき戦艦大和および太平洋戦争は一転して、〝ダメな日本〟の象徴として識者による批判の的となってしまいます。二一世紀となった二〇〇二年、評論家の立花隆（一九四〇年生）は江藤のいう「第二の敗戦」に関連して、次のような不安を読者に吐露します。

改革は着々と進んでいるはずなのに、なぜ日本の経済危機は深刻化する一方なのですか。〔中略〕日本のメガバンクは戦艦大和と同じ運命をたどりつつあるのではないですか。近い将来、魚雷と爆弾に撃たれ満身創痍になってしまうのではないですか。〔中略〕日本の敗戦はいまどのあたりなのですか。マリアナ沖海戦のまだ手前ですか。それとももうそれを過ぎて、「総崩れ」状態に入ったところなのですか。[12]

と問いかけます。彼は戦艦大和を例に挙げて、日本の〈歴史〉をひとつの循環論的に、つまり繰り返しであると捉えています。経済という日本の誇りはかつての太平洋戦争のように「総崩れ」となり、戦艦

大和と同じく完全に失われてしまうのではないか、という不安です。しかし興味深いことに、立花は続けて『戦艦大和ノ最期』における臼淵大尉の「敗レテ目覚メル」発言を日本再生の象徴として引用します。彼は同じ論考で次のように言います。

『戦艦大和ノ最期』でいちばん感銘を受けるのは、哨戒長臼淵大尉の次の言葉です。「進歩ノナイ者ハ決シテ勝タナイ　負ケテ目ザメルコトガ最上ノ道ダ（略）敗レテ目覚メル、ソレ以外ニドウシテ日本ガ救ハレルカ　今目覚メズシテイツ救ハレルカ」／戦後の日本は、戦争世代がこの気持ちをもって、国家再生をめざし、戦場ではなく経済のフィールドで奮闘をつづけたからこそ、あの奇蹟の経済成長がなしとげられたわけです。そして、八〇年代、「戦争ではアメリカに負けたが、経済戦争ではアメリカに圧勝した。もうアメリカから学ぶものは何もない」といいだしたあたりから、第二の慢心がはじまったのです。それは、真珠湾以後の二年間、日本を支配した第一の慢心そっくりの慢心でした。第一の慢心によって、日本は対米戦争能力の基盤をズルズルと失っていき第一の敗戦にいたりました。そして、同様にして第二の慢心が第二の敗戦を導きました。／いま我々がなすべきことは何なのか。一言でいうなら、臼淵大尉の言葉をもう一度かみしめることでしょう。／「敗れて目覚める、それ以外にどうして日本が救はれるか　今目覚めずしていつ救はれるか」(13)

かつて吉田満が戦死者に語らせた、汝ら「敗レテ目覚メ」生き延びよという教えがいかに戦後日本人の意識をその根底で支えていたかがわかるように思います。世紀が変わってもなお大和物語は決して過去の遺物ではなく、人々が救いを求めてすがるべき教訓の源でありました。

このような経済的打撃に加え、日本は対外的にも湾岸戦争（一九九一年）で「金だけ出して人は出さない」と諸外国から批判されるという屈辱を受けてしまいました。

では、かくも惨憺たる「第二の敗戦」期、日本人は臼淵大尉の教え通りに「敗レテ目覚メ」たのでしょうか。このことを戦艦大和の活躍する仮想戦記から考えてみたいと思います。「敗戦」の心の傷をどう癒すかというところで、そうだ、俺達には大和がある！　と思った人たちが大和の出てくる仮想戦記を文字通り量産し、さまざまな形の（ある意味で）興味深い戦いを繰り広げさせていったのです。

バブル崩壊直後の一九九四年に書かれた馬場祥弘（一九四四年生）の小説『超戦艦《ハイテク》「大和」出撃す』、九五年『超戦艦「大和」圧勝す』（いずれも祥伝社）は『圧勝す』カバー裏に記された次のあらすじによれば、

沖縄海戦で日本軍に惨敗した米国は、米英ソからなる三国統一艦隊を結成させた。磁電砲（レーザー砲）を搭載した超戦艦《ハイテク》大和を凌駕する超戦艦を就役させ、圧倒的な火力を背景に、三方向からの同時挟撃を計ったのだ。一方、その動きを察知した帝国海軍は、秘密潜水艦隊によるパナマ運河作戦を決行し、超戦艦陸奥、長門を駆使した挟撃ルート分断作戦で応戦した。そして、ついに硫黄島沖で、超戦艦大和は最後の決戦を迎えた……。

と、戦艦大和が「磁電砲」なる超兵器を装備して、ルーズベルト大統領を降参に追い込む物語です。現実でアメリカに勝てないからせめて仮想戦記ファンタジーで勝ちたい、という作者の、そして読者たる日本人の欲求に忠実に応えた物語です。大和対三国統一艦隊の最終決戦は次のような結末を迎えます。

図2　『飛行戦艦「大和」出撃！』3巻表紙

> 超戦艦大和の第一、第二主砲塔から発射された五六センチ砲弾は、まるで巨大な隕石が落下するような勢いで超戦艦ニューヨークに激突し、大爆発を起こした。／そして、超戦艦ニューヨークは、ついに撃沈された。／三国統一艦隊が撃破されたことにより、米国合衆国大統領フランクリン・D・ルーズベルトは、今度こそ講和条約締結を決意した。〔中略〕日本の誇る超戦艦大和も、ある時はB29の殲滅に、またある時は潜水艦掃討にと超兵器を巧みに操り、活躍した。なかでも硫黄島沖の決戦では獅子奮迅の働きをし、圧勝を収めたのだった。／超戦艦大和は意気揚々と凱旋した。（終）

ここにもはやかつての檜山良昭的な現実感覚《リアリズム》はなく、大和物語の世界はファンタジー路線へと変化しています。大和が、日本が、軍事的・科学的合理性や現実性を軽々と跳び越えてアメリカに「圧勝」するのですね。やたらと「超」という漢字が躍るのは、物語が現実から遊離していることの端的な証です。

この路線を究めた（?）のが青山智樹の小説『飛行戦艦「大和」出撃！』（全三巻、経済界、二〇〇一年）、『陸上戦艦大和』（全二巻、ベストセラーズ、二〇〇二年）です。これらの作品は、戦艦大和がキャタピラを装備して米大陸を走破したり、飛行装置を備えて太平洋を翔破、ホワイトハウスに空から体当たりして戦争に大勝利する（跡地は「大和記念公園」となる）という、荒唐無稽としかいいようのない話です（図2）。そのため、あり得ない本を批判して楽しむ団体「と学会」から「トンデモ」認定されて「なんでも架空戦記の世界でまだ描かれていないのは、大和がドリルで地中にもぐる話だけだとのことです（会場爆笑）」と容赦ないつっこみを浴びています。[14] もっとも、大和が空を飛びアメリカに特攻して勝つ話は、六〇年代の『新戦艦大和』からすでにあるのですが（本書第八講参照）。

しかし重要なのは、著者青山（一九六〇年生）も「日本とアメリカが戦って、日本に勝つ見込みはあるのか？　いくら考えても日本の勝機は思いつきません。しかし、どうせお話の世界。それならば、日本が勝利する方法はあるはず。〔中略〕そんな発想から本作品は生まれました。この青山にとって「トンデモ」な話、第二弾です[15]」との発言からわかるように、自作が「トンデモ」であることを十分に自覚しているということです。おそらく、「失われた十年」、アメリカへの再敗北という惨めな現状を笑いに換えることで精神の均衡を保つというのが、表現者たる彼の戦略だったのでしょう。

アメリカになりたかった

とはいえ、大和と架空戦記の世界すべてが「お話の世界」——ファンタジー路線のトンデモ化したのではありません。横山信義（一九五八年生）の小説『ビッグY』（全二巻、ベストセラーズ、一九九七年）は檜山とは別の意味でリアル路線を究めた作品といえます。敗戦国日本の戦艦大和がアメリカ海軍に接収され、戦艦モンタナと改名されて朝鮮戦争、ベトナム戦争、湾岸戦争に活躍、勝利するという筋立てで、「一億総特攻」どころか沖縄出撃自体が「なかったこと」にされ、見方によっては対米屈従ともとれる話です。横山はそれを承知で、日本の代表、誇りとしての大和が現実の歴史の覇者アメリカと一体化する〈歴史〉物語を紡いだのです。

一九九八年にモンタナはようやく日本に返還され、実在の米戦艦ミズーリよろしく記念艦大和として横須賀に保存されるのですが、そこへと至るモンタナ＝大和の戦いは、実際の米海軍の戦史を相当綿密に調べて描かれたものです。著者横山の〈歴史〉へのこだわり、情念がこの作品を読み応えあるものにしています。では、彼はなぜかくも〈歴史〉にこだわるのでしょうか。それは、物語が実際の〈歴史〉を緻密に書き換えれば書き換えるほど、敗戦国たる日本が当時世界唯一の超大国・アメリカになれたかい、のような気分により深くひたれて、傷付いた自尊心をより強く回復できるからでしょう[16]。

かくして一九九〇年代以降、常に絶対的強者アメリカの下に逼塞せざるを得ない日本人の自尊心を満たすために戦艦大和は召喚され、トンデモとリアルの路線の違いこそあれ、夢のなかで戦いを続けました。大和を主人公とする仮想戦記の流行と変遷――最近の大和は中国の台頭にともない、同国相手に奮戦中です[17]――を見る限り、日本人は「敗レテ目覚メ」るのではなく、夢の世界への逃避を選択したように思います。

かつてTVアニメがまだモノクロだった一九六八年、『サイボーグ００９』に戦艦大和の亡霊を復活させた作家の辻真先（本書第八講参照）もこの「第二の敗戦」期、戦艦大和が事実上の主人公として登場する仮想戦記を複数書いています。彼の小説『暁の連合艦隊』シリーズ（全四巻、一九九四年）などの特徴は、日本がアメリカではなくかつての盟邦ドイツ（とソ連の連合軍）と交戦する、日本軍が「電気砲」など架空の超兵器や「震電」など実在、ただし未完の戦闘機を活躍させる、主人公が現実の日本ともう一つの「日本」の過去と未来を往還する、などというもので、既存の架空戦記ものの〝文法〟を大きく逸脱するものではありません。ただし、辻自身は自らを「戦中派」と位置づけており、そのため過去の現実の日本は紛う方なき帝国主義国家として描かれています。

辻自身は仮想戦記執筆をエンタメ作家としての〈仕事〉と割り切ろうとしていたようですが、そこは「戦中派」としての良心が許さず、一種のノンフィクションとして一九九六年に『長編海戦史 悲憤の「大和」、栄光の「雪風」』（光文社）も書いています。レイテ沖海戦から大和撃沈までの経緯を描いた作品で、沖縄特攻の場面では吉田満をモデルとしたらしい三崎という学徒出身の少尉が登場します。彼もまた吉田『戦艦大和ノ最期』と同じく、大和艦上で自らの死の意味をめぐり海軍兵学校出の士官と口論するのですが、決定的に違うのは三崎らが「（俺の死が、今後の日本にどう役にたつというのだ）」という「さめた気持ち」を抱え、「**俺たちは何のために死ぬのだ？**」（原文ゴシックで強調）と最後まで自問自答を続けることです[18]。「敗レテ目覚メル」という明快かつ美的な回答は最後まで示されません。作者たる辻が戦後日本は真に「目覚メ」たなどとは思っていないし[19]、さりとて代案もなかったからでしょう。

戦後の戦艦大和にまつわる娯楽作品中、その特攻と乗組員たちの死を無意味であったと事実上明言したのは、辻くらいではないでしょうか。そこに「戦後五十周年」を迎えた同時代社会における、戦死者美化の風潮に対する違和や反発が働いていたのは間違いありません。かつて、六八年の『サイボーグ009』で「俺たちは明日の平和のために死んだのだ」と特攻隊員の亡霊に言わせた辻とは明らかにスタンスが違っています。敗戦から半世紀以上という長い時間の経過が、「戦死者は平和の礎」などというお決まりの慰め言葉で満足しない、自由な思考を可能たらしめたのではないでしょうか。とはいえ、『サイボーグ009』と『悲憤の「大和」〜』の二作品における戦死者たちへの態度の変化（ある種の突き放し）は、彼らと「戦中派」辻との間に昔はあったはずの精神的紐帯、共感の糸が切れた結果、とも解釈できますが。

とはいえ、辻もまた自らの空想世界で大和を大活躍させて〝日本人であること〟の快感を味わっていたのは同じです。なぜそこで戦艦大和が選ばれたのでしょうか。私の見立ては単純です。かつて日本人が作り得た唯一の「世界最強」であり、今に至るまでプライドの拠り所として無二の存在だからです。

「後ろめたさ」を表明するTVドラマ

ただし、この時期、日本や大和の勝利に酔う仮想戦記ばかりが作られたのではありません。一九九〇年、終戦四五周年記念と称して吉田満『戦艦大和ノ最期』がTVドラマ化されました。フジテレビ制作の『戦艦大和』(八月一〇日放送、二時間)です。吉田満役は中井貴一(一九六一年生、ただし本作での役名は吉岡満雄)、演出・脚本は市川崑(一九一五年生)でした。この作品はもともとは映画になるはずでしたが、「制作費の調達が出来ずテレビドラマに変更された」[20]そうです。放映の趣旨は戦争の悲惨さの伝承という良心的なものだったのでしょうが、資金が集まらなかったことは、バブル時代の大和がしょせんは仮想戦記マニアのものであり、社会的需要は少なかったことの反映でしょう。好景気に沸く社会では、慰めや癒しの物語はさほど必要とされないのです。

本作品はVHSビデオが出ているので、物語上の要点を、この講義でとりあげてきた『戦艦大和ノ最期』および派生作品のそれに絞ってみていきましょう。まず「一億総特攻」の扱いですが、相変わらずほぼ「なかったこと」にされています。大和特攻出撃の理由は、冒頭の作戦会議の場面で神重徳《かみしげのり》大本営参謀が大和を事実上の囮として特攻隊の戦果拡大につなげると主張したり、有賀艦長が大和艦上に並ぶ士官たちに向かい、大和は沖縄の米艦隊に突進して主砲を撃ち尽くし、最後は乗組員が上陸して陸戦隊となる、という訓示を行うことで説明され、ある程度の目的合理性が後付けされているといえます。ただし、有賀たちが本心では納得していないことも、台詞の端々から示されてはいるのですが。

次に、臼淵大尉（川野太郎）の「敗レテ目覚メル」は、若干の言い廻しの改変を除き、ほぼ踏襲されます。ただし、本作の臼淵大尉は物分かりがよく、原作では兵の欠礼を見逃した主人公吉岡を詰問、殴打するのに対し、本作ではしません。体罰を否定する点は、実に戦後民主主義的といえます。

続いて大和大爆発の場面。これにあわせて「間断なき攻防一時間五十一分、徳之島西方二十浬の洋上に大和轟沈して巨体四裂する、水深四百三十米」とナレーションが入ります。一九五三年の映画『戦艦大和』を踏襲するかのように「今ナホ埋没スル三千ノ骸　彼ラ終焉ノ胸中果シテ如何」はカットです。かくして死者たちの「胸中」が実際どうであったかには関心が払われないまま、皆日本の「新生」のために納得して死んだような印象のみが残ることになっています。

こうしてみると、このドラマもまた、戦争を生き残った者が自分たちの後ろめたい〈生〉を強引に正当化するための作品であることに変わりはありません。そのことは、沖縄へと向かう大和の甲板上で吉岡が「お父さんお母さんますますお元気で、どこまでも生き抜いていってください。そのことのみ念じます」と独白し、なぜか聞いていた森下第二艦隊参謀長（石坂浩二）が「まともに戦い抜いた者だけが次の戦いを断じて拒む、もし俺に言い遺す者、書き遺す者がいたら、俺はそう伝えるだろう」と同じく五三年の映画『戦艦大和』の踏襲と覚しき台詞を語り、従来の大和物語と同じく「生きることの大切さ」を繰り返すことからうかがえます。

確かにこのドラマは、「私はですね、特攻と言われても死ぬなんて思ってませんよ。女房と、生まれる子どものところへ帰ってやらねばなりませんからね」と吉岡に言い放つ下士官（所ジョージ）も登場させ、かつ戦死させることで死者が抱いているであろう無念への〝配慮〟を示します。けれども最後は、生還した吉岡と死んだ戦友（士官、日系二世）の母親（森光子）が一緒に彼の墓参りをして平和の尊さを語り合うことで、あたかも生者と死者（の代弁者たる肉親）が和解し、赦しがなされたかのように締めくくられ、結局は生者のための物語にほかなりません。平和が尊いのは生者にとってのみであり、時間の静止した海底に今も「埋没」したままの死者には関係ないはずなのですが。

この『戦艦大和』を鑑賞してなにより驚くのは、最後に母親が久々に見た瀬戸内の海は青いといい、吉田が沖縄の海はもっと青かった、と返すことです。死者たちは青く美しい海の中で安らかに眠っている、と言いたいのでしょうが、大和は沖縄のはるか手前で沈没、実際に死者たちが沈んでいるのが暗い水深三四五メートルの海底――角川春樹言うところの「冷厳で無明の修羅世界」[21]であったことは、潜水調査（本書第一一講参照）で数年前からはっきりしていたはずです。この作品、というよりこの時代における戦死者の扱いの軽さを象徴すると言わざるを得ません。

（1）猪瀬直樹「単行本へのあとがき」（同『黒船の世紀　あの頃、アメリカは仮想敵国だった　下』中公文庫、二〇一一年）二六六頁。

（2）藤原彰「予言のあたった太平洋戦争　不戦論者の未来戦記」（粟屋憲太郎ほか編『水野広徳著作集　第三巻　日米未来戦記』雄山閣出版、一九九五年の解題）。『次の一戦』『打開か破滅か　興亡の此一戦』とも、同書に収録されています。

（3）小松左京『小松左京自伝　実存を求めて』（日本経済新聞出版社、二〇〇八年）二七頁。小松は敗戦直後、同年代の少年少女が殺されたり自決した沖縄戦の話を聞き、そのような激しい恐怖を覚えました。「もし戦争がなかったら……。その「歴史のイフ」が私の処女作『地には平和を』のモチーフにな」り、「戦争がなかったら、私はSF作家にはならなかっただろう」と述べています。
（4）小松前掲『地には平和を』二二二頁。
（5）貸本マンガ『戦記画報　6』（曙出版、刊行年月不明）所収。
（6）五百旗頭真編『日米関係史』（有斐閣、二〇〇八年）二六一・二六二頁。
（7）夏目房之助『マンガと「戦争」』（講談社現代新書、一九九七年）一五〇・一五一頁。
（8）史実上の米国海軍は一九九一年の湾岸戦争でも戦艦ミズーリ、ウィスコンシンを現役復帰させ、陸上を砲撃させました。この戦いを最後に同艦らは退役、博物館とされて人類史上における戦艦の時代は完全に終わったのですが、佐藤をはじめとする同時代の大和仮想戦記の作者たちは、そんなアメリカの国力の余裕や戦勝国としての〈歴史〉が本当は心から羨ましかったのだろうと思います。
（9）江藤淳「日本第二の敗戦」（『文藝春秋』一九九八年一月号）。
（10）難波功士『「就活」の社会史　大学は出たけれど…』（祥伝社新書、二〇一四年）。
（11）内閣府編『平成二六年版自殺対策白書』（同府、二〇一四年）二頁。
（12）立花隆「戦艦大和と第二の敗戦」（『文藝春秋』二〇〇二年一二月号）二二二頁。
（13）同。
（14）と学会編『と学会年鑑ＯＲＡＮＧＥ』（楽工社、二〇〇七年）一五・一六頁。
（15）青山前掲『陸上戦艦大和　2』裏表紙の「著者のことば」。
（16）では『ビッグＹ』は脳天気な〈親米〉の物語かというとそうではありません。物語中の歴代米国大統領はみな日本を完全に見下しているので、日本側の大和返還要求に頑として応じませんし、湾岸戦争時にモンタナへ副長として乗り組む日系海軍士官ジョージ・サエキ（佐伯丈治）は米海軍の白人水兵と日本人娼婦との間に生まれた婚外子で、本当の父の行方は最後までわかりません。作品世界の日米は絶対に対等ではないのであり、それは横山の内なる対米劣等感、屈辱感の反映だと思います。また、物語が大和返還に執拗に反対する「左翼」「反戦平和」勢力をいささか戯画化して登場させているのも興味深いです。近年の百田尚樹『永遠の0』（太田出版、二〇〇六年）にまで連なる、〈歴史〉物語を自己の政治思想（嗜好）開陳の場として躊躇なく使う風潮がここに始まっているからです。

（17）子竜螢『戦艦大和2020 激突！ 日中最終決戦』（コスミック文庫、二〇一〇年〈初刊二〇〇七年〉）など。

（18）辻前掲『長編海戦史 悲憤の「大和」、栄光の「雪風」』一一一・一一二頁。

（19）辻は『悲憤の「大和」、栄光の「雪風」』において、戦争中の神風特攻隊に当初は感激した日本国民がすぐ「人命損傷不感症」になったと回想し「安易にヒューマニズムに目覚める人は、実に簡単に鬼となる。感動巨編のドラマに涙を流していた同じ人間が、某宗教にはいれば殺人者に変身する」「死にむかって大和が出撃していった事情は、いまも意識下に流れる日本精神主義の血を、読者が認めないかぎりわからないことだと思う」（七六・七七頁）と述べています。「某宗教」云々は一九九五年のオウム真理教による一連のテロ事件を指します。また、同年の阪神大震災について「非常時の際のお偉方の頼りなさは、五十年前とちっとも変わっていない」（辻真先『あゝ、名機ゼロファイター』光文社、一九九五年、二三一頁）と評します。戦後五〇年、彼の観た日本人は結局のところ全然変わっていないし、ましてや「目覚メ」てなどいませんでした。

（20）『別冊映画秘宝 戦艦大和映画大全』（洋泉社ＭＯＯＫ、二〇一〇年）一四五頁。

（21）角川前掲「青い輝きの菊華紋章」（同『「いのち」の思想』）六四頁。

第一三講　二〇一三年、『宇宙戦艦ヤマト2199』と『艦これ』はなぜ作られたのか

二〇〇五年の大和をめぐる動き

二〇一三年の話をする前に、まずは同年に至るまでの戦艦大和擬人（神）化の歴史を箇条書きにしてふり返ってみましょう。

一九七〇年代	高度成長を支える「科学技術の神」とみなされる（子ども図鑑など、本書第八講）
一九八〇年代	魂を持つと神と認識される（角川春樹、本書第一一講）
二〇〇五年	①科学技術の神として神殿に祀られる②大和の魂が母港の呉へと帰還する③臼淵大尉が改めて「敗レテ目覚メル」と宣言する

このうち、二〇〇五年の三つの動きについて詳しく説明します。この年は「戦後六〇周年」という節目にあたり、戦艦大和をめぐっても複数の大きな動きがありました。

まず①は、広島県呉市に呉市海事歴史科学館（通称・大和ミュージアム）が四月二三日オープンした

ことです。この現在でも人気を博している資料館の目玉は、戦艦大和の精巧な一〇分の一模型です。同館の展示図録をみれば、展示の作り手側が大和を通じて訴えかけたいことは明白です。

同書で大和は「技術の結晶」と称され、建造に投じられた技術、たとえば「生産管理システム」(工数制御方式などの科学的管理方法)は「戦後約十年で日本を世界一の造船国にし、トップクラスの生産大国になる礎」に、冷暖房や冷蔵技術など「弱電技術」は「戦後、弱電(家電)技術の基盤」になったと説明されます。また「砲塔の組み立てとその性能を調査するためのピットは、現在、原子炉の圧力容器の漏れを調査する水圧試験に利用されてい」るし、「超大型推進器」(スクリュー)は「戦後の鋳物技術の基盤」と評価されています(1)。私たちはこうした大和理解の仕方をすでに一九七〇年代の子ども図鑑でみてきました。大和は、実に二〇〇〇年代に至るまで、日本の科学技術の安寧を保証する神であり続けているといえます。

戦後日本の国是《プライド》は長い間「ものづくり」にありました。しかし、近年の家電や携帯電話などにみられる韓国の技術的追い上げ、中国の経済規模拡大により、ものづくり国家、経済大国としての日本の地位や競争力は年々低下していきます。一九九九年に「ものづくり基盤技術振興基本法」という法律が制定され、国が積極的にものづくり振興に取り組むことが定められましたが、それは「近時、就業構造の変化、海外の地域における工業化の進展等による競争条件の変化その他の経済の多様かつ構造的な変化による影響を受け、国内総生産に占める製造業の割合が低下し、その衰退が懸念されるとともに、ものづくり基盤技術の継承が困難になりつつある」(前文)という危機意識にもとづく政策の一環でした。大和ミュージアムと一〇分の一大和はこうした状況に対応し、日本の技術力復興と繁栄持続を祈願すべく建造された神殿と神像であります。

では、大和ミュージアムの展示で、大和に乗り死んだ人たちのことはどう扱われているのでしょうか。同じく展示図録の「「大和」に乗っていた人々」と題する頁には、伊藤第二艦隊司令長官以下全戦死者の氏名が出身都道府県別に収録されています（「戦艦「大和」戦死者沖縄特攻作戦名簿」）。そして、その横に載っているのが例の「進歩のない者は決して勝たない」から「まさに本望じゃないか」に至る、臼淵大尉の台詞です（図録は漢字かな交じり書き）。図録はこの台詞に「大尉のこの言葉は、出撃していった乗組員たちの思いを伝えてくれます」との解説を付しています。[2]あたかも戦死者全員が一致して死を日本の「進歩」のため「本望」と受け容れ、従容と沖縄へ向かっていったかのような話の作り方となっています。

このように名前を並べられると、「中には死にたくなかった人もいるのでは？」とか「当時は一億総特攻だったにもかかわらず、この人たちだけを死なせて自分たちは生き残ったことをどう思う？」といった疑念を差し挟むのは、何となく許されない感じになってきます。そして、大和の技術だけは死なずに「新生」日本の「進歩」や繁栄の礎になったという、おなじみの〈歴史〉理解がここでも繰り返されています。大和ミュージアムは、日本人が戦後六〇年にあたってこうした〈歴史〉を編成し、記憶すべき事項――高度な技術の歩みのみを今一度思い起こすための建物と言えるでしょう。

続く②はTVアニメ『かみちゅ！』の放映です。広島県尾道市に住む美少女中学生ゆりえがある日神様になるという、ほのぼの日常系の作品ですが[3]、その第九話「時の河を越えて」（八月三〇日、テレビ朝日放映）に戦艦大和が登場します。あらすじは九州沖の海底に朽ちて眠る大和の魂を神様ゆりえがきれいに復活させ、故郷（母港）の呉に戻してあげるというものです。[4]神様ゆりえは沈没地点の海底まで直々に出向き、周辺海域の守り神のような役目をしていた大和の魂

（男性の声）と言葉を交わします。では同艦戦死者約二七〇〇人の魂の方はどうなっているのかというと、その遺品や遺骨と同様、見事なまでに綺麗さっぱりと画面から排除されています。

このいわゆる萌えアニメにおいて、戦後六〇周年という節目の年に戦艦大和という美しいモノを擬人化して想起・消費し、日本人としての誇りにひたりたいというささやかな欲望はあっても、そこにいたはずの戦死者たちにふれることはまったくありません。作り手側はふれた途端にパンドラの箱を開けるというのか、彼らの死、ひいては戦争それ自体の意味づけという七面倒くさい問題と取り組まねばなりませんし、視聴者側も美少女は大好きで愛でたくとも、遺骨や遺品といった残酷で悲しい物は見たくありません。かくしてここでも戦死者はきれいに「なかったこと」にされました(5)。

こうしてみると、戦艦大和はこの日本で戦後六〇年の間ずっと、人格を持った一人の〝神様〟として祀り上げられてきたこと、それは大和の戦死者の魂を「なかったこと」扱いにすることではじめて可能になったことが改めてわかります。

最後の③は、辺見じゅん原作『男たちの大和』の映画化――『男たちの大和／ＹＡＭＡＴＯ』（東映、監督・脚本佐藤純彌〈一九三二年生〉）の公開です。

この映画を観てまず興味をひかれるのは、沖縄への出撃にあたって伊藤整一中将（渡哲也）がついに「大和は一億総特攻、一億玉砕のさきがけとなれということだ、我々は死に場所を与えられた」との台詞を言うことです。戦後六〇年、ついに戦後日本人の戦死者に対する背信が大和映画でも明るみに出されたのか……と思いながら観ていくと、やがてそれは間違いであることがわかります。なぜか辺見の原作には出てこない臼淵大尉（演ずるは長嶋一茂〈一九六六年生〉）が出てきて、死の意味をめぐり論争する若い士官たちを次のように諄々と諭すからです。

日本は、進歩ということを軽んじすぎた。進歩よりも精神主義を重んじてきた。しかし、進歩のない者は決して勝たない。歴史がそれを証明している。幕末、薩英戦争で負けた薩摩、馬関戦争で敗れた長州は、その後、攘夷鎖国を捨ててヨーロッパから新式の武器を輸入して幕府を倒した。敗れて目覚める。それ以外に日本が救われる道はない。今、目覚めずしていつ救われる。俺たちは日本が新しく生まれ変わるためにそのさきがけとして散るんだ。まさに本望じゃないか。

確かに劇中の伊藤は大和出撃の目的を「一億総特攻、一億玉砕のさきがけ」と史実通りに述べたのですが、それが臼淵によって「敗北による日本新生へのさきがけ」へとすり替えられているのです。辺見が一九八三・八四年に刊行した『男たちの大和』(上・下巻)は大和から生還した将兵や遺族から直接話を聞くことに徹底してこだわり、それゆえ臼淵大尉(＝吉田満?)の「敗レテ目覚メル」発言などは出てきません。ところが二〇〇五年の映画ではこの台詞が何のてらいもなく〈引用〉され、辺見がこの脚本をリライト、刊行した『小説　男たちの大和』(角川春樹事務所、二〇〇五年)にも明記されていたのは、私にとっては意外なことでした。戦後日本の平和と繁栄を正当化する霊言「敗レテ目覚メル」の持つ神話的魅力の強さを思い知らされます。

加えて佐藤と辺見は、吉田『戦艦大和ノ最期』にはなかった、薩英戦争ほか幕末の話までわざわざ追加しています。その意図はわかりませんが、いわゆる「失われた十年」にあたって自信を回復したいという観客側の欲求に応えようとしたのではないでしょうか。この日本列島に住んでいる人々を「日本人」として束ね、世界との競争に互したいという欲望から幕末の〈歴史〉がシンボル化されるのはよくあることです。「尊敬する人物」に坂本龍馬を挙げたり、「維新」という言葉を好んで使う政治家が多いのはその好例です。この映画にもそのような〈歴史〉への欲望が働いている[6]のであり、隠れた意図は「第二の敗戦」（本書第一二講参照）に打ちひしがれた日本人を再び立ち上がれるよう鼓舞することです。

　辺見や佐藤たち『男たちの大和／ＹＡＭＡＴＯ』制作者たちはみな、戦後六〇年という節目にあたり、改めて戦死者たちは「日本の進歩」のため喜んで死んだことにすべきである、その怨念は封じ込めておかねばならぬ、と無意識裏に考えたのではないでしょうか。戦後日本が戦死者たちを不可視化し、大和のみを神と崇めて繁栄を続けてきた以上、今後もそれを続けていくためには彼らの怨念を「なかったこと」にし続けなくてはならないからです。

　なお、この映画でも、大和で生き残った水兵が死んだ戦友の母のところへ最期の様子を伝えに行き、最初は自分だけよく生きて還ってきたとなじられるのですが、土下座して詫び続け、最後は許してもらい二人で泣きます。母親は「死んだらいけん」と繰り返します。ここでも〈死者からの赦し〉という大和映画のパターン（本書第一二講・二五六頁参照）がきちんと踏襲されています。最後に、戦死者の娘（鈴木京香）が船に乗り、大和沈没地点の洋上で笑みを浮かべて敬礼しながら「長い間、生きさせていただき、ありがとうございました」といい、生者による一方的な和解が成立して映画は終わります。

西暦二〇一三年、宇宙戦艦ヤマトはなぜふたたび飛び立ったのか

　その八年後、二〇一三年四月から九月にかけてテレビ放映されたアニメ『宇宙戦艦ヤマト２１９９』（全二六話、ただし映画・映像ソフトは二〇一二年より先行上映・発売）も、二〇〇五年の一連の動きと同

じく、現代日本人が「日本人」でありたいという欲望を満たすために作られた物語、より正確に言うと「仮想戦記」（本書第一二講参照）の一種です。そのことは、『宇宙戦艦ヤマト』（一九七四年、本書第九・一〇講参照）との共通点・相違点を検討するとわかってきます。

まず共通点は、主人公・古代進ら日本人だけが西暦二一九九年、ナチスドイツがモデルの異星人国家ガミラスの侵略に抗して立ち上がり、ヤマトという名の宇宙戦艦に乗って人類を代表し地球を救う（他国人はいるけど登場しない）ことと、同艦が波動砲という事実上の核兵器を装備していることです。

次に変更点です。ヤマトが事実上、海上自衛隊所属の「戦艦」となっています。ヤマトは国連宇宙海軍の戦艦としてBBY-001のナンバーを与えられていますが、BBは米海軍戦艦の記号で現在の米海軍駆逐艦・海上自衛隊の護衛艦はDDですから、西暦二一九九年の世界にも海上自衛隊が国連軍の一部としてではあれ、依然存在していることになります。

また、ヤマトの乗組員は実は海上自衛隊員です。古代や雪は「一等宙尉」、沖田艦長は「宙将」の階級にあります。「大尉」や「中将」といわないのは、現在の自衛隊と同じです。七四年版ヤマトでは軍事色を薄めるため、乗組員に「戦闘班長」などの役職は与えられても軍隊としての階級はいっさい与えられませんでした。この変更は、中韓との領土問題が緊迫化している現在にあって、海上自衛隊を空想上ではあれ、国防に活躍させたいという作り手側の潜在的欲求の反映と言えます。

ヤマト2199が七四年版となにより決定的に違うのは、一九四五年に沈んだ戦艦大和の改造艦ではないということです。もともとヤマトのデザインは作画の都合上、第一艦橋や展望室が艦の外寸（二六三メートル、戦艦大和と同一）に比べて異様に広いという矛盾を抱えていたのですが、2199ではこれを解消して「内側と外側のデザインの整合性を心がけた」結果、ヤマトは「以前より長い三三三メートルという設定[7]」の新造艦に変更されました。
確かにメカ設定上のリアリティは増したでしょうが、その結果、戦艦大和と2199のヤマトは完全に別のフネとなりました。2199第二話「我が赴くは星の海原」では、ヤマト乗り組みのロボット・アナライザーが地球発進時に「コノ船ハ〔海底の沈没戦艦に〕偽装サレテイタノダ」と言うように、戦艦大和はただの隠れ蓑に過ぎません。戦後七〇年近くが経過した結果、出渕裕《いずぶちゆたか》監督（一九五八年生）はじめ2199の作り手たちには七四年版のような〝先の戦争〟を戦艦大和でやり直し、勝ちたいという欲望、〈歴史〉や物語へのこだわりはもうないのです。[8] 物語を時代に合わせるために何か大事なものを捨てている点は、八四年『ゴジラ』の身長問題（本書第一一講参照）と通底するものがあります。

私にとって興味深いのは、前出の2199第二話における、ヤマト発進の場面です。七四年版では日本人だけの力でヤマトの波動エンジンは起動します（なかなか起動せず沖田や古代、そして視聴者をやきもきさせるのですが）。これに対し、2199では全世界がヤマトの壮挙に賛同して電力エネルギーを送ってくれます。この変更は、世界から孤立したくない、認められたいという日本人としての不安と欲望が経済退勢の中で一層強くなったことの反映でしょう。

2199放映と同じころ、酒井亨『中韓以外、みーんな親日　クールジャパンが世界を席巻中』（ワニブックスPLUS新書、二〇一三年）、山田順『日本人はなぜ世界での存在感を失っているのか』（SB新書、二〇一四年）といった題名の本が相次いで出版されました。両者は一見完全に相反する内容のようですが、「日本人」としての自己愛、「承認欲求」という言葉を念頭に置きながら読めば、矛盾はありません。2199もこうした時代の気分に寄り添って作られています。

七四年版のヒロインは森雪一人で、彼女が視聴者からの性的な視線を一手に引き受けていたのですが、

2199では雪の他にも童顔、巨乳、緋眼、不思議ちゃん、アホ毛、インテリメガネ、といった属性を備える女性キャラがやたらと増えました。視聴者は必ずどれか一人は自分の好みに合うキャラを見つけ、そのフィギュアを買うように計算されています。雪たち女性キャラが七四年版に比べ自分の意志や主体性を持っていて必ずしも男の言いなりにはならないこと、数の増加は、二一世紀日本社会における「男女共同参画」進展の証でしょうが、一方で彼女たちが身にまとう制服はあいからわず体の線をはっきり出したもので、彼女たちに（密かに）向けられるまなざしが性的である点は、四〇年前とあまり変わっていないといえます。ヤマトは七四年版も2199も、その時々の日本社会を映す鏡です。

最後に、核に対する意識の変化があります。2199の敵ガミラスは七四年版と異なり、遊星爆弾で地球を核物質汚染、侵略しません。設定が難解なので理解しづらいのですが、「毒素を放出する敵性植物」で汚染します。七四年版の目的地イスカンダルがコスモクリーナーD、すなわち放射能除去装置を提供してくれるのに対し、2199ではコスモリバースシステムと称する今ひとつ仕組みのわからない地球再生システムを提供、ヤマトというフネそれ自体を同システムに改造してくれます。

出渕監督自身が、この設定変更は科学考証重視の見地より数年前から決まっていた、自然界のあらゆる物質は放射能を有しているので、それを除去するのは非合理だ、福島第一原発の事故とは関係ないと明言しているのですが、(9) なぜそのようなわかりにくい設定にしたのか、割り切れなさが残ります。

また、核兵器のメタファーたる波動砲は、2199ではイスカンダルとの約束により地球への帰路はわざわざその発射口に蓋をされ、使用厳禁となります。これは、二一世紀日本における核兵器の存在感の希薄化をあらわすのではないかと思います。七〇年代の日本人には日米安保体制とはソ連の核ミサイルをアメリカの核ミサイル（核の傘）で防ぐことだ、自衛のためなら波動砲も核ミサイルも当然撃ってよいのだ、という実感にもとづく現実主義があって、それが波動砲という形で表れたと思うのですが、冷戦終結後の二一世紀にそういう感覚が表だって語られることはありません。二一世紀日本ではおそらく、七〇年代よりも核戦争の現実味、恐怖感が希薄なのです。

以上のように、宇宙戦艦ヤマト2199はきわめて二一世紀らしい物語であり、総じて、理系が理詰めで作った〈設定〉重視のアニメという印象を持ちます。確かに日本人は常に侵略への不安と世界からの承認欲求を抱えていて、ヤマトの勝利によりそれを満たすことができますが、文系的な物語性――たとえば自己犠牲の要素は七〇年代に比べて明らかに後退していて、最終回での沖田艦長の死の場面の芝居が軽いなど、〝泣ける〟度合いが旧作より低いと思います。また、七四年版以降の個室文化で増殖した、二次元美少女の消費欲求を満たしたいという視聴者の欲望にも忠実に従って作られています。その一方で、七四年版などにはあった太平洋戦争という〈歴史〉へのこだわりは解消しているし、一億総特攻への再挑戦というかたちで国や日本民族といった〈大きなもの〉への献身が称揚されることもありません(10)。

戦艦大和はなぜ『艦隊これくしょん』で少女になったか

同じく二〇一三年、DMM.com と角川ゲームス製作のオンラインゲーム『艦隊これくしょん』(通称艦これ)のサービスがはじまります。このゲームは戦艦大和をはじめとする百数十隻の旧日本海軍の軍艦たちをそれぞれ美少女(艦娘《かんむす》(図1))として擬人化し(11)、プレイヤーは「提督」となって彼女たちの戦闘能力を発展させ、強力な艦隊を編成――「これくしょん」するというものです。この年、日本人はなぜかくも奇妙なゲームを生み出すに至ったのでしょうか。

戦艦が近代日本でたびたび擬人化されたこと自体はこの講義で述べてきたので、さほど不思議ではないと思います。ではなぜこの年、戦艦大和は美少女となったのでしょう。

一九九五年以降のオタク文化分析に現在よく用いられる概念として、東浩紀のいう「データベース消費」なるものがあります。八〇年代まで力を持っていた革命とか強い経済などといった信ずべき「大きな物語」が九〇年代初頭に軒並み崩壊した結果、若者たちの世界認識の方法も一変し、それまでのストーリー性重視のアニメやゲームにかわって、アホ毛とかメガネとか巨（貧）乳とかいった「萌え要素」をデータベースから抽出して組み合わせ、好みの「キャラ」にネットや同人誌などの「二次創作」を通じて「萌え」ることで「動物」のごとく興奮するという消費の形態が現れたというのです[12]。

図１　『艦娘型録』表紙

もちろん、すべてのアニメやゲームがストーリー性を放棄したわけではないので、何もかもが「データベース消費」の対象となったわけではないでしょう。しかし、前出のヤマト２１９９における女性キャラの増加と多様化や、艦これのひたすら艦娘たちを集め「これくしょん」するという趣向に、この「データベース消費」なる分析概念はよく当てはまると思います。

ではなぜ一九九五年以降、そのような今日につながるオタク的「消費」の形態が出現したのでしょうか。東たちは九五年のオウム真理教による地下鉄サリン事件を、『宇宙戦艦ヤマト』や『機動戦士ガンダム』を観て育ち、影響を受けたオタク第一世代による「虚構としての革命」、人類救済の自爆、失敗とみています。[13] オウムの教祖・麻原彰晃《あさはらしょうこう》（一九五五年生、本名・松本智津夫）が「ヤマトは地球の命運を賭けた最後の船、自分たちみたいだなあ」と言っていたという話があります。[14] その革命に行き詰まり、世界を救えも変えられもしないことが分かった以上、続くオタク世代は物語性も終わりもない日常に閉じこもるしかないわけです。

東は「一九九〇年代のＩＴ革命の奔流のなかで、オタクの中心が文化系学生から工学系学生へと大きくスライドした」[15] ことも、サブカルチャーにおける物語性衰退の要因に挙げています。「工学部の学生は物語よりもシステムを好む」と。

この「システム」――インターネットは、アニメや小説のなかの「萌え要素」を外部から収集し、二次創作という形で自らもデータベース化し、全世界に発信、公開するという消費の仕方にとても適合的です。九五年にマイクロソフトからウィンドウズ95がインターネット・エクスプローラー付きで発売されて爆発的に売れ、以後日本社会でもネットの利用が一般的となっていきます。そのネット経由の発信と消費が匿名で可能だったことは、低年齢女子を扱ったイラスト画像とその性的描写に対するオタク本人ひいては社会全体の心理的、そして公私間のハードルをしだいに下げ、今日における（二次元）美少女の氾濫状況――現実と仮想空間のどこへ行っても、そこには必ず空想上の少女がいる――を招いたと考えられます。このことが艦これ人気の歴史的（？）前提となります。

大和はなどて人となりしか

ゲームとしての艦これは、日本のシミュレーションゲーム史上——人材コレクション・経営（『信長の野望』一九八三年）、育成（『ベスト競馬　ダービースタリオン』九一年）、アニメ絵×育成（『プリンセスメーカー』同年）、恋愛（『ときめきメモリアル』九四年）など[16]——の各ジャンルの特徴をうまく融合・発展させた、その意味で進化の延長線上にあるもののようです。艦これと日本の〈歴史〉の関係について何か発言すると、「自分はただ美少女を集めたいのであって、歴史や国防は関係ない」「的外れ」というユーザー（「提督」）たちからの反論が返ってきます。しかし、ではいったいなぜ、その美少女たちが他ならぬ戦前日本の軍艦でなくてはならないのか、二〇一三年以降の若者にウケているのかという疑問を私は持ちます。そしてそこに〈日本〉や〈歴史〉という要因を観ずにはいられないのです。

艦これと艦娘大和は、戦後日本の戦艦大和にまつわる物語の正統な後継者であり、二〇一三年の大和が「人」になったのは〈歴史〉的にみて自然であるとさえいえます。では、艦これの大和たち軍艦がなぜ少年でもおじさんでもなく、美少女となったのかについて、私の考えを述べましょう。

まず艦これならではの新しさとして、大和以外にも各空母や巡洋艦、駆逐艦、潜水艦などいろんな艦娘がいて、それぞれにファンが付いていることを指摘しておかねばなりません。ネットや本では戦艦金剛や駆逐艦島風・雪風をよくみかけます。これが戦後の日本でずっと一艦（一人）で神威を独占してきた大和の賞味期限切れを示すのか否かは、もう少し観察がいりそうです。

艦これの艦娘たちは、吉田正高『二次元美少女論』のいう「甲冑娘」の一バリエーションであります。

彼の考察を私なりに要約しますと、一九八〇年代のオタク第一世代のアングラ文化——同人誌やOVA（オリジナル・ビデオ・アニメーション）において、甲冑美少女が魔物の触手に凌辱されるという、一種のSM的状況——ボンデージ衣装をまとった女王様が拷問される——が欲望の赴くまま流行したもののやがて飽きられてしまい、かつ性的な表現の規制も厳しくなったことから、過激な性描写を排除した「現実的に近い軟弱な表現形式（「癒し」「萌え」など）[17]」の甲冑美少女のみが、たとえば『機動戦士ガンダム』に登場するモビルスーツ（略称MS）の装甲を装着した美少女「MS少女」などのかたちで、その後も一般的なオタク文化に生き残り、消費されたということです。

吉田は「近年では、メカ＋美少女という単純な融合ではなく、そこに記号化した美少女の諸要素（ミリタリー、スクール水着、ロリ）を加えて、複雑な美少女表現を構築している」ものの、「逆にいえば、八〇年代型のメカ美少女が持っていた基本ラインを改変するまでには至っておらず、そのバリエーションに止まっているのが残念[18]」と述べています。この指摘は二〇〇四年のものですが、二〇一三年の艦これにもかなりの程度当てはまるように思います[19]。艦娘大和はあくまでも日本の美少女文化史上における「バリエーション」の一つに過ぎないのであり、独自性や新奇性は薄いのです。

文化史の観点から言うと、艦これ的「軍艦の美少女化」には明らかな先達がいます。二〇〇七年に出たイラスト集『萌える戦艦　MOE-SEN』（一迅社、文・堀場亙ほか／イラスト・こしがやたつみほか）では、大和をはじめとする戦艦が装甲と火砲をまとった美少女化されています。同書が艦これとコンセプト的に同じなのは、かなり詳しい軍事知識に基づく各艦のスペックや戦史が羅列され、知識（自慢？）欲旺盛な消費者の需要に応じようとしていることです。一方、決定的に違うのは、前者が大和をはじめ世界中の国々の戦艦を、第一次大戦時のトルコ海軍巡洋戦艦ヤウズ・スルタン・セリムに至るまで徹底的に美少女化、網羅した図鑑であること、少女たちは戦わないことであるのに対し、後者はほぼ日本の戦艦だけが——ほぼというのは、二〇一四年夏の時点で戦艦ビスマルクなどかつての同盟国・ドイツの軍艦が数隻「実装」されているから——少女化し、正体不明とは言え「敵」と交戦することです。[20]
また、軍艦の美少女化史に関しては、萌えミリタリー雑誌『MC☆あくしず』の存在も見逃せません。二〇〇八年二月号（第七号）の特集「日本戦艦は箱入り娘⁉」は実に示唆的で、太平洋戦争に参加した日本戦艦一二隻がそれぞれ女体化され、その性能や戦歴が詳しくイラストで解説されています。

私が興味深く思うのは、大和（女体）の戦闘場面こそ一人一九四五年の坊ノ岬沖上でもだえるようなイラストですが、霧島はソロモン海で金髪娘の米戦艦サウスダコタ、同ワシントンと殴り合い、武蔵はレイテ沖で米海軍機にたかられて苦悶（見方によっては快感）の表情を浮かべていることです。「箱入り娘」たちは明らかに、史実上の敵アメリカと戦っているのです。ところがその追随者《フォロワー》である艦これの大和たちは米海軍ではなく、「深海棲艦」と称する亡霊のような謎の少女たちとしか戦いません。

艦これの大和はなぜ、先行者たる『戦艦萌え』や『MC☆あくしず』第七号の少女たちと違ってアメリカとは戦わず、謎の亡霊としか戦おうとしないのでしょうか。

護国の女神さま

私は、『MC☆あくしず』第七号の刊行（二〇〇八年）と艦これのサービス開始（一四年）との間に、二つの出来事があることに注目したいと思います。

一つは中国との領土問題の激化です。二〇一〇年九月七日、尖閣諸島沖で日本の巡視船に体当たりした中国漁船の映像はネット経由で日本国民に大きな衝撃を与えました。中国は同年、ＧＤＰで日本を追い抜いて世界第二位の経済大国となり、翌年には空母「遼寧」を就役させるなど、海軍拡張に注力中です。日本の防衛省は「わが国領海への侵入や領空の侵犯、さらには不測の事態を招きかねない危険な行動を伴うものがみられ、極めて遺憾」[21]と公式に中国を非難するに至りました。「海」からの侵略に対する不安や危機感が広まったのです。

もう一つは翌二〇一一年三月一一日の東日本大震災、およびその後の東京電力福島第一原発の爆発事故です。これは堺屋太一のように「第三の敗戦」という人がいるくらいで、日本人の自信を根底からくじきました。さらにいえば、アメリカには頭が上がらないことも思い知りました。どちらもアメリカに助けて（指導して）もらいましたから。[22]

またしても「敗戦」し、アメリカへの従属が再認識されたの[23]であれば、誰かと何らかの形で戦って勝つことで、自信回復の策を講じる必要があります。艦これは、日本人がふたたび〈海〉で戦って勝ち――たとえ相手が表向きアメリカ軍でなくとも――そのささやかな誇りを取り戻すべく、かつて強大だった自国の軍艦たちを二〇一三年の日本に復活させた仮想の〈歴史〉空間なのです。

先に二一世紀日本の技術（ものづくり）の凋落についてふれました。そこで状況下、新たな国是とされたのが「クールジャパン」、すなわち美少女アニメなどのサブカルチャーでした。政府みずからサブカルを国策として推進することの是非については賛否両論、拒絶反応もありますが[24]、美少女をはじめとする二次元文化を（潜在的にではあれ）日本国の美点や誇りと感じる人、それをあながち否定しない人は一定数いると言っても間違いではないでしょう。

戦艦大和たちは、艦これにおいて新しく美少女の容貌をまとい、今度はクールジャパン発展の守り神として祀り上げられたのではないでしょうか。少女が大和になったのではなく、大和が少女になったのです。実際彼女は日本に仇なす敵と日々（プレイヤーの脳内で）交戦しています。まさに日本の新しい守り神です。彼女たちは戦闘で被弾すると、その度合いに応じて「大破」とか「小破」と判定され、服が破れて素肌や下着をみせます。プレイヤーが心の中に持っている「外敵から守って欲しい」「何かを殴りたい」「性欲を満たしたい」「ちやほやして欲しい」という人びとのいろんな欲望をすべて安上がりに――なにしろほぼ無料ですから――満たしてくれる、きわめてご利益の高い神様です。艦これの同人誌をはじめとする二次創作には、艦娘を性的に蹂躙する内容のものが多数ありますが、では神様を性的に蹂躙して何か不都合があるのかというと、提督たちにはとくになく、むしろタブー破りの快感が高まるのかもしれません。

戦艦大和は戦後日本の守り神ですから、日本を脅かす外敵と戦わねばなりませんし、艦これでも実際そうしています。艦娘大和は「敵艦捕捉。全主砲、薙《な》ぎ払え！」(25)という勇ましい台詞を吐いて敵と交戦します。同人誌や小説における彼女たちの戦いは決して優勢ではなく、むしろ押され気味で苦しいものですが、それは現実の戦史とともに、ゲームの消費者や二次創作の担い手たちをとりまく苦しい現実――人口は減って経済は縮む、先のみえない落ち目の日本社会を反映しているからです。

艦娘大和たちがやたら「提督」を「守る」ことにこだわるのも、同じく現実の「提督」たちをとりまく苦しい現実や不安との兼ね合いから理解すべきでしょう。艦これ同人誌のひとつであるＧＵＭＰ『大和桜』（二〇一三年）は艦娘大和を主人公とする全二六頁の全年齢向け〝薄い本〟です。その内容にストーリーらしいものはなく、冴えない顔の提督に向かって大和が前線に出してくれ、「私の主砲はこの体は　みんなを守るために使いたいんです」「今度こそ守りたいんです」とひたすら訴えるものです。

ここで彼女がいう「みんな」とは、提督と他の艦娘たちのみを指すのでしょう。提督率いる艦隊の戦況が思わしくないことは、大和が続けて「武蔵《あのこ》のようにその身を囮に用いてでも」ということからわかります。提督（＝描き手と読み手）はこのように大和とその主砲に「守って」もらうことで何か安心できるのです。といっても艦娘たちの生殺与奪の権はあくまで提督が握っているのですが[26]。そういえば、斎藤環いうところの「戦争美少女」のはしりである綾波レイ（『新世紀エヴァンゲリオン』一九九五〜九六年）も主人公のシンジ君に向かって「あなたは死なないわ。私が守るもの」と言っていましたね。

艦これは、株式会社KADOKAWA刊行の各種アンソロジーコミックをみるに、いわゆる「日常系」の作品としても消費可能です。そこでの艦娘たちはひたすら楽しげな、ゆるい日常を過ごすのみです。艦これは、ゲームとしての戦闘、軍艦、〈歴史〉、戦闘系または日常系美少女と、目は肥えているが決して一枚岩ではない提督――消費者たちの実に多様な嗜好のどれかに応えて現実からの離脱をさせてくれる、商売として非常にうまく計算された「お楽しみパック」（本書二〇二頁参照）といえます。

したがって、誰かが艦これの〈歴史〉の部分を侵略の否定とか戦争賛美とかいって批判すると、その他の嗜好を持つ提督たちから「いや（自分は）違う」と猛反発されることになります。なるほど提督たちの多くは単に美少女が好きなだけかもしれません。けれどそういう人たちも艦これや兵器としての軍艦を通じ、「愛国心」という明瞭な形ではなくとも、どこかで〈日本〉との、あるいは提督同士のつながりを感じていられるのではないでしょうか[27]。少なくともゲームの「運営」側は、そのような意図を持っていると思います。艦これが日本社会の大きな精神的うねりと連動していないのなら、数多ある美少女ものコンテンツのなかで、どうして二五〇万[28]以上もの人がそれを選ぶのでしょうか？　私はこの「どうして」への答えを求めているのであって、誰かを非難したり否定するのが目的ではありません。

この兵器を介した〈日本〉とのつながり感については、近年のTVアニメ『ストライクウィッチーズ』（二〇〇八・一〇年）[29]や『ガールズ&パンツァー』（二〇一二・一三年）も同じような傾向を持っています。どちらも日本人の美少女が主人公となって、欧米各国（風）の少女が操る第二次大戦時の戦闘機・戦車に交じり、零戦や八九式中戦車といった旧日本軍の兵器を装着・装備して戦う物語です。このうち戦車は脇役で、史実を反映し弱いのですが、それすらも一種の〝味〟として肯定的に描かれています。これらの作品では過去の兵器が一種の国力ランキングの指標になっており、視聴者はそこに好みの美少女はもちろん、「欧米に力で互していけた（いける）日本の私」を観て安心したり、なおいっそう気持ちよくなれるのでしょう。つまり、そこで消費されているのは愛すべき〈日本〉そのものなのです。

深海棲艦とは誰か

戦闘美少女としての艦娘大和たちが「薙ぎ払」うべき敵は「深海棲艦《しんかいせいかん》」という魔物のような存在です。彼女たちも「空母ヲ級」とか「戦艦ル級」と称する軍艦型の美少女ですが、その容貌は真っ青な顔色の亡霊のようで多くは無表情、片言の台詞しか言わず、米映画『エイリアン』に出てくるクリーチャーのごとき衣装（?）をまとっています。その正体について公式な設定は今のところありません。

彼女たちの正体は一体何なのでしょうか。艦これは実際の太平洋戦争をモチーフとしているので、一番妥当なのはアメリカ海軍の軍艦や戦死者たちでしょう。実際、深海棲艦たちの装備する砲は米海軍と同じインチ規格です。しかしながら、黒髪も多いその容姿は、第二次大戦中のアメリカ軍や白人のそれとは見えません。「第二（第三）の敗戦」を迎えた今、たとえゲームの中であっても、アメリカにケンカを売るのは得策ではありません。よって、艦これ世界からアメリカはほぼ完全に排除されています。

深海棲艦がアメリカの人や軍艦の亡霊でないのなら、いったい何なのでしょうか。私の理解では、彼女たちは日本軍の戦死者たちの亡霊です。艦これという空想世界と歴史という現実世界がリンクした不思議な空間において、アメリカと同じく完全に隠され「なかったこと」にされているものがもう一つあります。それは、実際に軍艦に乗って戦い死んだ人たちと、その死の意味づけです。『MC☆あくしず』も『艦これ』関連書籍も兵器の性能や用法にはものすごく詳しいのですが、先の戦争自体の意味づけからは徹底して距離をとり、戦争の否定も肯定もしません。頭ごなしの侵略戦争扱いはユーザーからの反発を招くし、かといって賛美すれば日米関係にヒビが入るからです。そのことは、戦死者たちがいったい何のために死んだのか、何者であるのかについての説明をほぼ不可能にしています。そうであるなら、彼らには今まで通り、どこか見えないところへ行ってもらうしかありません。

しかし、彼らがこの世界のどこにもいないことに、田中謙介『艦これ』プロデューサー（一九六九年生）はじめ、あれほど戦史に詳しい「運営」側やプレイヤーたちが気づかないはずはありません。必ずどこかにいると思うはずです。そうであるならば、深海棲艦はやはり、大和のそれをはじめとする帝国陸海軍の戦死者の亡霊とみるべきでしょう。彼らは「一億総特攻」を放棄して米国の軍門に下り、特攻や戦死者のことは仇をとるどころか「なかったこと」扱いし、おまけにあの戦争をエロ画像に戯画化、消費している末裔たちに怒って再び日本に攻めて来たのです。現在《いま》の日本男子が美少女好きならば、過去の戦死者たちも美少女を好きになり、その姿を借りても特に問題はないでしょう。

日本人が過去にうしろめたさを抱えて生きているから、深海棲艦が現在の日本に現れるのです。二一世紀のこの日本に、戦死者たちの魂は「なかったこと」にされているようで実はいるのです。物語世界における絶対的な不在が、逆に実在を裏付けています。現代日本人は約七〇年前に終わったはずの戦争と決して無関係ではありません。戦争に負けたばかりに今でも外国から敗戦国扱いされますし、そうした〝不当な〟現状への反発から、かつて強大だった帝国海軍――大和への憧憬がいまだに出てくるのです。

二〇一四年の日本人は、空想の世界で戦艦大和を女神に仕立て上げ、怒れる戦死者たちを化け物＝深海棲艦とみなし殺してもらうことで、悲惨な戦争を物語化し自らの欲望充足のため消費しているという後ろめたさを解消して生きています。一九六〇年代の日本人は、怪獣ヤマトンをウルトラマンに殺させたように（本書第八講参照）それすらも他人《ひと》任せでしたが、二一世紀では大和が戦死者の魂を殺すという転回が起こりました。それは日本人がささやかながら精神的に自立した、ということなのでしょうか。『艦これ』に至る戦艦大和物語はいずれも、戦後日本人がその時々の欲望を満たし立場を守るために作った神話ですが、大和たち艦娘が、先の戦争の意味づけ（侵略、自衛）や国家のための死といった〈大義〉の物語の口述を露骨に拒否している点に艦これの特徴があります。

もしかしたら、深海棲艦は日本のサブカルチャーに対するクトゥルー（クトゥルフ）神話(30)の影響を考慮すべきで、先の戦争の戦死者云々は関係ない、と思う人もいるかもしれません。しかし、そのクトゥルーが太平洋戦争で沈んだ軍艦や戦死者と一緒になって日本を襲うという発想は、日本のサブカルチャー、より細かく言うと仮想戦記史上に明確な「先例」があります。

一九九六年に刊行された田中文雄『戦艦大和　海魔砲撃編』（ワニ・ノベルス）は、宇宙から飛来し日本侵略を企むクトゥルーと覚しき魔物――「やつら」と太平洋戦争中の日本連合艦隊が対決するという、異色の仮想戦記です。仮想戦記については前講で詳しく述べました。この作品の最終場面で、戦艦大和に装備された潜水艇に単身乗り込み、海底に潜む「やつら」を迎え撃つことになった伊藤整一中将の前に現れたのは、先に沈んだ戦艦武蔵やその他の艦艇、そして連合艦隊司令長官古賀峯一大将らの亡霊でした。彼らの魂は「やつら」に操られ、もしくは結託して生者の伊藤を襲ったのです。そのとき先に沈んだはずの大和が伊藤を護るべく出現、武蔵ら連合艦隊と水中で砲撃戦を繰り広げる……。

この対決がどうなるのかはネタバレになるから述べませんが、海に沈んだ戦死者たちの霊が深海の魔物と結びついて生者の日本人と戦う、という艦これ世界の構図には、このような先例があるのです。艦これの制作者たちが田中の作品を直接意識していたかはわかりませんが、戦死者の霊魂を一種の魔物として娯楽化する発想は戦後日本サブカル史上にすでに存在し、艦これはその追随者に過ぎないといえます。なお、田中の『戦艦大和　海魔砲撃編』はのちに菊池秀行の改作（『戦艦大和　海魔砲撃』創土社、二〇一四年）によって、「やつら」＝クトゥルーと明示されました。

艦これ世界《セカイ》に〈大義〉なし

艦これ世界とは実に不思議な世界で、決して完全な虚構の世界ではなく、むしろ実際の戦史と密接に連動した世界です。一連の関連書籍によると、大和たち艦娘はみな先の大戦で一度沈み（死んで）、魂のみが現在のこの世界のどこか（ネット空間？）に復活を遂げた存在と設定されているようです[31]。

『日本海軍「艦これ」公式作戦記録』と題する二〇一四年発行の書籍において、艦娘大和は自ら「私たち第二艦隊は、祖国に残された最後の水上打撃戦部隊でした。しかし、エアカバーのない状況で、敵機動部隊のたむろする沖縄に近づけるはずがなく、私たちは坊ノ岬沖で艦載機の猛襲を受けて……」とかつての戦艦鎮遠よろしく身の上話をしますし、編集者が付けた解説文では「場当たり的な感は否めない。〔中略〕「大和」を含む艦隊が沖縄にたどりついても満足に活躍できたとは思えないが、その巨体が姿を現わした際、現地将兵の士気は爆発的に高まっただろうことは想像できる」とか、燃料は俗説にいう片道分ではなく実は往復分入れたとか、かなり史実に即した記述をしています[32]。艦娘大和が番傘をさしているのは、史実上の大和が護衛飛行機という〝傘〟を持たなかったことの反映でしょう。

ゲームの作り手（運営）もプレイヤー（提督）たちも実際の太平洋戦争史に興味がないわけではなく、むしろ大いにあるのです。そのような〈歴史〉への知的欲求と二次元の美少女への性的欲求を同時にうまく満たせるように設計されたのが艦これであるようです。このことは艦これプレイヤーたちに、ゲームは単なるエロの消費ではない、補給とか資源といった史実、〈歴史〉の学習であり、知的遊戯なのだというエクスキューズ《言い訳》を可能にもしているようです。二一世紀の若者たちはまじめなのです。

けれども私はやはり、艦これ世界が太平洋戦争の意味づけを慎重に排除していること、つまり戦争を肯定も否定もしていないことに注目したいと思います。艦娘大和が反戦平和論をぶつことはありませんが、同時に戦いにおける「一死以て国を守る」的な〈大義〉や献身の物語もまた、暗黙裏に拒否されています。艦娘は敵の攻撃による損害が限度を越えると「轟沈」して消えますが、ゲームの設定上、二度と生き返らないようになっています。そのため、轟沈は手を尽くして回避することが奨励されています。つまり国とか提督への命を懸けた献身は否定され、むしろ「生きる」ことが推奨されているのです。

この自己犠牲の否定と生の肯定は、前出の美少女＋戦車アニメ『ガールズ&パンツァー』にもはっきり現れています。現代日本の女子高生が第二次大戦時の各国戦車で模擬戦をするというこの作品を監督した水島努（一九六五年生）は「生徒会チームにしても1年生チームにしても〔相手女子校の戦車に〕

「犠牲覚悟」で突撃してないんですね。あくまで生き残るつもり。そこが今回すごく重要なポイントだと思います。それで、あくまで結果として相打ちになったというふうに描きました[33]」と語っています。彼がかつてのスポ根漫画のような「熱血とか気合いだけでどうこうする展開は絶対にしないように気をつけ」たと明言しているのは、「熱血とか気合いだけでどうこう」なるものでもない時代に育った二〇〜三〇歳代の客が、上の世代が日常的に押し付けてくる「精神主義」や献身、説教を心から嫌っていることに合わせたからでしょう。

だから艦娘たちの戦いに今のところ終わりはなく（誰も死なないから）、時にぼろぼろに「大破」しながら、ひたすら閉じた世界の中で提督ただ一人を「守る」だけです。提督たちはゲームのシステム上、ネットを介して「演習」と称し互いの艦娘たちに模擬戦を行わせ資材や経験値を稼ぐことができますが、連合して敵と戦うことはありません。艦これ世界は提督と艦娘たちだけの閉じた世界《セカイ》です。

そう、艦これはいわゆる「セカイ系」の流れを汲むゲームといえます。「セカイ系」とは一九九五〜九六年のTVアニメ『新世紀エヴァンゲリオン』後に登場した一連のアニメ・マンガ・ゲーム・ライトノベルなど、主にオタクと呼ばれる人々に消費される作品中の一ジャンルを指します。そのおおまかな定義は「少女《きみ》と少年《ぼく》の恋愛が世界の運命に直結する」「少女のみが戦い、少年は戦場から疎外されている」「社会の描写が排除されている」というものです[34]。艦これは、艦娘たちの戦いがこの世界《セカイ》の運命と（本書執筆の時点では）直結しないことを除いて、これらの定義によく当てはまります。提督は特定の艦娘たちと「ケッコンカッコカリ」と称する恋愛のごとき「強い絆」を結べます（ただし課金により重婚も可能）し、基地で艦隊の編成や修理、建造などを行い、それはゲームの進行とともに複雑で慎重な工夫を必要としますが[35]、自ら艦娘に座乗（?）して戦場へ赴き、敵の砲火を浴びることはありません。

艦これ世界《セカイ》が自閉的で左と右の物語を共に拒否しているのは、作り手側の商売上の理由（どちらかに肩入れすれば他方の客が離れる）ばかりでなく、受け手の若者――提督たちがそういう古い〈大義〉の物語を日常生活上必要としていないし、外から強引に押しつけられればウザいからではないでしょうか。彼／彼女たちが艦これを通じて消費する大日本帝国の〈歴史〉も、各艦の細かい性能や海戦の経緯などのデータベース、もしくは戯画であって戦争の〈大義〉という物語ではありません。ですから、艦これを戦争や大日本帝国の積極的肯定、すなわち「右傾化」や復古と片づけるのは正しくないと思います。

旧日本海軍の軍艦にはそれぞれ艦内神社があり、艦名と縁のある神社の祭神を分霊し祀っていました。宗教民俗学者の由谷裕哉は、艦これや前出の『ガールズ＆パンツァー』のファンが軽巡洋艦那珂《なか》の艦内神社の本宮・大洗磯前神社《おおあらいいそさき》（茨城県大洗町）を「聖地巡礼」と称して訪れ、艦娘那珂のイラストを描いた絵馬（「痛絵馬《いたえま》」）に「世界が平和でありますように！」「日本の領土が守られますように（文字のみ）」と祈願していく事例を報告しています。[36] これらの絵馬を書（描）いた人たちにとって、艦娘たちは「世界」平和の守り神的立場にありますが、彼／彼女ら言うところの「世界」「日本」とはいかなる空間なのでしょう。

（1）呉市海事歴史科学館展示図録『呉市海事歴史科学館　大和ミュージアム』（同館、二〇〇五年）四六・四七頁。

（2）同五六・五七頁。

（3）「概して明確な物語は存在せず」、「美少女キャラクターがひたすらおしゃべりに興じる」、「男性キャラクターがほとんど登場しない」四コママンガやアニメ作品を指します（前島賢『セカイ系とは何か　ポスト・エヴァのオタク史』〈星海社文庫、二〇一四年〈初刊二〇〇四年〉二〇三・二〇四頁）。

（4）アニプレックス監修『かみちゅ！　大全ちゅー！』（一迅社、二〇一一年）四八・四九頁。

（5）本講義で「ゴジラ＝戦死者の怨念」説をたびたび紹介しましたが、二〇〇一年の『ゴジラ・モスラ・キングギドラ　大怪獣総攻撃』でこの設定はついに「太平洋戦争で死亡した人々の怨念の集合体」として公式化されました。死亡者には戦いの巻き添えとなったアジアの人々も含まれるようです。本作のゴジラは感情移入をいっさい許さない白目を剥いた怨霊として造形されていますが、どうみても西洋のドラゴンにしかみえない護国聖獣・魏怒羅《ギドラ》（もとキングギドラ）に撃退されました。二一世紀になっても日本に戦死者たちの魂の居場所はないので、西洋の龍（＝在日米軍）と自衛隊が共同作戦で殺すしかないのです。

（6）辺見は映画の小説版で臼淵に「やがて西洋文明と東洋文明は激突の果てに和解を見るだろう。日本は東洋文明にないものを西洋から得る。欧米は西洋文明にないものを東洋に見出す。そして、そのときはじめて地球における真の国家像が日本においても欧米においても確立される」と映画にはない、より壮大な台詞をいわせています（辺見じゅん『小説　男たちの大和』角川春樹事務所、二〇〇五年、一六三頁）。このあたりは、弟にして本作プロデューサー角川春樹の意向によるのかもしれません。

（7）出渕裕総監督×西井正典チーフメカニカルディレクターによる対談「メカアニメはヤマトが変えた！」（『キネマ旬報増刊　ANIME　KINEJUN vol.02』二〇一二年七月）八一頁における、出渕の発言。

（8）七四年版ヤマトにも全長三三三メートル案はありましたが、最終的には大和と同じ二六三メートルとされ、大和とヤマトを並べて対比させた内部構造図も作られました（前掲『宇宙戦艦ヤマト　大クロニクル』一八・一九頁）。七〇年代では物語上のリアリティより戦艦大和を復活、活躍させたいというスタッフの〈歴史〉へのこだわりが優先された結果でしょう。

（9）『宇宙戦艦ヤマト2199』DVD第一巻（バンダイビジュアル、二〇一二年）「音声特典　第一話オーディオコメンタリー」における発言。

(10) 2199ヤマトの波動砲封印により、『さらば〜』のリメイク、続編作りはまず不可能となりました。地球艦隊が改良型の拡散波動砲を駆使しての艦隊決戦こそが物語上の一つの山場だからです。したがって、結末での古代と雪による「一億総特攻」の再々演の可能性も、現時点では自動的になくなりました。2199の作り手たちは『さらば〜』のそれと違って、それを行う欲求も必要性も感じてはいないのです。

(11) 艦娘たちのデザインのみをみると、軍艦を人としている(擬人化)というより、空想上の人を軍艦化している(擬物化)とも言えますが、この点は後述します。

(12) 東浩紀『動物化するポストモダン　オタクから見た日本社会』(講談社現代新書、二〇〇一年)。

(13) 東浩紀「動物化するオタク系文化」、竹熊健太郎「オタク第一世代の自己分析　あくまで個人的立場から」(いずれも東編『網状言論F改　ポストモダン・オタク・セクシュアリティ』青土社、二〇〇三年、所収)。

(14) 切通理作「お前が人類を殺したいなら　おたくジェネレーションとオウム真理教」(『別冊宝島二二九号　オウムという悪夢　同世代が語る「オウム真理教」論・決定版!』宝島社、一九九五年)一九一頁。

(15) 東浩紀『文学環境論集　東浩紀コレクションL　essays』(講談社、二〇〇七年)二二二頁。

(16) 多根清史『教養としてのゲーム史』(ちくま新書、二〇一一年)第四章「シミュレーションと欲望」。

(17) 吉田正高『二次元美少女論　オタクの女神創造史』(二見書房、二〇〇四年)四六頁。

(18) 同八九頁。

(19) 艦これの「新しさ」は、ミリタリー要素と美少女の融合と言うよりはむしろ、美少女を戦艦から潜水艦(艇)まで大量生産してロリ要素は小型の駆逐艦に、スクール水着は潜水艦に振り分けて好みの艦娘を選ばせるなど、消費者たちの嗜好に実にきめ細かく対応していることにあると思います。

(20) 同書のコラム「最強の戦艦とは?」で「大和型とアイオワ級がもし戦ったのならば、勝者はどちらとなるのだろうか?　結論からいえば、この両雄の決闘は、日本海軍の誇る大和型の勝利と終わる可能性が高い」(一六〇頁）とはされますが、あくまでｉｆの話、シミュレーションです。

(21) 防衛省編『平成二五年版　日本の防衛　防衛白書』（同省、二〇一三年）三九頁。

(22) 尖閣問題では日米安保条約の同諸島への適用が少なくとも日本側にとって切実な問題となり、震災では米軍の原子力空母まで参加した「トモダチ作戦」で助けてもらいました。

(23) 二〇〇八年二月『ＭＣ☆あくしず』第七号の日本戦艦（の女体化）は、同じく女体化した米軍艦と戦っていました。ところが、二〇一三年一二月に同誌の別冊ムックとして出された『日本海軍艦艇　ガールズイラストレイテッド』の女体化した日本戦艦たちの多くは〝何か〟と戦ってはいますが、その正体は明示されません。戦艦武蔵（の女体化）は青色の飛行機と交戦して苦悶の表情を浮かべますが、米国標識は描かれていません。しかし、よくよく見ると同誌の扉には、米国標識を描いた飛行機を撃墜して勝ち誇る駆逐艦秋月（の女体化）が採用されています。この曖昧さが結果的に、日米「同盟」関係の隠された非対称性とそれへの秘めやかな反発を象徴しているように思います。

(24) 三原龍太郎『クール・ジャパンはなぜ嫌われるのか　「熱狂」と「冷笑」を超えて』（中公新書ラクレ、二〇一四年）。

(25) コンプティーク編集部編『艦娘型録』（角川書店、二〇一四年）四五頁。

(26) 提督は自分の好みや戦術に応じて艦娘を艦隊に編成、出撃を命じられますし、新造艦（娘）建造に用いる資材入手のため、特定の艦娘を指名し「解体」する権限も持っています。

(27) 安西信一はアイドルグループ「ももいろクローバーＺ」の歌やダンスに込められた「緩やかな日本回帰」について「究極的には、意匠、テイスト、場合によっては単なるファッションの問題にすぎない」「どこか不気味で過激化する可能性を秘めたたぐいの」ナショナリズムとは無縁とし、「今ここの現実性に支えられた愛国心ともいうべきもの」「今ここにある現実性が最高だという、絶対的な肯定性の表明」と述べています（安西『ももクロの美学　〈わけのわからなさ〉の秘密』廣済堂新書、一八四・一八五頁）。ではなぜ現代日本の若者――「モノノフ」（ファンの「尊称」）たちはなぜ「日本」を「絶対的」に「肯定」したがるのでしょうか？　本書ではこの点を艦これに至る戦後日本の大和物語の歩みに即して考えてきました。

(28) Twitter「「艦これ」開発／運営」（@KanColle_STAFF）二〇一五年一月一九日一〇時〇〇分。

(29) 本作はいわゆるメディアミックス作品で、漫画は二〇〇五年から、小説は〇六年から、ＯＶＡは〇七年からそれぞれ発売されています。

(30) クトゥルー神話とは「怪奇小説家ハワード・フィリップス・ラヴクラフトと、彼と親しい作家達の間で、自ら創造した暗黒神や魔術書などの固有名詞を互いの作品に登場させるお遊びの中で形成された架空の神話体系であ」り、「小説のみならず音楽や映画、ゲーム、コミックなどのありとあらゆる媒体上においても数多の関連作品が発表されている」（森瀬繚編『図解クトゥルフ神話』新紀元社、二〇〇五年、三頁）。なお、萌え（二次元美少女）とクトゥルー神話の融合もすでにクトゥルー神話事典制作委員会編『萌え萌え　クトゥルー神話事典』（イーグルパブリシング、二〇〇九年）で達成されており、艦これはあくまでもその追従者です。

(31) 前掲『艦娘型録』に「艦娘短編　提督と共に」と題した艦娘大和が自分語りをするポエムが載っています。彼女はかつての日本で艦隊決戦の切り札として建造されたものの活躍の機会はなく、史実通り「世界最強の機動部隊」（国名なし）の攻撃で撃沈され「オレンジの閃光と共に、私の意識は途切れ」たものの、「先に逝ったはずの」他の艦娘たちに起こされて提督と出会い、「「大和」推して参ります！　提督、ずっと貴方と共に！」と誓いを新たにしています（三四八～三五一頁）。けれども、先の戦争の意味付けについては一切何も語りません。

(32)『日本海軍「艦これ」公式作戦記録』（宝島社、二〇一四年）一四六・一七四頁。

(33) ガルパン取材班『ガルパンの秘密　美少女戦車アニメのファンはなぜ大洗に集うのか』（廣済堂出版、二〇一四年）一〇九・一一〇頁。

(34) 前島前掲『セカイ系とは何か　ポスト・エヴァのオタク史』六・九頁。

（35）水本正『艦これプレイ漫画　艦々日和①』（ＫＡＤＯＫＡＷＡ・エンターブレイン、二〇一四年）、同『艦これプレイ漫画　艦々日和②』（同）。この漫画は実際のゲームのプレイ状況を漫画で再現し、艦娘の建造方法や作戦の建て方を指南するものです。つまりそういうマニュアルを必要とするほどに艦これは複雑な〝知的遊戯〟なのです。私も艦これのアカウントを取得して「提督」になった（所属・鹿屋基地サーバ）のですが、非常に時間と手間がかかるのでゲーム内容の理解はもっぱら同書および関連雑誌などによっています。

（36）由谷・佐藤喜久一郎『サブカルチャー聖地巡礼　アニメ聖地と戦国史蹟』（岩田書院、二〇一四年）第一部第二章「アニメ聖地に奉納された絵馬に見られる祈りや願い」。

第一四講　もう一方の日本海軍の雄・零戦はなぜ日本人に人気があるのか

『風立ちぬ』『永遠の0』のもう一人の主人公・零戦

今回は戦艦大和と並んで日本の〝最強〟兵器であった零戦の話をします。零戦とは正式な名称を零式艦上戦闘機という一九四〇年に制式採用された日本海軍の戦闘機で、「ぜろせん」とも「れいせん」とも読みます。零戦は日中戦争〜太平洋戦争全般における海軍の主力戦闘機として各戦線で使われました。艦上戦闘機とは、航空母艦から飛び立って味方の空母や攻撃隊を護衛するのが主な任務の飛行機を指します。零戦は日中・太平洋戦争を通じて一万機以上が生産され、緒戦で米英戦闘機に圧勝して日本の勝利に貢献するも、戦争末期にはその優位を失い、特攻機として使用されるという末路をたどりました。

零戦は二〇一三年公開の映画『風立ちぬ』や同『永遠の0』に登場するなど、今でもよく知られています。では、なぜ零戦はそんなに知名度、人気があるのでしょうか。これは何と言っても一時期〝世界最強〟戦闘機であったことが大きいですし、米英軍の繰り出す新型戦闘機に質量で敗北しつつも、敗戦まで悲壮な戦いを続けたことがあります。つまり、戦艦大和と同じく、優秀な日本人の悲壮な運命物語として現在の人間が共感し、消費することが可能なのです。では、なぜ日本人はいまだに零戦のことをかくもくわしく知っているのか、その伝説の成立と受容の過程を歴史的に考えてみたいと思います。

設計者・堀越二郎の弁明

この疑問への答えをあらかじめ述べておくと、主任設計者の堀越二郎（一九〇三～八二年、群馬県出身）が零戦のことを、すでに一九五二年の段階から共著書『零戦』などで詳しく語っていたから、ということになります。

堀越は東京帝国大学工学部航空学科を一九二七年に卒業、同年三菱内燃機製造（現・三菱重工業）へ入社します。映画『風立ちぬ』に出てきた同期の本庄季郎は、実際には先輩に当たります。堀越は敗戦後、自ら作った零戦について、いくつかの文章と何冊かの著書を残しました。

私が見た限り、堀越が最初に零戦について文章を記したのは一九五〇年一一月、ある雑誌上(1)でのことでした。執筆の動機は、アメリカの航空雑誌が零戦は外国機の模倣であり、戦争当初は強かったが後には弱くなったと述べたことに反論するためでした。堀越は零戦設計時には日本の航空技術はすでに自立していたし、零戦が戦争で勝てなかったのは性能改善に必要な人手が足りなかったからであり、もっというと「総力戦」の概念を理解できずに無謀な戦争を拡大した「軍の一部および便乗政治家・官僚」たちのせいであった、と主張しています。

実際の堀越は映画から受ける印象とは異なり自尊心のきわめて高かった人で、自分の能力や作品が正しく理解されないことに我慢がならず、どうしても一言反論したかったのだと思います。その憤りが

「国民（人民でもよい）を今後いったい何十年かかったら脱出できるかわからない惨苦の淵に突落した狂人共に対する公憤」なる、きつい言葉で表明されたのです。

堀越はこの文章の最後で「私は職業の選択に失敗したと思う。他の分野では大した仕事はできなかったがそれでもよい」と述べています。彼の「公憤」は、戦争に負けたせいで男子一生の仕事のはずだった飛行機設計が不可能となっていたことにも由来していたと思われます。そのころ堀越には、吉見製作所の技術部長としては「手元に残った材料でナベ、カマをつくりはじめ、やがて農機具や冷蔵庫も手がけ(2)」るような仕事しかなかったからです。戦前はよかった、こんなことになったのは無謀な戦争を始めた軍（の一部）が悪い、との内なる憤懣が高まっていたのは理解できます。

堀越は五二年五月、新三菱重工本社の技術部に次長として復帰します。これと軌を一にして、元海軍中佐・大本営参謀奥宮正武《おくみやまさたけ》との共著『零戦　日本海軍航空小史』（日本出版協同株式会社、一九五三年）を刊行しています。この本の中で、彼らが零戦について語りたかったことは二つありました。

一つは自賛です。堀越は「フランスの名戦闘機パイロット、クロステルマンの名著 FEUX DU CIEL」の「連合軍の戦闘機はこの小さなすばしつこい流星〔零戦を指す〕に立ち向かう技巧を発見するために撃ち落とされていった(3)」などの記述を引用し、自分たちの作った零戦は少なくとも戦争前半では世界最優秀機だったし、そのことは世界からも認められ高く評価されている、ということです。

もう一つは先に指摘した弁明です。零戦がしだいに米英の戦闘機に勝てなくなった要因は、機体強度と防弾装備のなさでした。戦闘機として速度と機動性、そして航続距離（飛べる距離）を稼ぐためぎりぎりまで軽量化を図った結果、機体の強度に劣ったため、米機が急降下で逃げると追尾できませんでした。また、同じ理由で戦争末期の型を除いて操縦者を敵弾から護る防弾ガラスや鋼板、燃料タンクを持

たなかったため、撃たれると乗員は簡単に死傷、タンクは火を噴いてしまいました。(4)

堀越は著書の中で、これらの零戦の欠陥は確かに設計主任たる自分にも責任はあるが、主な責任は軍や政府の指導者にあると主張しました。急降下速度の低さについては「日本海軍の戦闘機操縦者達は大なる急降下速度を空戦上重要なファクターと考えていなかったようである」「急降下速度そのものを重要な空戦性能の一つとして要求されたことはなかった」と、防弾については「第二次大戦初期の戦訓により昭和十五、十六年頃には防弾は世界の通念となっていたらしい。〔中略〕その頃になっても防弾の要求を出さなかったことは用兵側の重大な手落ちであり、たとえ要求がなくても実現に長期を要するこの種の研究を早くから始めなかったことは技術側の怠慢であった」と自らの責任を一部認めつつも、主たる「重大な」責任は用兵側＝海軍側にあると主張しています。(5)

堀越は「わが国には古来、数において優勢な敵を、精妙な技術や精神力をもって倒すことを極端に賛美する傾向があり、〔中略〕此の教義は近代日本の陸海軍に受け継がれ、特に過去の実践の教訓から海軍の方にその信者が多かったように思われる」とも言います。機体を極限まで軽くして空戦に勝つという零戦の設計方針はあくまでも海軍が求めたものであり、自分たちはそれに従っただけだ、と言いたいのでしょう。さらに「わが軍用機にはわが国情と国民性が率直に現われていた。中でも戦闘機に就いてその嘆声が聞かれたが、特に零戦はその象徴ともいうべきものであった」とも書いています。(6)

以上の主張をまとめると、零戦の欠点は日本固有の「国民性」という根本的かつ解決不可能な要因ゆえのことであり、海軍や三菱など特定上位組織の判断ミスや先見性の欠如といった個別の話ではない、従って誰にも責任はない、ということにさえなります。

堀越に言わせると、戦争に負けたのは「政治及び軍指導者」が「技術に対する理解と数字に関する観念が低かった」り、「国の全戦闘力を如何に割り振ったら最も効果的であるかという合理的考察を怠り、直接兵器以外の付帯能力の重要性を認識していなかった」からであり、そして「これよりも何層倍も重大な真の原因は自国の技術水準を完全に把握し、技術力を最も有効かつ重点的に振り向け得なかった貧困な技術行政にあ」りました。もちろん「下の側も長所とともに多くの短所を持っていたと思う。著者も上に立ちまた下に立った身として分相応の責任を感ぜずには居られない」(7)との反省の弁はなされるものの、主たる責任は零戦の改良以外にも大量の資材と労力を投入した指導者層にあるとされます。

このように、堀越の本は自分の作った零戦が空戦に負け、日本が戦争に負けたことへの言い訳、責任回避のため書かれました。悪いのは日本という国家の上層部、もしくは国民性であるということです。

彼の主張が間違っているということではありません。しょせん彼は民間会社の一社員に過ぎないからです。しかし、現在ですら「二郎が零戦を開発したからこそ、第二次世界大戦は長引き、結果的に日本は無条件降伏することになります。〔中略〕確かに、戦争を遂行するかどうかを決めたのは、天皇や政治家、軍人かもしれません。しかし二郎も、零戦という稀有な能力を持つ戦闘機を作り出すことで、日本人に坂の上の雲を見せてしまいました」(8)という批判はあります。敗戦後を生きねばならなかった堀越としては、今後の技術者人生のためにも、そういう批判に対しあらかじめ弁明をしておく必要があったのでしょう。反戦平和論の盛んな当時において、戦争協力者というレッテルを貼られることの重大さを頭に入れておく必要があります(9)。

海軍の組織的弁明

堀越らの著書『零戦』は、単なる個人的な自尊心の発露や弁明を超える性格を持っていたことを強調しておきます。というのは、同書は、特攻作戦の実行責任を大西瀧治郎中将一人に押し付けたとして批判される猪口力平《いのぐちりきへい》・中島正《なかじまただし》『神風特別攻撃隊』（一九五一年）や、ミッドウェー海戦のいわゆる「五分間の神話」[10]を創作したことで同じく著名な淵田美津雄《ふちだみつお》・奥宮正武『ミッドウェー』（同年）と同じ日本出版協同株式会社から、ほぼ同時期に刊行されているからです。このことは、戦後日本で行われた戦争に関するもろもろの「証言」の特質を考える上で象徴的な事実です。結論的にいうと、これらの戦記本はどれも戦争に負けた理由を旧海軍軍人の立場から弁明し、その組織としての名誉を守るため一挙に書かれた感があり、堀越らの『零戦』は結果としてその片棒を担ぐかたちの「証言」となっているのです。

猪口・中島『神風特別攻撃隊』では、特攻という「あれほど〝むごい〟ことを、何故いつまでも続けてやったか」という疑問をみずから提示し、その責任をかつての上官、敗戦直後に自決してもはやこの世の人ではない大西一人に負わせるような記述が見られます。たとえば一九四四年、初の海軍特攻隊の「敷島隊、大和隊、朝日隊、山桜隊」という隊名は大西が「すらすら口から出して」決めたことになっており、そこに海軍中央部の関与はなかったことになっています。また、著者の「私〔猪口〕」が「レイテに敵も上陸して一段落したのですから、体当たり攻撃は止めるべきではないですか?」と進言したにもかかわらず、大西は「「いいや、こんな機材や搭乗員の技倆では、戦闘をやつても、この若い人々は徒らに敵の餌食になつてしまうばかりだ。部下をして死所を得さしめるのは、主将として大事なことだ。だから自分は、これが大愛であると信ずる。小さい愛に拘泥せず、自分はこの際つづけてやる」と云い切った[11]」ことになっています。

海軍中将・航空艦隊司令長官という立場の大西が特攻作戦を強く推し進めたのは事実（第六講参照）ですが、そのような「むごい」作戦はあくまでも彼一人の独断で続けられたのであり、そこに著者や他の海軍上層部の関与はなかったかのような書き方となっています。

大井篤『海上護衛戦』も同じ日本出版協同社から一九五三年に出版されましたが、戦時中の海上護衛（商船護衛）作戦失敗の原因を「概して堅忍不抜、不屈不撓の精神にとぼしいといわれている」「日本国民性そのもの」（五九頁）に帰しているのは堀越と同じです。両者とも敗戦を特定の組織や個人でなく、「国民性」という言わばどうにもならないもののせいにしているのです。

歴史学を学ぶ皆さんに覚えておいていただきたいのは、当事者の「証言」はこのように不都合な事実を隠し、責任逃れや言い訳のために書かれているかもしれないこと、そして「国民性」という今日でもよく使われる便利な言葉はその局面で誰が、なぜ使っているのかをよく考える必要があることです。

堀越は占領終結後、国産旅客機ＹＳ－11の設計に携わりました。また、奥宮ら旧海軍軍人たちは、同じく占領終結後の一九五四年に創設された自衛隊に再就職していきました。彼らが〝社会復帰〟に際して、かつての戦争における自己の責任を本の出版により「なかったこと」にしておく必要を感じていた可能性は大いにあります。

堀越たちによる戦争指導者への敗戦責任転嫁論は、開戦責任を指導者にのみ負わせるというアメリカの占領政策——東京裁判はそのための政治的セレモニーとも言えます——に従うことで免罪され、生き延びた戦後日本人にも受容可能でした。これも堀越の著作が今日まで読み継がれる背景となります。

ちなみに、日本陸軍にも零戦に相当する戦闘機がありました。同じエンジンを積み、したがってほぼ同じような性能だった一式戦闘機（隼《はやぶさ》）といいますが、これを作ったのは三菱のライバル会社・中島飛行機の小山悌《こやまやすし》という技師です。小山たち中島の技術者たちは、堀越や本庄ら三菱の人びととは違って戦後おおむね沈黙を守り、自らの作った飛行機について〝弁明〟をすることはありませんでした。小山は「われわれの設計した飛行機で、亡くなった方もたくさんあることを思うと、いまさらキ27がよかったとかキ84がどうだったと書く気にはなりません」とひかえめに話していた」といいます。(12) 聞きようによっては、一種の海軍―三菱―堀越批判ともとれます。(13) 堀越に対しては自分の「設計した飛行機で、亡くなった方」をどう思うかという潜在的な批判が常にあり、彼はそれを打ち消すためにも自分は一生懸命優秀な戦闘機を造ろうとしただけで、あの戦争は指導者が悪かったと言い続ける必要があったのです。

堀越の特攻弁明

このように旧陸軍機関係者の多くが沈黙する一方で、堀越ら海軍関係者による〝弁明〟は、その後の日本社会に――たとえば反戦平和を旨とする児童文学の中に受け容れられ、引用されていくことになります。石川光男『ゼロ戦と戦艦大和　太平洋戦争の栄光と悲劇』（偕成社、一九六九年）は「栄光のゼロ戦」と「戦艦大和の悲劇」の二部構成をとる小・中学生向けのノンフィクションですが、前者の結びは次のようなものになっています。

翌〔八月〕十六日の朝、レイテ戦で、特攻をおもいたち、それを実行させた大西滝次郎《ママ》中将は、軍令部の自室で、切腹してはてた。／遺書には、こう書いてあった。／『特攻隊の英霊よ。よくたたかってくれた。ふかくお礼をいう。しかし、諸君が命をさしだしてくれても、ついにいくさには勝てなかった。わたしは、死をもって、諸君と、諸君の遺族におわび申し上げる。』／ゼロ戦の生みの親、堀越二郎は、八月十五日の日記に、こう書いている。／『いくさはおわった。日本は、すっかり消耗しつくしたのちの、はじめての敗戦。あしたからなにをしたらよいやらわからないが、とにかく、飛行機だけは、つくるひつようがなくなったのだ。／しかし、敗戦までいかないうちに、政府はなんとかして手をうつことができなかったのだろうか。いや、軍部とむすんだ好戦的な政治家が、外交で平和的に問題を解決することをせず、短気をおこして戦争をはじめたのだから、そんなことをのぞんでも無理なことだったろう。／これからは、日本を壊滅させた政治家を全部おいだし、誠実で、知恵のある、真の愛国の政治家に、国をおしすすめていってもらいたい。これが、わたしのねがいである。』[14]

特攻や敗戦の責任が、堀越らの言い分通りに大西中将や「軍部と結んだ好戦的な政治家」たちに押し付けられており、それ以外の海軍関係者の積極的関与や、一般国民が「外交で平和的に問題を解決すること」を必ずしも支持しなかった事実は「なかったこと」にされています。戦前をよく知る〝良心的〟な児童文学者ですら、あるいはだからこそ、このような二分法で太平洋戦争とその敗北の原因を理解、説明していたのは、堀越たちの駆使した弁明の論理が戦後の一般国民にとって実にわかりやすく、かつ自国の誇りを傷つけないものだったからでしょう。ちなみに石川は同書の著者紹介によると一九一八年生、海軍軍人として「太平洋戦争中、特務艦に乗って東南アジアを転戦」した〝戦中派〟でした。

石川は、同書のはしがきで「ところでわたしは、こんどゼロ戦と大和のことをくわしくしらべてみて、おもしろいことに気がつきました。それは、日本軍を代表するこの空と海の精鋭のたんじょうから消滅までが、そのまま、太平洋戦争の歴史であるということです。ゼロ戦が空を圧し、大和が海を圧していたときが、とりもなおさず、日本軍の勝ちいくさのときであり、このふたつが敗走しだしたときから、日本軍の敗走がはじまったのです。わたしは、みなさんにこの本で、太平洋戦争の全体のすがたをつかんでいただきたいとおもいます(15)」と述べています。

現在の日本でも、太平洋戦争が「ゼロ戦と大和」の「栄光と悲劇」なる図式で理解されることが時にあります。そうした戦争観が戦後日本社会に形成されるにあたっては、一九五〇〜七〇年代の堀越ら当事者による弁明と、これを引用した〝良心的〟な人たちの諸作品が意外と効いていたように思います。

堀越は後年、自らの設計した零戦で行われた特攻についても、弁明の言葉を記しています。『零戦　その誕生と栄光の記録』（光文社（カッパブックス）、一九七〇年）において「多くの前途ある若者が、けっして帰ることのない体当たり攻撃に出発していく。〔中略〕その情景を想像しただけで、胸が一ぱいになって、私は何も書けなくなってしまった。彼らがほほえみながら乗りこんでいった飛行機が零戦だった」と書いています。おそらく、自分の作った飛行機で特攻が行われたことについてどう思うか、という批判の声に胸の痛むところがあったからこそ、このような文章が書かれたのでしょう。

ついで堀越は戦争中に朝日新聞社の求めに応じて書いた「神風特攻隊景仰頌詞《けいぎょうしょうし》」なる文章中の「われは人智をつくして凡《あら》ゆる打算をなし、人的物的エネルギーの一滴に至るまで有効に戦力化すべき凡ゆる体制を整へ、これを実行したりや」との箇所を自ら引用、「その真意は、戦争のためとはいえ、ほんとうになすべきことをなしていれば、あるいは特攻隊というような非常な手段に訴えなくてもよかったのではないかという疑問だった」と記しています。

この発言は非常に興味深いものです。なぜなら「ほんとうになすべきことをな」さずに特攻の悲劇をもたらしたのはいったい誰なのか、堀越なのか戦争指導者なのか、あるいは当時の日本人全体なのかが、主語の欠如によってうまくぼかされているからです。堀越は、「私が」とは決して言っていないのです。彼は映画『風立ちぬ』中の浮世離れしたイメージとは違って、それなりに政治的な発想や立ち回りができる人だったと思います。

なんだか堀越批判ばかりしてきましたが、彼の著作のおかげで私たち戦後日本人が零戦開発時の状況について詳しく知ることができるのは事実です。現在、書店へ行くとたくさんの零戦本が置いてあります。それらのほとんどは零戦を〝栄光と悲劇〟というストーリーで描くものですが、そのような形をとった通俗零戦論の論点は、すべて数十年前の堀越の本に挙がっており、今のものはそれをなぞっているに過ぎません。

自己を映す鏡としての零戦とその語られ方

戦後の日本人にとって、堀越の著作を通じて作られた零戦イメージは、戦艦大和と同じく、いわばその時々の自己を映す鏡となっていきました。

日米間の経済摩擦が激しかった一九八八年、歴史学者の秦郁彦（一九三二年生）は零戦と大和という「二つの人気マシンの悲劇は、戦略構想の欠陥に起因する」、つまりどちらも設計はよかったが軍上層部が使い方を間違えたと批判しつつも、「歴史は禍と福の織りなす絵巻物である。ゼロ戦と大和を生み出した日本海軍の技術とチームワークは、平和産業に全面転換した戦後日本の技術の土台となった。〔中略〕ゼロ戦の設計思想がコンパクトカーに生かされ、石油ショックのもたらした省エネの波にのって米自動車産業を圧倒したのも、皮肉なめぐりあわせであろう」と述べています[16]。日本経済の〝勝因〟の源流を過去の零戦と大和に求め自賛するという、この講義ではなじみ深い〈歴史〉消費の仕方ですね。

それから約二〇年が経った二〇〇八年になっても、零戦や大和を巡っては次のような日本人論的座談がなされています。

福田〔和也〕 零戦、大和の開発でもわかるように、日本人はキャッチアップまでは優秀ですが、未知の世界に挑むのは苦手です。いま後発の韓国や中国などが大変な勢いでキャッチアップしてくるなか、世界のトップに立った日本のものづくりで必要なのは、まさに誰も考えたことのないものを自前で作り出すことですね。そうしないと、日本は生き残れない。

戸高〔一成〕 どんなジャンルであれ、世界一のものをつくりあげたという記憶を持っている国はそう多くはありません。やまり大和、零戦は日本国民が誇るべき歴史的な記憶だと思います。

半藤〔一利〕 同感ですね。ただ零戦、大和のような傑作も、使い方を誤ったがためにも悲劇的な結末を迎えてしまった。優秀な技術も、それを運用する総合的な力がなくては役に立たないという教訓とともに、後世に伝えたいと思います[17]。

ここでの零戦は、経済・技術面における中韓の追い上げに直面した日本人が、その誇りを保つためのよすがであり、同時にある種の自国指導者や国民性の批判材料（「運用する総合的な力」と独創性の欠如）として使われています。堀越の『零戦』以来戦後ずっと、「敗戦」責任は「誤った」指導者層や国民性に押し付けるという〈歴史〉認識と利用の枠組みが繰り返し表明されているのです。

ところが近年になると、零戦は一転して何だか諸悪の根源みたいな語られ方になります。湯之上隆『日本型モノづくりの敗北　零戦・半導体・テレビ』（文春新書、二〇一三年）は零戦について「日本の半導体および電機産業の栄枯盛衰のありさまは、第二次大戦で活躍した戦闘機の零戦を髣髴させる。〔中略〕筆者は、日本半導体と零戦の共通性を垣間見る。零戦は海軍の言うとおりの仕様（防弾壁がない）でつくられ、DRAMやマイコンはメインフレームやメーカーやトヨタの言う通りの品質で（コスト度外視）で作られていた」（一七・一八頁）とか、「〔零戦を〕一機一機、職人芸で製造していたのでは、最初から勝ち目はなかったとしか言いようがない。このように日本人は、全体最適が出来ず、局所最適化に走る傾向がある」（一九頁）と述べています。

湯之上は、日本がテレビや半導体といったかつてのお家芸で台湾や韓国のメーカーに惨敗した理由は、日本人が今も昔も目前にあるモノに職人芸を発揮して大局的に物事をみることができないからであり、それは「日本人の性に由来するものだろうか？」（一八頁）と問題提起します。私は、半導体はともかく、戦時中の日本自体に対してこのような評価を下すのは妥当だとは思いません。戦争後半の軍用機は量産性に配慮した設計が行われていたからです。それでも、日本メーカーの惨敗というそれ自体は厳然たる事実の理由を問うにあたって、やはり零戦や戦争、国民性という〈歴史〉が動員、当てはめられているのは興味深いことです。

人間、何か自分を映すものを得てはじめて自分の姿を把握、安心することができます。それゆえ何らかの鏡を必要とします。日本人、すくなくともその一部にとっての鏡は、戦後ずっと慣れ親しんできた零戦や大和であり、〈歴史〉なのですね。二一世紀になってもなお日本で大和や零戦がもてはやされるのは、自らをその時々の気分や好みに応じて都合よく映し出せる鏡となっているからなのです。

零戦も〈人〉か

このように零戦の物語は、高度成長期の日本人スゴい論から現在の日本人ダメ論の証拠として、その時々の社会経済状況により都合よく利用されてきました。自分の頭で物事を深く考えるというよりもむしろ、零戦のように生きる、あるいは生きないことが叫ばれ、推奨されたのです。日本人にとっての零戦は、その時々の生きる方向を指し示してくれる神様のような存在でした。飛行機というモノが神様なので、それに乗って死んだ人間のことは大和と同じく「なかったこと」にされがちです。

評論家の岡田斗司夫《おかだとしお》（一九五八年生）は映画『風立ちぬ』について、興味深い批評をしています。実は堀越は宮崎駿の分身であり、どちらも「美しいもの」にしか興味がないので、零戦には興味があってもそれに乗って死んでいった人間には興味がない、そのことは「映画の最後のシーンで、「日本は戦争に負けた」とか「人々が何千万人も死んだ」とわかっても二郎は眉をひそめる程度で、そのままワインを飲みに行ってしまう」[18]あたりに明らかだ、というのです。確かに堀越はこの場面で飛び去った零戦が「一機も戻ってきませんでした」とは言っても「一人も戻ってきませんでした」とは言っていません。

実在の堀越にも、たしかにそういうところがあったように思います。彼は自著の中で「開戦以来、幾多の戦闘に参加した体で、なおも、うんかのごとく押し寄せる敵機のまっただ中に飛び込んで行く零戦の姿は、まさに悲壮そのものであった。F6F〔米軍戦闘機〕の六挺も備えられた機銃から発射される雨のような銃弾を浴びせられ、われわれが丹精をこめて作り上げた零戦は、つぎつぎに遠い南方の紺碧の海に散っていった」[19]と述べています。戦争で散ったのは零戦という〈モノ〉であって、〈人〉ではありません。宮崎駿は堀越の映画化とキャラクター造形に際して、この箇所も読んでいたと思います。とはいえ、本当のところ「美しいもの」にしか興味がないのは、堀越・宮崎だけでなく、彼らの紡いだ物語を消費してきた戦後日本人の多くも同じではないでしょうか。そう、『風立ちぬ』という作品は、実は宮崎による手の込んだ現代日本批判なのです、というと深読みに過ぎるでしょうか。

もう一人の零戦神話の担い手・操縦者坂井三郎

堀越以外に、もう一人の〝零戦神話〟の形成に貢献した人物を挙げておきます。海軍の下士官搭乗員だった坂井三郎（一九一六〜二〇〇〇年）です。彼の著書はいずれも、自らを「撃墜六四機のエース」と称し、零戦による空戦体験を活写するものでした。一九五三年に出た最初の著書の「はしがき」で「私は自分の体験を通じて、日本人は決して劣弱ではなかったと今も固く信じているのであります。戦争に負けたのは、民族が精強であるとか劣弱であるとかの限界を超えた全く別の要因に基づくものと私は信じております。そこに私たちの深く考えねばならぬ問題があると思います」と述べています。それならばなぜ負けたのか、答えは示されないし示せもしないのでしょうが、とりあえず日本人が「劣弱」で駄目だったから戦争に負けたのではない、という慰めにはなります。

一九五〇年代の坂井については、漫画家・水木しげる（一九二二年生）の証言があります。当時、戦記漫画を描いていた水木に向かい、印刷業を営んでいた坂井が「勝たんとだめなんですよ」と言ったというのです[20]。「たとえば一機で空母に突入した場合は、死んでも勝ったことになる。それは一人でたくさんの人を殺すからです。とにかく子供は勝たんとみてくれませんよ」。確か高校生の時にこの下りを読んだ私は、坂井は個別の戦闘で日本が勝つ内容の漫画じゃないとウケないんだ、と言ったと解釈していました。しかし今では、個々の空戦などではなく戦争それ自体に日本人が勝つように、少なくとも負けないように描かなければ「だめ」だと言いたかったのではないか、と思っています。坂井の物語において少なくとも彼だけは戦争に負けていません。戦争中、一人の列機（一緒に編隊を組む飛行機、転じてパイロット）も死なせなかった、というのが彼の自分語りにおける重要なポイントです。

水木作の戦記マンガも「とにかく出版屋は売れなきゃだめだというので、出すものも決まってくる。『大和』とか『零戦』となってくる」とのことでした。大和は米戦艦相手には（戦っていないから）負けはしなかったし、零戦は開戦時の一時期のみとはいえ勝ったからでしょう。

私も昔、小学校の図書室で子ども向けにリライトされた坂井の著作を読んだ覚えがあります。『ゼロ戦　坂井中尉の記録』（少年少女講談社文庫、一九七二年）です。彼の描く零戦物語は、前半は勇ましくて感動できる「戦記」なのですが、空戦はあくまでも「殺し合い」として描き、最後は「わたしはおもう。戦争は、勝っても負けても、人類が二どとしてはならない、ということを」と反戦平和の常套句で結ぶなど、当時の親や先生たちにとってもいわば安心・安全な「戦争教材」としての性格も持っていました。不屈の日本人の勝利を描きながら同時に反戦平和的と、うまく左右両方の顔を立てていたのです、そこにこそ、彼の著作が七〇年代の全国の学校図書室に配架されていた理由があります。

坂井の著作も、堀越のそれと同じように、無為無策であった戦争指導者層、軍部批判が一つの筋となっています。とくに晩年の坂井は無謀な出撃を命じたり、連合軍の捕虜となり、解放された搭乗員たちに冷酷な扱いをした上官たちを厳しく批判するようになります。

しかし、初期の坂井の著作『坂井三郎空戦記録』（上下巻、日本協同出版、一九五三年）にそうした上層部批判の色は薄いです。彼らは戦争末期の硫黄島で敵機動部隊に対する事実上の体当たりを命じられるのですが、坂井たちは命令を下した指揮官を特に批判することもなく、死を決意して出撃します。むしろ彼の著作を最初から最後まで貫くのは、戦争の時代に日本人（と零戦）が発揮した優秀性であり、日本という国は敗れたかもしれないが、個々の日本人は決して破れていないという確固たる信念です。それが次第に『大空のサムライ』（一九六七年）、『続　大空のサムライ』（七〇年、いずれも光人社）へとリライトされるにつれてエリート士官の責任追及、海軍批判の色彩を強めていくのは[21]、敗北責任を担うべき〈悪者〉を求める多くの日本人庶民の心情に応えたからでもあったのでしょう。

坂井の著作のミソは、その海軍（士官）批判が裏返しのリーダー論（反面教師という意味での）になっていること[22]、非エリートの下士官として空戦の「勝負師」の腕を磨き、エリートの士官たちに技倆で勝った（とされている）ことのふたつです。それらの要素が、男たち――その多くは坂井と同じ非エリート――が会社員になって出世を競い、地位の上昇を求めた六〇年代、高度成長という時代の気分にうまくはまったのだと思います。

映画のなかの坂井・零戦・特攻

『大空のサムライ』は一九七六年に映画化されます（大観プロダクション、監督・丸山誠治、主演・藤岡弘）。ＤＶＤを観るとわかるのですが、これは紛う方なき「サラリーマンもの」映画です。たたき上げの中間管理職（下士官）たる坂井がエリート上役（海兵出の笹井中尉）の顔を立てながら部下たちの統御に腐心し、部下の命を何とも思わない上層部（前線視察に来た軍令部参謀）に言うべきことは毅然として言う、という構図が貫かれているからです。だから坂井は部下たちに向かって「空に上がるときは、ベスト・コンディションで飛べ！　身体だけじゃない、精神もだ」と戦時中だというのに英語を使って訓示を垂れ、それに観客たるサラリーマンたちは共感して溜飲を下げたのです。少なくともそれを意図してこの映画は作られています。ちなみに前出の捕虜となった陸攻搭乗員たちに対する戦死強要の問題も、上層部批判という物語の性格上、重要な一場面として念入りに描かれています。

　とはいえ、この映画にも、戦死者たちに対する「生き残ってしまったこと」への後ろめたさはにじみ出ています。坂井は部下たちに「ちょっとばかり辛いからといって弱音を吐くな！　体当たりしたいなどとは以ての外だ！〔中略〕生きて生きて戦い抜け！」と、特攻精神の全否定という意味で実に戦後的な台詞を自分に言い聞かせるかのように吐きますし、最後の場面では、南方各地に遺棄された零戦の残骸（実写）をバックに、次のような坂井（藤岡）の独白が流れます。

ここに戦争の確かな証が残っている／戦争を容易に忘れることの怠惰を戒めるかのように／多くの友が祖国の栄光を信じて戦死していった／その死の上にこそ戦後の平和と繁栄が築かれたのだ／しかし彼らは何も語らない／その謙虚な沈黙は限りなく悲しい

　私は、なぜここで物言わぬ戦死者たちが「謙虚」と評されているのかに関心を持ちます。普通は、戦死者たちは戦後の平和と繁栄の礎となったのにその功績を誇らない、という解釈になるでしょう。しかし、彼らは「一億総特攻」を先に実行した「さきがけ」として、後に続くことを声高に要求してもおかしくないにもかかわらず、死に後れて「戦後の平和と繁栄」になじみ、今さら後に続くこともできない「怠惰」な生者の立場を思いやり、黙ってくれています。だから「謙虚」で「悲しい」のではないでしょうか。これは、どうか今後も「謙虚な沈黙」を続け、我々を責めないでくれ、という作り手たちの内なる、いささか身勝手な願いのこもったメッセージとも読めます。

私の手元に『大空のサムライ　決定稿3』と題する映画の台本があるのですが、先の坂井の独白には当初、前後に「戦後三十年、繁栄と混迷の裡に、戦後の終りが告げられようとしている。しかし」と「わたしには、永久に戦後は終わらない」がそれぞれ付いていました。

この二つの箇所はなぜ、本編ではカットされたのでしょう。私の推測ですが、この映画を作った人たちは、前者で戦争で死んだ人たちへの後ろめたさを抱え込みながら生きるという意味での「戦後」はそろそろ「終り」だ、あるいはそうすべきだと言いたかったのではないでしょうか。そろそろ心の負担を軽くしたかったのです(23)。でも、「戦後は終わりだ、これからはもう戦争は関係ない」と正直に本音を言い切ってしまうのは戦死者への裏切り行為となるのでカットです。しかし後者で「永久に戦後は終わらない」と言い切ることもまた本心ではなく、実は早く終わらせたいから、両方ともカットされたのです。

今でも日本人は「戦後〇〇年」という言い方をします。しかし本当は、一九七〇年代に人々の心の中で「戦後」はすでに終わっていたのではないでしょうか。

この特攻隊や戦死者への裏切りという古傷を改めてえぐった零戦映画が、一九七四年の『あゝ決戦航空隊』（東映、監督・山下耕作、脚本・笠原和夫、主演・鶴田浩二）です。時間上、内容の詳しい考察はできませんが、特攻作戦を指揮した大西瀧治郎中将（鶴田）は、和平工作を進める上層部に向かい、降伏は特攻した者はじめ戦没者への裏切りである、と叫び、受け容れられないと知るや特攻隊に詫びる遺書を遺して割腹自決します。大西は「天皇陛下御自ら戦場にお立ちになって、首相も、閣僚も、我々幕僚も全員米軍に体当たりして斃れてこそ、始めて負けたといえるんじゃありませんか、和平か否かは残った国民が決めること」、それが「国家の責任」であると絶叫しますが、耳を傾ける人はいません。

本作は一見、戦後日本で盛んだった昭和天皇の「戦争責任」追及、国家批判の映画のようです。主演の鶴田自身、海軍航空隊の元予備士官で戦後「特攻崩れ」（特攻隊の生き残り）を自称し、特攻作戦や天皇、政府指導者には批判的だったといいます[24]。しかし、彼をはじめとするこの映画の作り手たちは、本来全ての「国民」によりなされるべきだった「一億総特攻」を実行しなかった後ろめたさを天皇一人に押し付けることで自己の免罪をはかったり、あるいはその史実自体を「なかったこと」にしようとしているともいえます。私は鶴田たちを批判しているのではありません。ただ、彼らは戦時中、出撃する特攻隊員をいったい何と言って見送ったのかがこの映画ではみえてこない、と言いたいのです。

特攻隊員や大西たち死者が「謙虚な沈黙」を続けるなかで天寿を全うした堀越と坂井は晩年仲よくなり、一緒に講演をしていたようです[25]。零戦の作り手と乗り手が二人三脚で零戦神話を紡ぎ続けたことで、本人たちにも、そして聞き手の日本人にとっても、その物語はいっそう心地よく説得的なものとして響いたのではないでしょうか。

ただ、戦争指導者批判を強めていた坂井は亡くなる直前まで、「誰が「過ち」を犯したのか、誰が「繰り返さない」のか、それがあの〔広島原爆慰霊碑の〕碑文ではわからない。責任の所在をこんなふうにあいまいにするのが日本人」とも述べていました[26]。前出の堀越の特攻隊論とあわせて読むと、エリート技術者と下士官、それぞれの「戦争責任」に対する微妙な立場や認識の違いがわかります。

二〇一三年の零戦物語

前回の第一三講で、現在の戦艦大和物語は『宇宙戦艦ヤマト2199』にせよ『艦これ』にせよ、実は国家への献身という大きな物語を拒否していると言いました。皆さんの中には、同じ年に映画化された百田尚樹《ひゃくたなおき》（一九五六年生）の小説『永遠の0』（二〇〇六年初刊）は零戦の特攻を肯定的に描き、戦争を賛美しているではないかと思う人もいるかもしれません。しかし、映画でも原作の小説でも主人公の下士官・宮部久蔵はあくまでも愛する妻と娘のために特攻を決意したのであって、共同体としての国や天皇、民族といった〈大きなもの〉のためでは決してありません。この作品もまた、きわめて戦後的、より正確には八〇年代的な小市民気分（本書第一〇講・二〇八頁参照）に乗っかって書かれた物語です。(27)

この作品は全編が『大空のサムライ』をはじめ、既存の零戦に関するノンフィクション群からさまざまなエピソードを〈引用〉することで成り立っています。巻末に参考文献一覧はあるものの、時にその部分と作者の創意との区別が判然としません。そもそも愛する妻のための特攻という物語の構図それ自体が、現実の太平洋戦争で一九四四年に特攻戦死した関行男海軍大尉の、

ぼくは天皇陛下のためとか、日本帝国のためとかで行くんじゃない。最愛のKA（海軍用語でKAKAつまり奥さんのこと）のために行くんだ。命令とあらば止むをえない。日本が敗けたら、KAがアメ公に強姦されるかもしれない。僕は彼女を護るために死ぬんだ。最愛の者のために死ぬ。どうだすばらしいだろう！(28)

という出撃前に遺した言葉の引用ないしは翻案に過ぎません。関も宮部も「天皇陛下」「日本帝国」といった公《おおやけ》への献身を拒否し、「KA」という私《わたくし》のためにしか死にません。この拒否は、関にとっては自分に死ねと「命令」した「国」に対する血を吐くような反発ゆえですが、架空の人物である宮部にそのような葛藤の描写はありません。宮部（と作者の百田）には最初から妻はあっても、関や吉田満が経験したように、自分に死ねと命じてくる国家はないからです。『永遠の0』を貫くこの戦後的小市民性こそが、自分第一というこの二〇〇〇年代の気分にかなってウケた原因だと思います。

（1）堀越「私が「ゼロ」戦の設計者だ」（『読売評論』二―一一、一九五〇年一一月）。なお、彼は文中で自作の零戦を「日本刀的兵器」と評しています（二一頁）。今日、一部の論者により零戦があたかも日本刀のように美しく鋭利な兵器だと評されることがあります（百田尚樹・渡部昇一『ゼロ戦と日本刀』PHP研究所、二〇一三年）が、それは六〇年以上も前から設計者本人によってなされている表現で、彼らの独創ではありません。
（2）前間孝則『YS-11　国産旅客機を創った男たち』（講談社、一九九四年）八八頁。
（3）堀越・奥宮前掲『零戦　日本海軍航空小史』三三九頁。
（4）確かに機体を軽くすれば敵機からの銃撃を回避できるという考え方もあるのですが、どんな操縦者も激しい空戦では無傷ではいられません。この点、戦争の相手である米英機は零戦よりも高出力のエンジンを積み、その結果として頑丈な機体構造と充実した防弾装置を備えることができました。
（5）堀越・奥宮前掲『零戦　日本海軍航空小史』一四二頁。
（6）同一四二頁。

(7) 同三四三・三四五頁。

(8) 岡田斗司夫　FREEex『『風立ちぬ』を語る　宮崎駿とスタジオジブリ、その軌跡と未来』(光文社新書、二〇一三年)四八・四九頁。

(9) 堀越は後にも「技術行政担当者の甘さないし不明は、その上で国政と軍事を握っていた首脳部の誤りに比べれば、比較にならないくらい罪は軽い。〔中略〕われわれでさえも、心を澄ませば太平洋戦争の行く先は初めから予感できた。国家百年の計を「俺に任せろ」と買って出た人々が、実に無謀軽率、安価な感情に走ったような決定をしたことは、国民としていくら責めても責め足りない気がする」と書いています(堀越二郎『零戦の遺産　設計主務者が綴る名機の素顔』光人社NF文庫、一九九五年、一二〇頁)。彼の戦争責任論は、応分の敗戦責任を自ら認めつつも、主たる責任は国民ではなく戦争指導者にありとする構造になっています。開戦時の日本を〝無謀な戦争に内心では反対だった国民〟と〝軽率な指導者〟に二分し、戦争責任を後者にほぼすべて押し付けるこのわかりやすい論理はまさにポツダム宣言や東京裁判などで戦勝国アメリカが占領を容易にするため使ったもので、敗戦国民の一人である堀越はそれに乗っかっているのです。

(10) 日本軍機動部隊に対する米軍機の攻撃があと五分間遅ければ味方空母の甲板に並んだ攻撃隊が発進を終えていたから搭載爆弾・魚雷の誘爆もなく、従って惨敗もなかった、という『ミッドウェー』の記述を指します。しかしこの話は、澤地久枝『滄海よ眠れ　ミッドウェー海戦の生と死』(一九八四年、毎日新聞社)をはじめとする諸研究によって否定され、源田実ら司令部参謀たちが自らの無能を隠蔽し「あれは運が悪かったに過ぎない」ということにするため作った「神話」に過ぎないと厳しく批判されています。

(11) 猪口・中島前掲『神風特別攻撃隊』三一五頁。

(12) 鈴木五郎『疾風　不滅の戦闘機』(光人社NF文庫、二〇〇七年〈初刊一九七五年〉)二五九頁。鈴木はこれら旧中島技術陣の態度を「国民の血を分けたかつての飛行機を、私物視してはならないという中島流の信念からであろう」と評しており、これまた結果的に堀越や三菱、旧海軍関係者への批判となっています。

(13) ただし、これは中島での元部下で戦争中東大教員に転じ、戦後は国産ロケットの開発に尽力、社会的に著名だった糸川英夫を指している可能性もあります。そのころ糸川は自著で「わたしが設計した飛行機の中で、有名になったのが例の隼戦闘機である」が「自分で最高の傑作だと思っているのは、その次に設計した鍾馗戦闘機である」と、あたかも自分一人が「世界最高の戦闘機を設計した」かのような発言をしていました（糸川『前例がないからやってみよう　不可能からの脱出』光文社〈カッパブックス〉、一九七九年、八五〜八七頁）。

(14) 石川前掲『ゼロ戦と戦艦大和　太平洋戦争の栄光と悲劇』一二七・一二八頁。

(15) 同二頁。この部分は、堀越自らの手記に依拠して書かれています。堀越は自著において敗戦時の感慨を「日本はこれで何百万という尊い人命と、国民の長年にわたる努力と蓄積をむなしくした。一口に言えば、指導層の思慮と責任感の不足にもとづく政治の貧困からであった。いまこそ「誠心英知の政治家出でよ。」と私は願った」と述べています（堀越二郎『零戦　その誕生と栄光の記録』〈光文社、一九七〇年〉二一三頁）。

(16) 秦郁彦「ゼロ戦と大和の栄光と挫折」（『歴史と旅』一五―一二、一九八八年）四一頁。

(17) 半藤一利ほか『零戦と戦艦大和』（文春新書、二〇〇八年）一九一・一九二頁。

(18) 岡田前掲『『風立ちぬ』を語る』一五五頁。

(19) 堀越前掲『零戦　その誕生と栄光の記録』二一五頁。

(20) 水木しげる『ねぼけ人生』（筑摩書房、一九八二年）一五九・一六〇頁。

(21) 坂井の著作の有名なエピソードのひとつに、戦争初期に米軍の捕虜となって救出され、名誉の戦死を遂げさせようと常に危険な編隊最後尾の位置に就かされた陸上攻撃機の搭乗員たちに義憤を感じ、自ら護衛役を買って出た、というものがありますが、これが出てくるのは『続　大空のサムライ』からです。海軍上層部の非情さをより一層強調するため追加された話といえます。

(22) 坂井の著作には上官の笹井中尉など人格技量ともに優れた士官との心の交流も描かれているので、正統派の（ビジネス）リーダー論としても読めます。

（23）『大空のサムライ』公開の一九七六年は一九四四年に戦死した人たちの、翌七七年は四五年に戦死した人たちの、それぞれ三十三回忌に当たります。太平洋戦争の戦死者数はこの最後の二年間に集中しています。柳田国男『先祖の話』（筑摩書房、一九四六年）によれば、三十三回忌とは死者の魂が子孫の供養を経て個別の名前のない「先祖」になり安逸を得る年です。しかし、多くの戦死者は子孫を持たないまま若くして亡くなったので供養もしてもらえず、したがって「先祖」にもなれません。私は、そのことが七〇年代後半の人びとの良心をどこかで無意識裏に苛んでいたのではと想像するのです。

（24）福間良明『越境する近代3　殉国と反逆　「特攻」の語りの戦後史』（青弓社、二〇〇七年）一七一・一七二頁。鶴田の自称した「特攻くずれ」の軍歴が事実でなかった点については、酒井信「「傷だらけの」戦後日本と鶴田浩二」（『諸君！』第三七巻第一号、二〇〇五年）を参照。

（25）坂井三郎「〝大空のサムライ〟最後のロングインタビュー　太平洋戦争は無駄ではなかった」（『歴史通　愛蔵版　零戦と坂井三郎』二〇一二年一月）五七頁。

（26）同七一頁。

（27）この点は、二〇〇七年公開の日本映画『俺は、君のためにこそ死ににいく』（東映、監督・新城卓、脚本・石原慎太郎）も同じです。陸軍航空特攻の映画ですが、隊員たちはタイトル通り婚約者や女学生のために「こそ」死ぬのであって、国や天皇のために死ぬのではありません。共同体としての国＝憲兵隊や上官は民間人女性を平気で殴ったり、生還した特攻隊員を罵倒するような否定的存在としか表象されず、あたかも左翼映画のようです。この映画は冒頭で海軍の大西瀧治郎（伊武雅刀）がいきなり「日本は負ける」などと言いながら特攻命令を下すので、さすがにそれはないだろうと思いました。『あゝ決戦航空隊』をはじめとする戦後日本戦争映画史との完全なる断絶を感じます。けれども、劇の結末近くで生き残った隊長（徳重聡）の前に現れた部下たちの幻はにこにこ笑うだけで、なぜ一億総特攻なのに自分たちに続き勝つまでやってくれなかったのかなどと責め立てることは絶対にしません（隊長は一応「すまん」と言うので、悪いとは思っている）。この映画も、本講義で取りあげた多くの戦争・大和映画と同じく、徹底的に生者側の視点に立ち、敗北後の生を正当化するための作品といえます。そう言えば、映画『風立ちぬ』のキャッチコピーも「生きねば。」でした。

(28) 小野田政「神風特攻隊出撃の日」(『太平洋戦争ドキュメンタリー第二三巻　神風特攻隊出撃の日　人間関大尉の最後の言葉』今日の話題社、一九七一年)二八・二九頁。

第一五講　まとめ——戦艦大和と太平洋戦争とは戦後日本人にとって何だったのか

戦艦大和と太平洋戦争

第一講でとりあげた評論家の桶谷秀昭は、戦艦大和を欧米の「新文明」に対する自衛のため日本人が作りあげた「もうひとつの新文明」の象徴とみなし、「必敗を予想しつつ奮闘して滅びる遠い、古い美意識に殉じた[1]」のだと主張しました。しかしそこで、当時の日本人すべてが「一億総特攻」を少なくとも表向きには叫び、特攻隊員の後に続いて死ぬはずであったこと——少なくともそう言って大和とその乗組員たちを死出の旅に送り出したこと——は、きれいに「なかったこと」にされています。この講義では、戦後の日本人がどうやってこの「一億総特攻」という不愉快な事実を書き換え、忘れようとしてきたのかを、大和物語の展開（転回）過程に即してたどってきました。

私は講義を通じて、戦艦大和は戦後日本における〈神〉だった、と述べました。一九七〇年代の子ども向け図鑑では日本の科学技術発展を保障する神として、一九八一年の映画『連合艦隊』を作った人たちにとっては美の神として、一九八五年に戦艦大和の潜水調査を行った角川春樹にとっては日本の神として、トンデモ仮想戦記のなかでは旧（仇）敵アメリカと戦争をやり直し勝ってくれる神として、二〇一三年の艦これではクールジャパン、あるいはプレイヤーだけの住む閉じた「セカイ」を守って海からの敵――それは中国海軍であったり巨大津波であったりするのでしょう――と戦う神として、それぞれの時代背景や欲望に応じ祀り上げられてきたのです。今や、アメリカと戦争をして負けた事実それ自体が「なかったこと」扱いになっているのが現状です。

日本人は戦艦を擬人（神）化し、その口から身の上話をさせることであの巨大な〈戦争〉を理解、表現、そして消費してきたのですが、そのためには、本来そこに乗って無惨な死を遂げたはずの戦死者たちをなかったことにする必要がありました。戦艦大和について言うと、吉田満『戦艦大和ノ最期』が戦死者たちを「日本の進歩のため進んで死んだ」としたのに便乗し、彼らが抱えていたはずの怨念は見て見ぬふりをしてきたのです。戦死者たちもまた、戦後日本社会では戦後日本の守護神として綺麗に祀り上げられたようで、実はずっと「なかったこと」にされ続けてきた存在でした。

その一方で、戦後日本人にとって太平洋戦争とは結局何だったのか、という課題も残っています。戦艦大和を例にしていうと、ひじょうにざっくりとしたまとめになってしまうのですが、一つは「誇り」――大和をはじめ強力な海軍を作って強国米英を相手に戦った、というイメージです。もう一つは、「屈辱」です。大和の乗組員二七〇〇人ほか大勢の人が死んだにもかかわらず負け、以後アメリカに頭が上がらなくなった、というものです。いずれも右翼思想とかいった大そうなものではなくて、たとえば大和のプラモデルや漫画などで遊んでいた子どもたちの間になんとなく遍在していた、空気のようなものであったと見たほうがよいでしょう。なんといっても今はアメリカに「守って」もらっているのですから。

この相反する太平洋戦争イメージに、戦後日本人は頭の中でどう折り合いを付け合理化してきたのか、という問題が出てきます。

私は、この問題について、一九六〇年代末～七〇年代の子ども文化における戦争や大和の描かれ方の変化に関する三つの事例を挙げることで、答えにかえたいと思います。七〇年代に注目するのは、今の四〇～五〇歳代が子どもだった時で、当時の大和——戦争イメージを彼・彼女らは今でも引きずっているかもしれないからです。

事例①　『週刊少年マガジン』五二号の南村喬之『ペン画　連合艦隊』（一九六八年）

図1　『週刊少年マガジン』68年52号〈12月22日〉表紙

現在の『少年マガジン』の表紙を飾るのは水着アイドルや漫画の主人公ですが、一九六〇～七〇年代は戦艦が普通に選ばれる時代でした（図1）。巻頭のグラビアに相当する部分には南村喬之《みなみむらたかし》の『ペン画　連合艦隊』全一五点が載っています。図2はその一部です。現在からみると何とも凄い絵ですね。勇ましい大和（上のいちばん左）と海底の戦死者たちの苦悶や怨念（下）が同じ「力作戦記ドラマ！」（表紙）に同居しているのです。これは、負けた戦争の記憶《トラウマ》が子ども文化にさえもまだ残っていたということなのでしょう。

『戦艦大和ノ最期』の吉田満が戦死者の死の意味づけにあれほどこだわったのは、内心このような死者たちの苦しむ姿を思い描いていたからではないかとさえ、私は想像します。

作者の南村は少年マガジンなどで怪獣をはじめさまざまなジャンルの挿絵を描いたことで著名な人です。一九一九年生まれ、徴兵で軍隊に入り、一九四五～四八年までシベリアに抑留された経験があります。帰国したとたん、「家の倅が戦死しているのかどうか確認を入れたいから肖像を描き直してくれ、とか紋付にしてくれとか、色々な注文をうけた(2)」といいます。前者の注文は、息子の生死を生還した戦友に確かめるための手がかりとして、後者は遺影としてでしょう。つまり、死んだ人たちと直接対峙して戦後の一時期を過ごした人です。

図2　ペン画「連合艦隊」(『週刊少年マガジン』68年52号)

南村はそういう人なので、彼らの怨念を「なかったこと」扱いできずにペンで描き、雑誌編集側にもそれを容認する空気ないし使命感があったのでしょう。しかし人間、やっぱり嫌なことや残酷なも

図3　ドラえもん「ぞうとおじさん」(『ドラえもん』第5巻181頁)

のは見たくないから「なかったこと」にしたいのです。かくして七〇年代、男の子文化の中の戦争や大和イメージはしだいに変わっていきます。ここで、藤子不二雄の『ドラえもん』に登場願いたいと思います。実は、一九六九年に連載開始されたこのあまりにも有名な漫画は、けっして太平洋戦争と無関係ではありません。

事例②　藤子不二雄『ドラえもん』「ぞうとおじさん」(一九七三年)

この話[(3)]のあらすじは、ドラえもんとのび太がタイムマシンで太平洋戦争中の上野動物園へ行き、史実では米軍の空襲に備えて殺されてしまった象(図3)をスモールライトで小さくし、生まれ故郷のインドへ逃がす、というものです。皆さんも子どもの頃に読んだかもしれない絵本『かわいそうな　ぞう』が元ネタですね。

この漫画は、戦後日本人の戦争イメージを考えるとき、けっこう深い意味合いを持っています。私には、この漫画の中で「あの戦争で死んだのは人間ではなくて象である」というイメージが作られていったように思います。なぜなら動物の象（あるいは軍艦）なら「かわいそう」で話が終わるからです。人間だとそうはいかず、責任追及へと発展します。

また、漫画の中では象の殺害を命じたのは狂気じみた陸軍軍人たちであることになっており、戦争責任を軍に全部押しつけ、飼育係ら民間人は被害者として描かれています。しかし実際には、国民も軍の始めた戦争を勝っている時には積極的から消極的まで幅はあれど支持していたし、猛獣の殺害を命じたのは軍人ではなく文民の東京都長官・大達茂雄《おおだちしげお》でした。さらにいうと、殺害は空襲が始まったからやむを得ず行われたのではなく、空襲が始まるかなり以前（一九四三年）に国民の精神引き締めのために先走って行われたことでした(4)。

この漫画における空襲――戦争はいわば天災のようなものであり、敵アメリカの姿は東京を爆撃するB‐29の編隊を除いて描かれません。映画『連合艦隊』と同じく、〈人〉として出てくることはないのですね。これは日米安保体制への遠慮ゆえでしょう。憎い敵としてのアメリカ人の存在を隠し、戦争を飛行機の空襲としてのみ描くことで、負けた事実自体とりあえず「なかったこと」にできます。

『かわいそうな　ぞう』でも、動物園の飼育係たちは上空を通過するB‐29爆撃機の編隊に「せんそうをやめろ　せんそうをやめてくれえ」と叫びます。米軍側からすれば、真珠湾攻撃というかたちで「せんそう」をはじめたのはお前たちだろう、としか言えないのではないでしょうか。この戦争は日本人が始めた〈人〉どうしの殺し合いではなく、何か天災のようなものとしてしか描かれていません。

以上をまとめますと、この漫画で先の戦争は「悪い軍がはじめた戦争で何か天災的なものが襲来して象が死んだので、かわいそうだった」かのように描かれています。それは藤子たち戦後日本人の抱いていた戦争イメージをはっきり表していると思います。

余計なことですが、そもそも『ドラえもん』自体が日米安保体制的なお話で、「弱い者が特に理由なく守ってもらえる」ことがごく当たり前の世界です。のび太（＝日本）はドラえもん（＝米軍）にジャイアンやスネ夫（＝ソ連ほか共産国家）から守ってもらうことで、平和で安逸な日々を送れるのです。これは、戦後日本人の世界観と似ています。のび太もごくまれに自らジャイアンと喧嘩して勝ち自立することで、その自尊心は保たれます。かの『ウルトラマン』（本書一五三頁）と同じ図式ですね。

図4　ドラえもん「ラジコン大海戦」（『ドラえもん』第14巻168頁）

しかし、そうはいっても現実に起こった太平洋戦争では、象だけではなく大勢の人間も、戦艦大和と運命を共にしたうえで負けたのであり、それは誰しも認めざるを得ないでしょう。この点、『ドラえもん』ではどのような合理化がなされたのでしょうか。

事例③『ドラえもん』「ラジコン大海戦」（一九七六年）

この話(5)は、のび太がおこづかいを貯めて買ったラジコンボートを、スネ夫の巨大ラジコン戦艦大和に沈められ、怒ったのび太たちがスモールライト（またか）で小さくなり、大和を乗っ取ってしまうというものです（図4）。のび太たちの大和はスネ夫のいとこが繰り出したラジコン零戦の空襲で撃沈され、怒ったドラえもんがポケットから原子力潜水艦を取り出してスネ夫たちの乗るボートを魚雷で轟沈（！）、勝利しました。原潜が登場するあたりに東西冷戦という時代背景を強く感じます。

私もこの話は子どものころ読んだ覚えがあります。印象に残っているのはのび太とドラえもんが大和を操縦しながら軍艦マーチを歌う場面と、後で述べるオチの場面です。

この話において戦争や大和は、ラジコンという玩具の形をとった完全な消費の対象とされています。当時消費文化を満喫していた読み手の子どもたち――といっても私はラジコンを買ってもらえなかったのですが――に、戦争はあたかもラジコンでやるものであるかのような印象を与えることになっていますが、それは敗戦時一一歳の作者（一九三三年生まれの藤本弘）も同じだったのではないでしょうか。

この話の事実上のオチは、ドラえもんの原子力潜水艦に惨敗したスネ夫チームがほうぼうの体で陸に上がり、「戦争というものは金ばかりかかって、むなしいものだなあ」となげく場面です。ドラえもんが子どもたちはおろか親たちにもウケたのはこういう〝教訓〟がさりげなくはさみこまれているから――さっきの「自立」もそう――です。いずれにしても、大和で、戦争で死んだ人のことは無視されています。戦争は人が死ぬから「むなしい」のではなく、無駄金がかかるから「むなしい」のですね。有り余る金は消費したらいいじゃない、という豊かで暢気な時代の〝気分〟が色濃くにじんでいます。

かくして七〇年代を経て、日本の子どもたちの頭の中で戦争は「金ばかりかかってむなしい」という、実にホンワカしたものになりました。今でもこのイメージがどこかに残っているように思います。本書一六三頁でも述べたように、戦争が「金」に換算されても「人命」で考えられることはないのです。

こうして大和や戦争についてのイメージの変遷をふり返ってみると、戦後日本はずいぶんいろいろなことを「なかったこと」にしてきた、との感を強くします。戦後日本人はそうやって改変された〈歴史〉空間を生きてきました。そうしたのにはそれなりの理由があります。人間、悲惨な死や破壊といった救いのない、嫌なことは誰しも忘れたいものだからです。とくに歴史学を専攻する人に言いたいのですが、歴史学とは皆が見ないふりをしてきたもの、忘れたいことを史料の山からほじくり返してみんなに突きつける、という性格も持つ学問です。だから嫌われるのは当たり前のことです。

戦艦大和（たち）の擬人化について

この講義で繰り返し述べてきたように、近代日本の歴史上、戦艦は繰り返し擬人化されてきました。日本人は鎮遠や三笠などの戦艦を、護国の神か何かのように見なしてきたのです。思えば、江戸時代からの伝統である妖怪の類を除き、近代の日本で戦艦ほど擬人化された人工物が他にあったでしょうか。この意味で戦艦は日本人にとって特別な存在であり、今でもそうです。戦前の戦艦——鎮遠や三笠は外国との戦争を戦いましたが、戦後の戦艦——大和は科学技術の神として、あるいは平和を謳歌する過程で「なかったこと」にされたのに怒り攻めてくる戦死者の化身（怪獣ヤマトン）として、後には自ら戦死者の霊を倒す戦神《いくさがみ》（艦娘大和）となるという変身を経つつ、繰り返し想起されてきました。

戦艦の擬人化とは、その護国の神としての威徳を仰ぐための行為であり、二〇一三年のゲーム『艦隊これくしょん』の美少女大和も、この歴史的伝統をなぞった類似品にすぎません。私は今の若者は「右傾化」してけしからんとか、軍国主義復活反対などと説教したいのではありません。日本人は、今も昔も海、あるいは外からの脅威に怯えており、戦艦に守られたいと願っている点では大して変わってないと言っているだけです。ただし、戦後の日本では自ら起って国を護ろうという意識は国際的に見ても極めて低いものとなっています。鈴木賢志によると、一九九五〜二〇〇八年の国際調査で「あなたは進んで国のために戦いますか」という質問に「はい」と答えた日本人は二四・六パーセント、これは調査対象九〇か国・地域中で「ダントツの最下位」です。(6) 守られたくとも守りたくはないのです。

前出のゲーム『艦隊これくしょん』について、二〇一四年に出た関連本を一冊紹介しましょう。ゲームから派生したコミックである、さいとー栄『いつか静かな海で　1』（KADOKAWA）です。内容は旧海軍の軍艦中、戦艦「日向」など現在の海上自衛隊護衛艦が艦名を受け継いだ艦娘(7)が活躍する話です。帯には「艦の魂を持つ少女たちは戦う　海を――そして明日を護るために」とあります。そう、艦これの運営は昔の大日本帝国の軍艦たちと今の海上自衛隊の護衛艦とを事実上同一視しています。どちらも〝何か〟から日々この日本を「守って」いるのです。現代の提督たちは艦これをプレイすることで伝統「日本」とのつながりを保ち「日本人」でいられる、というと大げさでしょうか。

一九四一年、米英相手の大戦争に突入した日本人は、七八年前、幕末の自分たちが英軍艦に日本刀で勝ったという〈歴史〉物語を創ることで、「海」の大戦争に対する不安を解消し安心しようとしました。二〇一四年の日本人もまた、「海」からの侵略や災害の不安に際して、六九年前の戦艦大和物語――〈歴史〉を紡ぎなおすことで安心感を得たいのではないでしょうか。(8) 軍艦が美少女化するゲーム『艦これ』と、実は海上自衛隊の活躍物語である『宇宙戦艦ヤマト2199』が同じ二〇一三年に現れてウケたのは一見偶然、特異な事態のようで、日本近現代史という広い視野に立てば実はそうではないと思います。(9) それらもいずれは大和物語の歴史の一部となっていくはずです。

戦艦大和を現代日本の守護神としてより明快に描くのが、関達也の漫画『紅の戦艦』（『別冊漫画ゴラク』に二〇一三年より集中連載）です。謎の大和型無人戦艦「自称大和」が突如現れ、長崎型原爆《ファットマン》ミサイルを放って首都圏巨大地震・津波、富士山噴火から国民を救い、中国からは尖閣や東シナ海油田を守るスゴい話です。「自称大和」が無人で〝原爆〟を持つ理由はおわかりですね。

二〇一四年の日本人は常に〝何か〟から守ってほしいと願っています。艦娘大和も東日本大震災後の自衛隊も、人びとのそういう欲求に応えて自分が〝守る〟存在であることをアピールしています。自衛隊は、少なくとも隊員募集のテレビコマーシャルなどでは自分がいったい何から何を守っているのか、「敵」は具体的に何なのか、艦娘たちと同じく明示することをしません。[10]

また、今日の日本人の一定数が陸海空自衛隊とその活動を誇りに思っているように[11]、艦これの艦娘もどこかでひそかな「提督」たちの誇りの的になっているかもしれません。ゲームの作り手——運営側は、先に述べた通り艦娘と海上自衛隊をリンクさせることで「日本人でいたい」「世界から認められたい」というユーザーの情念を揺さぶりたいようですが、それが何のためなのか、あるいはうまくいきそうなのか、全く別の守り手が現れるのか、判断にはもう少し時間がかかるでしょう。

いずれにしても日本人は今なお精神的に分裂、混乱したままだと思うのです。歴史ではアメリカに同胞を大勢殺されて負けたという現実と、現状ではそのアメリカに身の安全を頼っているという現実、どちらもまじめに付き合わねばならないということにです。その現実から逃避するため用意された『艦これ』という安全な空想世界《セカイ》で、太平洋戦争のやたら詳しい知識のデータベースが消費の対象として提供される一方、戦艦大和をはじめ女体化した軍艦が敵は何かを明示しない、できないのはその端的な証拠だと思います。なぜ宇宙戦艦ヤマトも艦娘大和もアメリカとは戦わ（戦え）ないのか、ということは、今の日本人の自己認識《アイデンティティ》に深く関わる問いとしてもう少し考えてみてもいいのではないでしょうか。

時間は少し早いですが、本講義で言いたかったことはおおむね以上ですので、これで終わりにします。

（1）桶谷『昭和精神史』六三六頁。
（2）南村喬之『咆哮の世紀　南村喬之怪獣画集』（朝日ソノラマ、一九九三年）所収の著者インタビュー六七頁。
（3）藤子・F・不二雄『てんとう虫コミックス　ドラえもん』第五巻（小学館、一九七四年）収録。初出時のサブタイトルは「スモールライト」、『小学三年生』一九七三年八月号掲載、「藤子・F・不二雄作品データベース」http://homepage2.nifty.com/qden/ff/index.html より検索。
（4）長谷川潮「ぞうも　かわいそう　猛獣虐殺神話批判」（同『教科書に書かれなかった戦争PART31　長谷川潮・評論集　戦争児童文学は真実をつたえてきたか』梨の木舎、二〇〇〇年）。
（5）藤子・F・不二雄『てんとう虫コミックス　ドラえもん』第一四巻（小学館、一九七八年）収録。初出時のサブタイトルは「ドラえもん大海戦」、『週刊少年サンデー』一九七六年九月一〇日増刊号、前掲「藤子・F・不二雄作品データベース」より検索。
（6）鈴木賢志『日本人の価値観　世界ランキングを読み解く』（中公選書、二〇一二年）一八・一九頁。世界平均は七一・五パーセント、八九位は日本と同じく第二次大戦敗戦国のドイツ（三四・〇パーセント）。
（7）裏表紙には「ストーリーを運営鎮守府〔角川ゲームス〕の田中謙介氏自らが手がける大人気ゲーム『艦これ』のアライブ版コミカライズ」とあります。各話の終わりには海自の護衛艦「ひゅうが」や潜水艦「そうりゅう」がそれぞれ旧日本海軍の戦艦「日向」航空母艦「蒼龍」の生まれ変わりである、つまり旧海軍と海自の連続性を強調するかのようなイラストが描かれています。
（8）二〇〇一年の北朝鮮不審船事件、一〇年の尖閣諸島近海における中国漁船と海上保安庁巡視船の衝突事故（および現在まで続く中国漁業監視船などの領海侵入）、一一年の東日本大震災と大津波、一二年の中国海軍の空母「遼寧」就役などが想起されます。
（9）同じ二〇〇〇年代の、旧日本海軍軍艦が出てくる漫画・アニメ作品に、Ark Performance『蒼き鋼のアルペジオ』（二〇〇九年漫画連載開始、二〇一三年TVアニメ放映）があります。「アドミラルティ・コード」なる超越意志に従う大戦艦コンゴウや重巡洋艦タカオとその人間化した少女（メンタルモデル）たちが「霧の艦隊」を名乗って近未来の日本ほか世界を襲って分断、なぜか唯一人類に味方する巡航潜水艦イ四〇一と対決する話です。ちなみに超戦艦ヤマトは艦隊の総旗艦という地位（?）にあります。本書執筆時点では未完ですが、日本の孤立という設定は『宇宙戦艦ヤマト』の、潜水艦の活躍と国際政治を絡める筋書きは九〇年代のかわぐちかいじ『沈黙の艦隊』のそれぞれ引用といえますし、イ四〇一および日本人が（「艦これ」とは逆に）大戦艦ヒュウガやハルナ、キリシマを撃沈したり交流・連合・恋愛しながら人類反攻の代表として台頭していくかのような筋運びには、たくさんの美少女を愛でつつ負の〈歴史〉物語としての戦後史を描き換え、現状打破したいという（たぶん作者自身否定するであろう）そこはかとない欲求を感じます。なお、二〇一五年一月に放映開始されたTVアニメ版『艦隊これくしょん』にも深海棲艦の侵攻により「人類は制海権を喪失」（第一話ナレーション）した旨の設定が追加され、艦娘たち（＝日本人）が代表して反撃に出ることになりました。

(10) 毎年防衛省が発行する『防衛白書』などの刊行物では中国、北朝鮮、ロシアの海空軍、そして自然災害などがかなりはっきりした脅威として強調されていますが、マスコミ経由の隊員募集の宣伝などでは表現がマイルドに抑えられています。

(11) 内閣府の世論調査によりますと国民の「自衛隊に対する印象」のうち「良い印象を持っている」者は冷戦終結後の平成三年二月に六七・五パーセント、その後八〇パーセント台前半を推移していました（ただし平成一八年までは「良い印象を持っている」と「悪い印象は持っていない」の合計）が、震災後の平成二四年一月、全国二〇歳以上の者三〇〇〇人への調査では九一・七パーセントに達しました。一方「悪い印象を持っている」は平成三年二月に一九・四パーセント、その後一〇パーセント台前半を推移しましたが、平成二四年調査では五・三パーセントでした（防衛省『平成二六年版　防衛白書　日本の防衛』二〇一四年、四六四頁）。

あとがき

本書は二〇一一・一四年度の埼玉大学における講義「近現代日本の政治と社会」の内容を大幅に改変・追加して書籍化したものだが、直接的な執筆の動機は二〇一三年度秋～冬にある大学で非常勤講師を務めた際、授業で受けた二つの質問にある。

一つは「『艦これ』（ネットゲーム『艦隊これくしょん』）についてどう思うか」というものである。なんとなく頭の中で考えていたことはあったものの、それをまとめた的確な答えができず、残念に思った。本書一冊をもって、改めて回答に代えたい。戦艦の擬人化（美少女化）は日本史上、とくに新奇な事態ではないということである。

もう一つは、「なぜレベルの低い大学の出身者から特攻させなかったのか」というもの。その大学は日本一入学難度の高いとされる私立大学であった。授業の徴兵を扱った回で学徒出陣と特攻についてふれ、「君らの先輩もおおぜい特攻隊で亡くなったのです」と述べたところ、そのような質問が出たのである（ちなみに文学部及びそれに類する名前の学部）。私にとっては思いも寄らない質問だったから、「大学は大学でしょう」というような曖昧な答えしかできなかったが、今改めて答えるなら、「当時の戦争は「一億総特攻」であったから、大学の「レベル」などは関係なかった」ということになる。

思えば、決して「レベル」の低くないはずの学生からこのような質問が出るのも、戦後日本が約七〇年にわたって「一億総特攻」という不都合な事実をなかったことにし続けてきたからだろう。戦艦大和にまつわる物語群は、その過程でかなり重要な役割を果たしたのである。

二〇一四年中、『艦これ』について本書第一三・一五講で述べたような見解を新聞などで複数回公にしたところ、ネット掲示板や各種SNSでそのユーザーからかなり厳しい批判を頂戴した。それらの要旨は「自分は戦争賛美などしていないし、日本を守るためにゲームをしているわけでもない」というものである。私は、なぜ彼／彼女らはそこまで怒るのかという点に非常に興味を持つ。もしかしたら、彼ら自身が日本の過去や戦争、戦死者といった〈歴史〉、政治や国防、そしてアメリカを（戦後的平和教育の結果）悪、間違い、否定すべきもの、面倒くさいものと無意識裏に忌み嫌っているからこそ、それらと大好きな『艦これ』や艦娘を結び付けられると反発するのではないだろうか。もちろん「イヤ自分はそうは思わない」という人もあるだろう。ではどう思うのか、聞いてみたいものである。人は結局のところ自国およびその歴史から逃れることはできない。

二〇一四年一月、父千明が七一歳で亡くなった。一九四二年生まれの父はそれなりに戦争話が好きで、私の幼少時にテレビで映画『太平洋奇跡の作戦　キスカ』（一九六五年劇場公開）を観たり、戦艦大和の絵を描いてくれたことを記憶している。父はなぜ大和の絵を描ける程度には戦争についての知識を持っていたのか、聞いておけばよかったと残念に思う。

本書は人文書院編集部・井上裕美さんからお誘いをいただいて執筆した。当初はまったく別のテーマで、しかも何年もお待たせしてしまったことを大変申し訳なく思う。本当に有り難うございました。

最後に、第一五講で紹介した関達也の漫画『紅の戦艦』は未完ですが、戦後大和物語の到達点というべき作品であり、いろんな意味で面白いのでよかったら読んでみて下さい。「自称大和」（笑）。

二〇一五年　フィリピン・シブヤン海底の戦艦武蔵発見の報に接して

一ノ瀬俊也

著者略歴

一ノ瀬俊也（いちのせ・としや）

1971年福岡県生まれ。九州大学大学院比較社会文化研究科博士課程中途退学。専門は、日本近現代史。博士（比較社会文化）。現在埼玉大学教養学部准教授。著書に、『近代日本の徴兵制と社会』（吉川弘文館、2004）、『銃後の社会史』（吉川弘文館、2005）、『皇軍兵士の日常生活』（講談社現代新書、2009）、『米軍が恐れた「卑怯な日本軍」』（文藝春秋、2012）、『日本軍と日本兵　米軍報告書は語る』（講談社現代新書、2014）など多数。

JIMBUN SHOIN Printed in Japan
ISBN 978-4-409-52061-1 C0021

戦艦大和講義
——私たちにとって太平洋戦争とは何か

二〇一五年三月二七日　初版第一刷印刷
二〇一五年四月七日　初版第一刷発行

著者　一ノ瀬俊也
発行者　渡辺博史
発行所　人文書院
〒六一二-八四四七
京都市伏見区竹田西内畑町九
電話〇七五（六〇三）一三四四
振替〇一〇〇〇-八-一一〇三

印刷　㈱冨山房インターナショナル
製本　坂井製本所
装丁　上野かおる